道徳は進歩する

進化倫理学でひろがる道徳の輪

ピーター・シンガー
Peter Singer
矢島壮平 訳

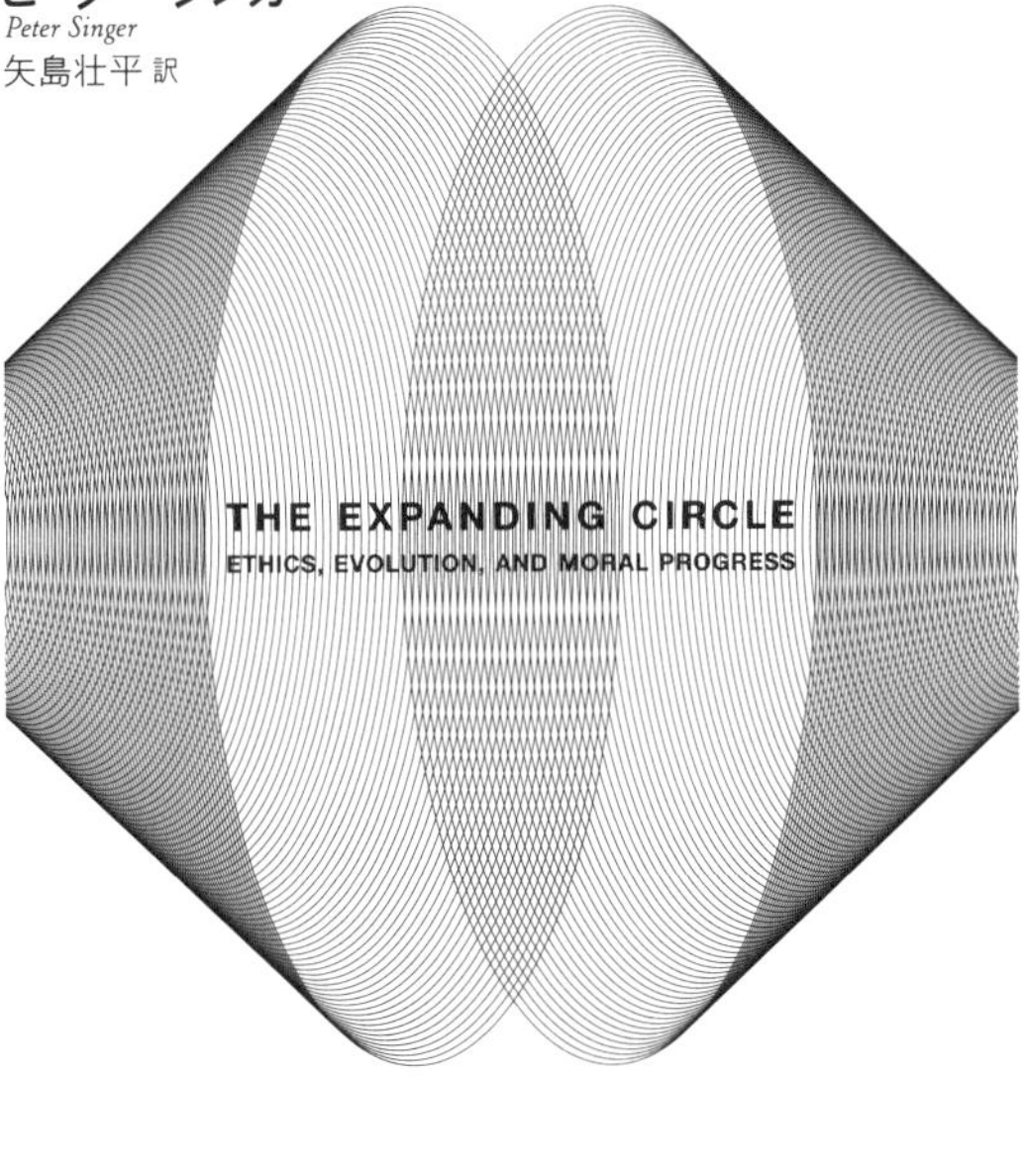

晶文社

レナータに

凡例

・本書はPeter Singer, *The Expanding Circle: Ethics, Evolution, and Moral Progress*, Princeton University Press, 2011の全訳である。

・原著にある注は＊＋ローマ数字、訳者による注は＊＋アラビア数字という記号を用いて側注に記載した。

・引用文の翻訳は訳者による。

・原著にみられる明白な誤植・誤表記については特に断ることなく修正した。

道徳は進歩する　目次

二〇一一年版へのまえがき

本書『道徳は進歩する――進化倫理学でひろがる道徳の輪』は、「社会生物学」が私たちの倫理の理解にどういった含意を持つのかを一冊の本で評価することを試みた、初めてのものだったかもしれない。この本が一九八一年に出版されて以来、倫理の起源と発展に関する一連の書籍と論文が出版されてきた。特に過去十年の間、私たちが道徳判断をどのように下すのかに関する科学研究の質と量は劇的に向上してきた。こうした研究から、この本の中心的な主張がさらなる支持を得てきたのを見出すのは喜ばしいことだ。私たちの倫理のルーツが、ヒトになる前の祖先である社会的哺乳動物において進化した行動パターンにあるということ、そして、進化により得られたこれらの行動反応の一部が私たちの生物学的本性のうちに保持されているということは、今では一般に受け入れられている。これらの行動反応について私たちは以前よりもずっと多くのことを学んできたのであり、それらの行動反応が私たちの理性的能力とどう相互作用するのかを理解し始めている。今では多くの哲学者たちが、この本が私たちの倫理の理解に関わることを認めている。あとがきで私は、過去十年に実施されたいくつかの科学研究と、それらの研究が一九八一年の元のテキストで私が提示した見解に対して持つ意義とを説明している。さらに、もし私が今この本を書くのなら、行為の客観的理由と倫理学における客観的真理という考えに対して三十年前ほどの抵抗感はない、その理由も説明している。私はこれらの説明をこの本の末尾に置いた。なぜならほとんどの読者にとって、メインのテキストを読んだあとのほうがそれを理解しやすいだろうからだ。だがもちろん、すぐにでも最新情報を知りたい人はそれを最初に読んでもいいだろう。

「社会生物学」という用語は、E・O・ウィルソンが一九七五年の著書『社会生物学——新しい総合』（*Sociobiology: The New Synthesis*）で作り出した用語だ。この本は——ミツバチからチンパンジーに至るまでの多様な生物における——社会行動の進化に関する理論をヒトへと適用した先駆的学際研究であり、ヒトが非ヒト動物とはまったく異なる存在だという私たちが大切にしてきた信念を揺るがしたがゆえに、論争の嵐を巻き起こした。ウィルソンは人間本性の理解に多大な貢献をなしたが、倫理について書くなかで、その分野に目を向ける科学者が陥りがちな過ちを犯した。ウィルソンの研究が倫理に関して持つ意義について、彼自身が誤解しているということが、私がこの本を書く大きな動機となった。私は、彼が犯している過ちを説明し、その過ちにもかかわらず、ウィルソンのアプローチが倫理の起源を理解する助けとなることを示そうとした。それゆえ以下のテキストでは、ウィルソンの著作が他のどの科学者のものよりも綿密に検討されている。

社会生物学のうち人間に関する分野は、現在では「進化心理学」と呼ばれている。人間への社会生物学の適用は一部の研究者たちの激しい反対に遭ったが、進化心理学の展開は比較的冷静に受け入れられてきた。その限りではこのリブランドは大きな成功を収めてきたが、もう少し皮肉じみていない言い方をすれば、進化心理学が広く受け入れられてきたのは、名前を変えたからではなく、生み出されてきた研究の価値が高かったからだと論じることもできよう。

もし三十年前、科学者が倫理について書いたものをほとんどの哲学者が見下していたのだとすれば、それはおそらく、彼らが成し遂げつつある科学的飛躍が、哲学者が倫理に関して考えてきたこととただ関連するだけでなく、それに代わりうるものだと一部の科学者が示唆した――私が第三章の始めで「テイクオーバー・ビッド（TOB、買収提案）」と呼んだもの――からだろう。倫理学に対する科学の側からのこうした見当違いの挑戦をやっとやっつけたと思った途端、それはまた頭をもたげてくる。二〇〇七年にニコラス・ウェイドは『ニューヨークタイムズ』紙への投稿で、道徳哲学を「併合するという生物学者たちの提案」に言及している。その翌年に『エコノミスト』誌は、「道徳的思考――哲学者たちが自分たちのものだと安心していた領域へと生物学が侵攻する」という論説を掲載した。[*1] 以下で述べる理由から、科学的発見が、哲学者の倫理に関する思考、倫理学における思考に代わるものとなりうると考えるのは誤りである。なぜ倫理学・道徳哲学を併合しようとするこうした試みが失敗せざるをえないのか、なぜ哲学者たちがこうした試みを拒絶し続けるのは正しい一方で、科学が人間現象としての倫理の起源・本性を理解する助けとなることを歓迎すべきなのかを、（再び！）明らかにするのに、この新版が役立つことを願っている。

最後に、この本が一見つまらないある点で時代遅れになったことを述べたい。これは、見かけよりもはるかに重要な意味を持つことになるのかもしれない。第四章でたまたま具体例の一つとして、この本を書くのに使っていたタイプライターに触れている。三年後にはこのタイプライターは廃棄され、私はコンピュータで書き始めた。このことで編集がやりやすくなり、紙は節約され、不健康な臭いのする修正液を使う必要もなくなった。だが、デジタル革命はもっとはるかに大きな影響をもたらした。私たちの思考を紙ではなくデジタルで記録することは、それを電子的に送信できることを意味する。こうして全世

＊1　Nicholas Wade, "Scientist Finds the Beginnings of Morality in Primate Behavior," *New York Times*, March 2, 2007; *Economist*, February 21, 2008.

界にわたって一瞬でほぼ無料のコミュニケーションをとれるようになったことは、私たちの生活のあらゆる面に影響を与え、そのなかには私たちの倫理も含まれる。第四章で私は、グンナー・ミュルダールの『アメリカのジレンマ』(*An American Dilemma*)を引用している。これは一九四四年に出版された、人種や人種差別に対する態度を調べた大規模研究だ。ミュルダールの考えではすでに当時、社会流動性の増大、知的コミュニケーションの増加、公の議論の増加によって、米国の一部で長く存在していた人種差別的態度が変化しつつあった。もし流動性とコミュニケーションの増加が一九四四年時点ですでに変化をもたらしていたのであれば、これよりもはるかに大きな現在進行形の変化、世界中の人々を結び付け、これまで外部からのアイデアにほとんどアクセスすることのなかったコミュニティを開放する変化から、私たちは何を期待すべきだろうか。実験は進行中であり、それを止めることはできない。これが、私たちが道徳的進歩を遂げていく速度、思いやりの対象となる者たちの輪を拡大していく速度にどのような影響を与えるのか、まだ判然としない。

二〇一〇年、ニュージャージー州プリンストンにて

ピーター・シンガー

まえがき

倫理から逃げることはできない。あらゆる道徳言語を慎重に避けるある種の懐疑論的哲学にどれほど厳格に執着しようとも、心のうちで行為を善悪どちらかに分類せずにはいられないことを、私たちは見出すだろう。あらゆる倫理的判断を避ける懐疑論が可能なのは、すべてがある程度うまくいっているときだけだ。ナチスの残虐行為が、何巻にもわたる哲学的議論よりも説得力をもってこうした懐疑論を論駁してくれる。

善悪の基準なしにはやっていけないと認めることと、善悪の基準の本性・起源を理解することとは別のことだ。倫理は客観的か。道徳法則は物理法則と同様、何らかの形でこの宇宙の本性の一部なのか。それともそれは、人間に由来するものなのか。もしそれが人間に由来するのなら、全人類が受け入れるべき善悪の基準はあるのか。あるいは、倫理は常に私たちが生きる社会と相対的でなければならず、おそらくは私たちそれぞれの個人的態度とさえ相対的でなければならないのか。

体系的な西洋哲学は二千五百年をさかのぼり、倫理の本性に関する議論はこの二千五百年間の始まりにまでさかのぼる。人間はこれらの問題について、自身の世界や社会の本性について初めて探究を始めた時代から考えてきた。しかし、物理的宇宙の本性に関する探究とは異なり、道徳哲学の二千五百年は依然として、倫理の根源的本性に関して一般に受容される結果をもたらしてはいない。

何世紀にもわたって、宗教がこの困難からの逃げ道を与えてきた。神を信じる者にとっては、道徳の起源を神の要望や命令に求めるのは自然なことだった。倫理を神の意志に基礎づけることで、道徳の客観性と権威に関する疑問を信者たちは拭い去ったのだ。

道徳の本性に関する謎について、宗教がもはや満足いく答えを与えない理由の一つは、宗教的信仰自体がもはやかつてほどは普遍的に受け入れられていないことだ。だが、道徳の起源を神の意志に置くことには、また別の問題もある。もしあらゆる価値が神の意志の結果であるのなら、実際に神が意志しているように意志することについて、神はどのような理由を持ちうるのか。もし「汝殺すなかれ」と神が言うがゆえに殺しが悪いのであれば、神は同じくらい簡単に「汝殺すべし」と言うこともできただろう。このときには、殺しは正しいということになったのだろうか。それが正しいことになったと認めてしまうと、道徳はあまりに恣意的なものだということになる。だが、それが正しいことにはならなかったと言ってしまうと、善悪の基準が神の意志とは独立に存在すると考えることになる。神は善であり、私たちが不正に殺すことを意志することはありえなかったと主張したところで、このジレンマを逃れることはできない。というのも、神が善であると述べることは、神の決断とは独立した善の基準をすでに含意しているからだ。こうした理由から、現在では多くの宗教思想家たちが非宗教者たちに同意し、倫理の基礎は宗教の外側に、神への信仰とは独立に求められなければならないと考える。

もし宗教が倫理の本性に関する私たちの懸念に応えることができないのなら、科学はどうか。実験科学が、かつて「自然哲学」だったものを現在では物理学であるものへと変貌させて以来ずっと、科学的方法を道徳哲学に適用することが試みられてきた。科学的倫理学の夢は古くからのものだが、ほとんど実ることがなかった。その夢はかなり最近になるまで、ハーバート・スペンサーおよび社会ダーウィニストとともに死んでしまったかのように思えた。それから一九七五年になって、ハーバード大学の動物学教授であるエドワード・O・ウィルソンが『社会生物学――新しい総合』を出版した。これは、生物学、動物学、遺伝学、人類学、そして人間行動研究を統合しようとする大胆な試みだった。この本の最初の段落でウィルソンは、倫理を「あらゆる側面から」説明するために自然選択理論を検討すべきだと主張した。最終章で彼は、倫理を哲学者たちの手から取り去り、科学者たちに手渡すときが来たかもしれないと示唆した。

私は哲学者として訓練を受けてきた。大学の哲学科の同僚たちはほとんど、自身の領域へのウィルソンの侵略があまりにばかげており、真剣な応答に値しないと考えていた。倫理への社会生物学的アプローチが多くの場合、否定しようのない粗野な誤りを伴うのは確かだ。にもかかわらず、倫理について何か重要なことを、これまで可能であった倫理の理解を超える、より十分な理解を得るのに使える何かを、倫理への社会生物学的アプローチがたしかに教えてくれると私は信じている。これが何であるのかを示すこと、そしてそれを、哲学的倫理学理論において妥当なものとどう組み合わせることができるのかを示すことが、この本の目的である。

この本の大部分は、私がワシントンD.C.にある〈研究者のためのウッドロウ・ウィルソン国際センター〉のフェローであった間に書かれたものだ。センターの経済支援と、読書、思索、執筆のために提供されたそのすばらしい施設とに感謝したい。また、非常に長期間にわたり大学を離れることを認めてくれたモナシュ大学副総長のレイ・マーティン教授と教養学部長のジョン・レッグ教授に感謝したい。おかげで、ウィルソン国際センターからのフェローシップのオファーを受諾することができた。妻のレナータ、娘のルース、リー、エスターは、ワシントン滞在に伴い長期にわたって我が家と友人たちから離れることを、快く受け入れてくれた。

より具体的な助けが多くの人々から得られた。エドワード・O・ウィルソンは初期の草稿を読み、コメントを付け、それについて私と議論してくれた。草稿に対してとても助けとなるまた別のコメントをくれたのが、R・M・ヘアとリチャード・ケシュンだ。ペン・チューは進化生物学文献について教えてくれ、また彼が初期草稿の数章を熱心に読んでくれたおかげで、動物行動の最新の説明に関するいくつかの私の記述の誤りが取り除かれた。執筆中の原稿に基づいた講演を複数の米国の大学で行い、その反響として個々には挙げきれない数多くのコメントをもらった。それらは全体として、最後に書きあがったこの本に大きな影響を与えた。初期のタイピングはエロイーズ・ドンに調整してもらい、そのほとんどをイディス・ロス氏がタイピングしてくれた。ジャン・

アーチャーは私がモナシュに戻ったあとに、忍耐強く数多くの修正を再度タイピングしてくれた。

引用元に関する注と、テキストで言及した特定の考えに関する注は、本書の最後に置いた。

一九八〇年十月、メルボルンにて

ピーター・シンガー

第一章

利他性の起源

私たち人間はただ動物に似ているだけではない。私たちは動物なのだ。

——メアリー・ミジリー『獣と人』（*Beast and Man*）

倫理の新しい見方

人間は社会的動物である。私たちは、私たちがヒトである以前から社会的だった。フランスの哲学者、ジャン＝ジャック・ルソーはかつて、自然状態で人間は「定まった家もなく、互いを必要とせず、おそらく人生で二度と会うこともほとんどなく、互いに知り合うことも話しかけることもなかった」と書いた。[*1] ルソーは間違っていた。化石の発見でわかったのは、五百万年前、人類学者たちにはアウストラロピテクス・アフリカヌスとして知られる半分ヒトで半分類人猿の生物だった私たちの祖先が、私たちの現存する最も近縁の親戚たち

――ゴリラやチンパンジー――が今でもそうしているように集団で生活していた、ということだった。アウストラロピテクスが最初の本当の人間であるホモ・ハビリスへと進化し、それから私たち自身の種であるホモ・サピエンスへと進化する間、私たちは社会的存在であり続けた。

他人からの隔絶が人間存在の原初・自然状態だったというルソーの幻想を否定するとき、私たちがまた否定しなければならないのは、倫理の起源に関する彼の説明であり、彼がその一人である社会契約論者たちの説明である。倫理に関する社会契約論が主張したのは、私たちの持つ善悪の規則が大昔の建国記念日に由来するものであり、この日になってそれ以前は独立していた理性的人間たちが集まり、最初に人間社会を打ち立てる基礎を築いた、ということだっ

*1　Jean-Jacques Rousseau, *Discours sur l'Origine et les Fondements de l'Inégalité parmi les Hommes*［邦訳：ジャン＝ジャック・ルソー『人間不平等起源論　付「戦争法原理」』板倉裕治訳、講談社学術文庫、二〇一六年］の第一部からの引用。

た。二百年前にはこれが、道徳が神聖なる立法者の命令であるという当時正統派だった考えに対する、もっともらしい代案のように思えたのだ。社会契約論は、西洋社会哲学のなかでも最も頭が切れて懐疑的だった思想家たちを惹きつけた。だが、私たちが理性的人間であった期間よりも私たちが集団で生活していた期間のほうが長かったと、今では私たちは知っている。そうであれば、私たちが理性的人間であったよりも以前に、私たちの仲間に対する行動には抑制がかかっていたということもまた、私たちは確信できるだろう。社会生活にはある程度の抑制が必要だ。社会集団は、そのメンバーが頻繁に抑制なく互いを攻撃しあっていてはバラバラになってしまう。正確にいつ、集団メンバーに対する抑制パターンが社会倫理となるのかを言うのは難しい。だがおそらく、倫理が始まったのはこうした人間以前の行動パターンにおいてであって、十分な理性を獲得した人間が熟慮した選択において始まったのではないだろう。

ルソーのような十八世紀の哲学者たちは、非ヒト動物の社会行動について頼れる情報をほとんど持っておらず、人間の進化についてはなお一層知らなかった。ダーウィンが現れたあとになっても、これらのテーマについては研究がほとんどなされず、動物についての知識がもたらされたのは、敵意に満ちた狩人たちの視点から、誇張に満ちた冒険者たちの物語から、あるいは、動物園の動物たちの不自然な行動に関する正確な報告からだった。ようやく近年になって、私たち自身とその動物祖先・近縁種についてある程度知っているとそれなりの自信を持って主張できるところまで、野生における動物行動研究と人間進化に関する研究の両方が進展してきた。これらの新しい情報すべてを統合しようとする最も目覚ましい試みが、一九七五年に出版されたエドワード・O・ウィルソンの大著、『社会生物学――新しい総合』だ。ウィルソンは、社会生物学を「あらゆる社会行動の生物学的基盤に関する体系的研究」と定義する。倫理は社会行動の一形態――疑いなくそれ以上のものであるが、少なくとも――であるので、倫理は社会生物学の射程内に入る。もちろん、倫理にどの程度の生物学的基盤があるのか、という疑問はあるだろう。だが、もし倫理の起源が過去にあり、私たちがその過去を多くの非ヒト動物と共有しているのなら、進化理論および非ヒト社会性動物の観察は、倫理の本性と何らかの関わりがあるはずだ。

社会生物学は、倫理を直接的に研究することによってではなく、それが利他性の発展について教えてくれることを通じて、間接的に倫理と関わる。これが賢い作戦と言えるのは、どうしたらチンパンジーやガゼルが倫理的にふるまっていると言えるのか、決定するのが難しいからだ。もし利他行動を自身が一定のコストを払って他者を益する行動と定義するなら、非ヒト動物における利他性は多く記録されている（これは通常の意味での利他性ではなく、次章でこの定義を修正することになる。だが当面はこの定義で十分だ）。動物における利他性の発展を理解することで、人間における倫理の発展に関する理解が進むだろう。というのも、私たちの現在の倫理体系は、私たちの初期ヒト祖先・ヒト以前の祖先の利他行動に根ざすものだからだ。

利他性は社会生物学者たちを惹きつける。ウィルソンはそれを「社会生物学の中心的理論課題」と呼ぶ。なぜそれが課題なのかと言えば、ダーウィンの進化理論の枠組みのなかでそれを説明しなければならないからだ。もし進化が生存闘争であるのなら、なぜそれは利他者たちを容赦なく淘汰してこなかったのだろうか。利他者たちは自身の生存の見込みと引き換えに、他者の生存の見込みを向上させるようであるのに。

動物の利他性

非ヒト動物の利他行動について、いくつか具体例を見てみよう。最初の例は、タカが上空を飛ぶときにクロウタドリやツグミが発する警戒声だ。こうした警戒声は、回避行動をとれるようにすることで、群れの他のメンバーを益する。だが、警戒声を発することでおそらく、それを発した鳥の位置も露見してしまい、その鳥の危険性を高めることになる（警戒声は音響的に、同種の鳥が発する他の声よりもはるかに位置の特定が難しいが、それでも警戒声を発すれば、一切声を発さずに隠れた場合よりもはるかに発見されやすいはずだ)。もし予測されるとおり、群れの他の鳥に警告せず自分だけを守るようにふるまう鳥よりも、警戒声を発する鳥のほうが高い確率で捕食されるなら、こうした利他性はどのようにして残り続けるのだろうか。

また別の例として挙げられるのが、トムソンガゼルの行動だ。この種は小型のアンテロープで、アフリカン・ワイルド・ドッグの狩りの対象となる。ガゼルはイヌの群れに気づくと、「ストッティング」として知られる、足を硬直させた興味深い跳ね方で飛びずさる。以下は、この行動の説明と、それによって提示される謎を指摘したものだ。

疑いなく警戒シグナルであり、イヌの群れを前にして、それぞれ「ストッティング」は波のように広がる。ストッティングに反応するかのように、視界に入るほぼすべてのガゼルがその近くから逃げる。この警戒ディスプレイ[*2]は適応的であるように見えるが、それでも欠点を抱えているように思える。というのも、イヌの群れから標的として絞られてからでさえも、すべてのガゼルがストッティングによって生き延びようと逃げ始め、その過程で、有利であったはずの形勢を逆転されたように見えたからだ。……最速の走行フォームへと獲物が移行しきる前に先陣のイヌが距離を詰めるのを、私たちは何度も観察した。ガゼルは、最初の〇・五マイル（約八百メートル）ほどは追跡者よりもわずかに速く走ることができるにもかかわらず、だ。したがって、追跡された際のストッティングに個体の利益を見出すことは難しい。なぜなら、ディスプレイを一切行わない個体のほうが、生存・繁殖の確率が高いと考えられるからだ。

＊2　ディスプレイとは、動物が他個体へのシグナルとして特定の行動を殊更に示すことである。

また、利他性は警告だけに見られるわけではない。動物のなかには、同種他個体を守るため、捕食者を威嚇したり攻撃したりするものもいる。アフリカン・ワイルド・ドッグでは、子犬を救うために自身の生命をかなりの危険にさらしてまでチーターを攻撃することが観察されてきた。オスのヒヒは捕食者を威嚇し、群れが退く際にはしんがりを務める。親鳥は頻繁に奇妙な踊りやディスプレイで、自身の巣から捕食者を遠ざける。こうした踊りやディスプレイは、捕食者の注意を巣から親鳥自身へとそらすものだ。

餌の分け与えも、利他性のまた別の形だ。オオカミやワイルド・ドッグは、狩りに加わらなかった群れのメンバーに肉を持って帰る。餌のないテナガザルやチンパンジーは、他の類人猿個体が持つ餌の一部を欲しがる仕草をして、ふつうはそれをもらい受ける。チンパンジーはまた、熟れた果実のなった木へと互いを案内する。実際のところ、彼らの利他性は自集団の範囲を超えるものだ。というのも、チンパンジーのある集団の全員がよく果実のなった木にいるときに、彼らは大きな音をとどろかせ、一キロまでも離れた他集団を呼び寄せるからだ。

いくつかの種は、ケガを負った動物が生き残るのを助ける。イルカは呼吸するのに水面まで上がる必要がある。もしあるイルカが重傷を負っていて、自分だけでは水面まで泳いで行けないなら、そのイルカの下に他のイルカが集まって、そのイルカを空気のあるところまで押し上げる。必要ならこのイルカたちは、数時間にわたってこれをやり続ける。同じようなことがゾウにも見られる。倒れたゾウは自重で窒息する可能性が高く、あるいは陽光で高熱になってしまうかもしれない。ゾウが倒れたときに、そのゾウを集団の他のメンバーが起こして立たせようとするのを、これまで多くのハンターが報告してきた。

最後に、仲間との争いで多くの動物が示す抑制も、利他性の一形態かもしれない。同じ社会集団のメンバー間の戦いが、どちらかの死で終わることや、ケガで終わることさえめったにない。一方のオオカミが他方を負かしたときには、敗れたオオカミは服従の仕草をとり、首の下の柔らかい部分を勝者の牙にさらす。敵の頸静脈を噛み切るチャンスを生かす代わりに、勝者は象徴的な勝利に満足しながら小走りで立ち去る。純粋に利己的な観点からすると、これはばかげているように思える。自身のライバルを永遠に取り除く機会をみすみす逃すようなオオカミが、相手を殺すまで戦い、敗れた敵には容赦のないオオカミによって淘汰されてこなかったのは、一体どういうことか。

進化と利他性

進化は異種間の競争だと多くの人が考えている。成功した種が生き残って増え、成功しなかった種は絶滅する。もし進化がおもに作用するのが本当に種全体のレベルだったなら、同種メンバー間の利他行動を説明するのは簡単だっただろう。警戒声を発したがゆえにタカに捕まるクロウタドリの個体は、クロウタドリの群れを救って種全体としての生存可能性を高めるために死ぬ。敗れた相手の服従のジェスチャーを受けたオオカミが、抑制せずに相手を殺してしまったなら、オオカミたちは存続しえなかっただろう。同じようなことが、動物の利他性に関する他の例についても言える。

この単純な説明の欠点は、非常に特殊で稀有な条件下を除けば、種全体というごく一般的なレベルでの存続・絶滅によってどのようにして利他性の進化が生じうるのか、よくわからない、という点だ。自然選択がその基礎を本当に置いているのは、種でもなければ、もっと小さい集団でもなければ、個体ですらない。それは遺伝子である。私たちが受け継ぐ特徴をもたらすのは、遺伝子である。もしある遺伝子が、個体の生存・繁殖の可能性を高める何らかの特徴をもたらすのであれば、その遺伝子タイプ自体が次世代に生き残るだろう。もし個体がある遺伝子を持つことで子孫を残す可能性が低くなるのであれば、その遺伝子タイプ自体が、それを持つ個体の死とともに消滅するだろう。

こうした遺伝子の個体選択に種全体のレベルでの自然選択が対抗するには、進化は、遺伝子を選択淘汰する速度と同じくらいの速度で種を選択淘汰しなければならなかっただろう。これは、個体が繁殖に成功・失敗するのとほぼ同じくらい頻繁に、古い種が絶滅して新種が生まれることを意味する。だがもちろん、自然はそのようには作用していない。種は何世代も何世代もかけて、ゆっくりと進化する。それゆえ利他的遺伝子はふつう、他種との競争でそれが種内に広まって種全体に利益をもたらす前に、同種メンバー間の競争で有利に働く、より利己的な行動をもたらす遺伝子に取って代わられるだろう。そして仮に特殊な状況下で、利他行動がある種を存続させ、利他的遺伝子を持たない他種が絶滅したとしても、他種との競争が終わってもなお、種内の競争は利他行動の存続に不利に働くだろう。

　以上が少なくとも、この分野で研究する多くの科学者たちによって現在受け入れられている進化の大まかな説明だ。この説明によって、種の存続という観点から利他性の進化を説明することがどれだけおかしいかが容易にわかる。クロウタドリが発する警戒声は遺伝的基盤を持つ行動の一形態であり、彼らが捕食者について警告するやり方を誰かに教わる必要はない。ここでの問いはこうだ。こうした自己犠牲行動の遺伝子はどのようにして定着しえたのか。警戒声を発する鳥個体は子孫を残すのに十分な期間生き延びる可能性が低いにもかかわらず、警戒声を発するのに必要な遺伝子の組み合わせが現れ、それがすぐに淘汰されなかったのはなぜだろうか。もしこうした淘汰が生じていたのなら、種全体が存続する可能性が低くなっていたのは確かだろう。だがこのことからわかるのは、この種がいかにして存続するのかについて、謎が存在することだけだ。なぜならこの種には全体として、その種内で利他性が淘汰されることを防ぐ力などないからだ。

その他の利他行動を説明する際にも、同じ問題が生じる。あるオオカミたちが、服従のジェスチャーをする相手を殺すのを抑制する遺伝子を持つ一方で、別のオオカミたちがこれらの遺伝子を持たず、敗れた相手にとどめを刺すとしよう。この抑制遺伝子はどのようにして広まるだろうか。もしとどめを刺すオオカミが抑制するオオカミを争いで破ったなら、それでその特定の抑制遺伝子セットは終わりを迎えるだろう。もし他方で、抑制するオオカミがとどめを刺すオオカミを負かしたのなら、とどめを刺す遺伝子は依然として存続し、複製するかもしれない。長期間にわたる闘争の末、とどめを刺す遺伝子がオオカミたちの間で優勢となるはずだろう。なぜ実際にこうはならなかったのか。

ダーウィン自身、ヒトにおける社会的・道徳的形質の進化的説明を妨げることの難点に気づいていた。『人間の由来』（*The Descent of Man*）[*3]で彼はこう書いている。

だが、次のように問うことはできよう。同じ部族内で多数のメンバーが最初にこれらの社会的・道徳的性質をどのようにして生まれ持つようになり、どのようにして卓越性の基準が高められたのか。

より共感的で善意ある親の子どもや、自身の仲間たちに対して最も信義に厚い親の子どもが、同じ部族に属する利己的で不誠実な親の子どもよりも多く育てられただろうかというと、これはきわめて疑わしい。数多の蛮人がそうであったように、仲間を裏切るよりもむしろ自身の生命を犠牲にする用意があった人は、多くの場合、自身の高貴な気質を受け継ぐ子どもを一切残さなかっただろう。常に戦いで先陣を切ることをいとわず、他人のために喜んで自身の命を危険にさらした最も勇敢な人間たちは、平均して、他の人間たちよりも多く死んだことだろう。それゆえ、こうした徳を備えた人間の数や彼らの卓越性の基準が、自然選択すなわち最適者生存により高められたということは、ほとんどありそうもない。というのもここでは、ある部族が他の部族に対して勝るということについて語っているのではないからだ。

これについてのダーウィンの第一の説明は、人間の推論能力が高まるにつれて、初期のヒトはもし仲間を助ければお返しに助けてもらえると学んだだろう、というものだった。彼の第二の説明は、集団の他のメンバーの称賛・非難

＊3 邦訳：チャールズ・ダーウィン『人間の由来　上・下』長谷川眞理子訳、講談社学術文庫、二〇一六年。

によって有徳な行動が促進される、というものだった。社会生物学者たちは、利他性を説明する際に称賛・非難という慣習を引き合いに出したりはしない。なぜなら利他性は、私たちがするような称賛・非難をしない非ヒト動物にも見られるからだ。しかし、社会生物学者たちは、互恵性の原理が重要だというダーウィンの示唆については、それを発展させた。彼らが提案してきたのは、二つの形態の利他性を自然選択の観点から説明できるということだった。すなわち、血縁利他性と互恵的利他性である。一部では集団利他性にもっと控えめな役割が認められているが、これは比較的議論のあるところである。

血縁利他性

これまで見てきたように、進化を遺伝子間の生存競争とみなせる。私が「遺伝子」という用語を使うときには、それはＤＮＡの物理的断片——オオカミやクロウタドリやヒトの個体のうちに存在し、それら個体よりも長くは存続できない——を指しているのではなく、DNAのタイプを指している。この意味では、遺伝子は無限に存続できる。なぜなら、ある世代のあるDNA断片が、次の世代の類似するDNA断片の存在をもたらしうるからだ。これを実現できる最も明白な方法は、繁殖によるものだ。私が生み出す精子のそれぞれが、私の遺伝子の半分をランダムに抽出したものだ。したがって、子どもへと成長する卵子を私が受精させる都度、私の遺伝子の半分のセットが独立した存在を獲得し、私の死後も存続して、同様に何世代にもわたってその遺伝子が伝えられていく可能性を持つ。それゆえ、たとえば「茶色の目の遺伝子」と言うときに私が言いたいのは、私の子どもが茶色の目を持つ原因となる、私が実際に持っている生物学的物質の特定の断片ではない。私が言いたいのは、繁殖において伝えられて、人間に茶色の目をもたらす、生物学的物質のタイプである。

このとき、厳密に利己的な行動——自分以外の誰も考慮せずに私自身の生存促進を目指した行動——は、進化において有利には働かないだろう。いずれにせよ私は死ぬ運命にある。私の遺伝子の存続は、私が子どもを残すこと、さらには私の子どもが子どもを残すこと、等々に大きく依存する。進化は、他の条件が同じなら、私の子どもたちの生存・繁殖可能性を高める行動に有利に働くだろう[*1]。そうなると、進化が利他性をもたらしうる第一の最も明白な仕方は、親の子に対する気遣いだ。これはあまりに広範かつ自然な形態の利他性であるので、私たちは普段それを利他性だとすら思わない。だがヒトは、多くの非ヒト動物と同様に、子に対してひたすらに犠牲を捧げ続ける。この犠牲とは、自分以外の者の利益のために大きな労力が払われているということである。もしそうであるならこうした犠牲も、私たちがここまで定義してきた意味での利他性とみなさなければならない（ヒトの場合こうした犠牲について、ほとんどの親や彼らを見る者ならよく知っている。もしほとんどの人が利己的であるというのが本当なら、こうした犠牲を見てもなお膨大な数の人々が子どもを持とうとすることを説明できないだろう）。

それゆえ親に子の世話をさせる遺伝子は、他の条件が同じなら、親に子を見捨てさせる遺伝子よりも存続する可能性が高い。だが、子の世話をすることは、遺伝子が存続する可能性を高める方法の一つにすぎない。私が繁殖すると き、私の子どもたちは私の持つ遺伝子のすべてを持つわけではない（そのためには、私たちは遺伝的カーボンコピーをクローンできるようになるまで待たなければならない）。私の子どもはそれぞれ、私の遺伝子の半分を持つ。私の子どもたちの遺伝子の別の半分はもちろん、彼らの母親に由来する。私の姉妹や兄弟もまた平均して、私が持つのと同じ遺伝子の五〇％を持つ。なぜなら彼らは、私と同様に、私の母の遺伝子の半分と私の父の遺伝子の半分を持つからだ（この五〇

＊i　「他の条件が同じなら」と私が言うのは、一定の条件下では代替戦略――たとえば、多数の子どもたちを産んで、あとは世話をせずに放っておく――がありうるからである。哺乳動物では、これはメスたちの選択肢とはなりそうにない。なぜなら、哺乳動物のメスは、それぞれの子どもを生き残らせるために多くの時間を投資しなければならないからだ。だがこれは、はるかに少ない労力で遺伝子を伝えられるオスにとっては、ありうる選択肢だ。このことが、メスが子どもの世話に比較的大きな関心を払い、オスが多様なパートナーとの行きずりの性的関係に比較的大きな欲求を持つことを説明すると、社会生物学者たちは論じている。

%は平均である。なぜなら、遺伝子くじがどういう結果になるかに応じて、彼らの遺伝子がすべて私と共有されるということから、まったく共有されないということまでありうるからだ――だが、関連する遺伝子が膨大な数であることを考えると、両極端のどちらもほとんどありえない）。したがって遺伝的に言えば、私の兄弟姉妹は私の子どもたちと同じくらい私と血縁が近いと言える。このとき、私の子どもたちが私と共有する遺伝子は私自身の身体を通じて複製する一方で、私と私の姉が共有する遺伝子はそうではないという事実は、特に重要ではない。私の兄弟姉妹を助けることは、私の子どもたちを助けるときとまったく同じ仕方で、私の遺伝子の存続可能性を高めるだろう（兄弟姉妹の世話がふつうは子どもたちへの世話ほど熱心でないのは、親子の年齢差ゆえに子が最も必要とする時期に親は子を世話できる一方で、一般に兄弟姉妹は自分が若すぎて世話できない、という事実によるだろう。加えて、一夫一妻でない生物種では、父母が同じ兄弟姉妹は例外であり、片親が違う兄弟姉妹――遺伝的血縁度は二五%にしかならない――が一般的である）。

これが血縁利他性、すなわち自身の血縁者を助ける遺伝的傾向の基礎をなす。この血縁の近さが、親の子に対する近さ、あるいは兄弟姉妹の互いに対する近さである必要はない。共有遺伝子の割合は、血縁が離れるにつれて急激に低下する——おば（またはおじ）と姪（または甥）の間では二五％であり、いとこ同士では一二・五％である——が、質において足りないものを、量を増やすことで補うことができる。私の生命を危険にさらしても私の遺伝子の存続可能性を害することにならないのは、私の子ども二人、私の姪四人、私のいとこ八人の生命に対する同様の危険を取り除く場合である。こうして血縁選択は、なぜ利他性が近親を超えて拡大するのかを説明できる。ほとんどのメンバーが他のメンバーと血縁関係にあるような緊密に結び付いた集団では、捕食者が近くにいるときに警戒声を発するなどの集団全体を利する利他行動を、血縁選択によって説明できる。

血縁利他性は、動物が互いにどれだけ血縁が近いのか知っていること——彼らが、両親が同じ姉妹と片親が違う姉妹とを識別できること、あるいはいとこと血縁のない動物とを識別できること——は意味しない。この理論が述べているのは、動物が大まかにはこれらの血縁関係を認識しているかのように行動すると期待できる、ということだけだ。実際、複雑な生物について話しているので、精密に計算された遺伝的血縁度にしたがってふるまわない例も多くある。今後何年も生殖可能なメスのチンパンジーが、一頭の子どものために命を投げうつかもしれない。アフリカン・ワイルド・ドッグは、良くて甥くらいの血縁しかない子犬を脅かすチーターを攻撃することで、自身の生命を危険にさらすことが観察されている。進化した行動傾向は、惑星の運動ほど予測できるものではない。それでも血縁選択は、それでなければ説明できない謎に包まれた事実を説明できる。たとえば、なぜシマウマの成体が群れのなかで捕食者に攻撃されたどの仔馬だろうと守るのに、ヌーはそうしないのか。その理由は、シマウマは家族集団で生活しており、成体と仔馬が全般にみな血縁がある一方で、ヌーは他集団と交雑する機会がはるかに多く、成体はランダムに選択された子どもとは血縁がないということかもしれない。一層驚くべきは、オスのラングール[*4]により行われる子殺しだ。メスのラングールは集団内で生活し、優位オスはそれぞれのメスをコントロール下に置いて、他のオスがメスと交配しないようにする。独り身を強いられている他のオスは、優位オスを打倒してそのハーレムを奪おうとする。もしそれに成功するとそのオスは、新しく獲得した自身の集団内のすべての幼体を殺し始める。これは種全体にとって良くはないかもしれないが、殺す側は被害者たちと血縁がない。さらに、幼体に授乳しているメスは排卵しないので、オスは幼体を取り除くことで、それをやらないよりも早く自身の子どもを持つことができる。このオスは自身の子どもたちに対しては、もっと良い父親になる。このラングールは、自身と遺伝的血縁にある幼体と血縁にない幼体との間のふるまいの違いにおいて、血縁選択を通じて進化するであろう種類の「利他性」を、残酷なまでに明白な形で実証している（ライオンのオスも、群れを引き継ぐときに子殺しをすることが観察されている。そのヒト

＊4　ハヌマンラングール。オナガザル科のサルの一種であり、インドなどに生息する。

における類似例を、おとぎ話にありふれている邪悪な継父母に見出せるだろうか。あるいは、何世紀にもわたって軍事征服に付き物の集団レイプに)。

互恵的利他性

血縁利他性が存在するのは、それが自身の血縁者の生存を促進するからだ。だが、すべての利他行動が血縁者を助けるわけではない。サルは互いを毛繕いして、自分では手の届かない厄介な場所から寄生虫を除去するのに多くの時間を費やす。互いを毛繕いするサル同士は、必ずしも血がつながっているわけではない。ここで互恵的利他性が説明を与えてくれる。つまり、私の背中を掻いてくれたら、あなたの背中を掻こう、というわけだ。

また別の例を見てみよう。私は見知らぬ人がおぼれているのを見て、彼女を助けるために飛び込む。そうすることで私がおぼれる危険は五%あるとしよう。さらに、私が助けなければその見知らぬ人がおぼれる危険は五〇%ある。私が助ければその人は助かるが、それでも五%の確率で私たち両方がおぼれてしまう。一見すると、私が飛び込むのは純粋に利他的な行為であるように思える。見知らぬ人を助けるために、私は五%の死の危険を冒している。だが、ある日私自身が助けを必要とし、私が助けたその人が今度は飛び込んで私を助けると考えてみよう。助けがなければ私は五〇%の確率でおぼれるが、助けがあれば九五%の確率で助かる。ここで、私の行動と見知らぬ人の行動を併せて考えると、おぼれている見知らぬ人を助けることは私の利益にかなうことになる。なぜなら、こうして私は二つの別々の小さな危険（見知らぬ人を助けるときと私が助けられるときの五%の危険）と一つの大きな危険（助けてもらえなかったときの五〇%の危険）とを交換していることになるからだ。二つの五%の危険が、一つの五〇%の危険よりもマシなのは明らかだろう。

これは作為的な例であり、利益を明らかにするために危険性を正確に計算できるようにしている。そうした理由でこの例に疑いを持つ人もいるかもしれない。だが、この例について問われるべきより重要な問いは、見知らぬ人を助けることと自身が助けられることとの間にどういう関係があるのか、というものだ。もし自身が誰かを助ける必要なく誰かに助けられれば、利己的な観点からはそれが最善の戦略だろう。なぜそうはならないのか。この形態の利他性が互恵的であることを保証しているものは何か。

この問いに対する答えは、あるレベルでは、誰が自分を助けて誰が助けなかったのかを個体が記憶でき、自分を助けることを断った者を助けない、というものだろう。裏切者——助けてもらうのに助けるのを断る者——が栄えることはない。なぜなら彼らの裏切りは気づかれ、罰を受けるからだ。もしこれが正しければ、互恵的利他性が期待されるのは、他個体を認識して、助けの手を差し伸べる者とそうでない者とを選り分けることのできる生物の間だけだろう。互恵性は人間並みの推論能力を必要とはしないだろうが、それでも知性は必要とするだろう。それはまた、安定した小集団で暮らす比較的長寿命の種において見られる可能性が高いだろう。なぜならそのことで、互恵的行動が繰り返される機会がより頻繁に生じるからだ。

この結論は証拠により裏づけられる。互恵的利他性は鳥類と哺乳類において最も一般的であり、おそらくはそれらに限られる。その最も明らかな事例は、オオカミ、ワイルド・ドッグ、イルカ、ヒヒ、チンパンジー、人間などの高度に知的な社会性動物に見られる。互いを毛繕いするのに加えて、これらの種のメンバーは多くの場合、互恵的に食料を分け与えたり、捕食者やその他の敵に脅かされた際に互いを助け合ったりする。

また別のレベルでは、どうやってこの互恵的利他性は始まったのか、という問題が依然としてある。結局のところ、互恵的利他性はどちらかというと倫理の社会契約モデルと似たところがあり、それを私たちは歴史的空想としてすでに切り捨てたのだった——そして、契約という発想は、もしそれが非ヒト動物へと拡張されるなら、なおのこと空想的なものになる。だが、もし「私の背中を掻いてくれたら、あなたの背中を掻こう」という類の協議された契約がなかったのなら、自種の血縁にない他メンバーのために自身の生命を危険にさらす最初の動物は、あまりお返しを期待できないまま自身の生命を危険にさらすことになっただろう。もし互恵的利他性が広範に実践されているなら、参加は割に合う――おそらくは、あとで利益が得られる。だが、もし互恵的利他性がめったにないのなら、利己的な観点からは、面倒を引き受けないほうがいいのかもしれない。右で挙げたおぼれる例で言えば、自身がおぼれる五％の危険を冒して他人を助けるのは、そうすることで、必要なときに自身が助けてもらえる可能性が大きく高まるのでない限り、割に合わないだろう。それゆえ、裏切者がけっして栄えないとまでは言えない。裏切者たちを栄えさせないために、彼らに対して恨みを持つ者が十分な数で現れるまでは、彼らは栄えるのだ。助けてもらうが助けはしない者たち――「裏切者たち」――と、助けてもらうし助けることを断った者以外はみな助ける者たち――「恨む者たち」――とからなる集団を想像してみると、裏切者よりも恨む者のほうが割に合うには、恨む者たちの数が一定の臨界数に達しなければならない。裏切者たちの集団内にいる一人の恨む者は、何度も裏切られてけっして助けられることがないだろう。

だが、恨む者たちが増えて裏切者たちが減るにつれて、恨む者は助けの見返りを得る機会が増え、裏切られる機会が減るだろう。このように、互恵的利他性が確立されたあとであれば、なぜそれが栄えるはずなのかを理解できるが、それと比べて、なぜこうした行動をもたらす遺伝子が現れてすぐに淘汰されなかったのか、理解するのは容易ではない。

集団利他性

おそらく、どのように互恵的利他性が確立されうるのかを説明するには、集団選択の一形態に限定的な役割を認める必要があるだろう。ある種が複数の隔離集団に分かれる——たとえば彼らはサルで、めったにない干ばつ期を除けば流れが急で渡れない川によってその生息域が分割されている——ことを想像してみてほしい。ここで、互恵的利他性が何らかの形で時々これらの各集団に現れると仮定しよう。たとえば、あるサルが別のサルを毛繕いして、病気を持った寄生虫を探すとしよう。毛繕いしていたサルはそれを終えると、毛繕いされていたサルに自分の背中を向ける。もしこの行動を起こりやすくする遺伝子が稀有な突然変異であれば、ほとんどの場合この利他的サルが自身の親切に対する見返りを得ることはないだろう。毛繕いされていたサルは、ただその場を立ち去るだけだろう。それゆえ、見知らぬ者を毛繕いすることは何の利益ももたらさず、サルが自身の世話に使える時間を見知らぬ者を助けるのに費やすことになるので、やがてこの行動は淘汰されるだろう。この淘汰は、集団全体としては良い結果をもたらさないかもしれないが、すでに見たように、集団内で優位に立つのは集団選択ではなく個体選択である。

　ここで、これらの隔離集団のうちの一つで、毛繕いの交換を始めさせる遺伝子を多くのサルたちが持ち始めると仮定しよう（互いに近縁関係にある小集団では、血縁利他性がこれをもたらすかもしれない）。このとき、すでに見たように、互恵的にふるまう者たちはそうでない者たちよりも栄えることができるだろう。

彼らは毛繕いをしたりされたりして健康であり続ける一方で、集団の他のメンバーは寄生虫に屈することになる。こうしてこの特定の隔離集団において、互恵的毛繕いの遺伝子を持つことが確かな強味となる。やがて、集団全体がこの遺伝子を持つことになるだろう。

そして最後の段階である。互恵的に毛繕いをする集団は今や集団として、寄生虫を自身から取り除く手段を持たない他集団に対して有利だ。もし寄生虫が本当にひどいことになったなら、他集団は絶滅するかもしれないし、ある乾燥した夏には、互恵的に毛繕いする集団内の個体数増加圧によって、そのメンバーの一部が渡河して、以前は他集団により占められていた領域へと進出するだろう。こうして集団選択は限定的な役割——限定的というのは、必要とされる条件が往々にして揃わないからだ——を互恵的利他性の拡大において果たしうる。

もし互恵的利他性の始まりにおいて集団選択が一定の役割を果たしていたと認めるなら、集団選択がもっと広く集団内の他のメンバー一般に対する利他行動傾向を進化的に説明できることを否定するのは難しい。それでもこの説明は、形質が種の存続を助けるから進化するという俗説とはかなり明確に異なるものだ——集団は種よりもはるかに小さな単位であり、種よりもはるかに高い頻度で生成消滅するので、集団選択は種選択よりも、個体選択に対抗する有効な力となる可能性が高い。とはいえ、集団利他性が有効に働くには、集団が他集団と明確に区別され続けなければならないだろう——さもなければ、より利己的なよそ者たちがやってきて、集団内に何とか侵入し、自身はお返しに何もすることなく集団メンバーの利他性を搾取するだろう。それからよそ者たちは、その集団のより利他的なメンバーたちよりも繁殖し、数で彼らを凌駕し始めるだろう。そしてこれは、その集団がどの同種他集団と比べても利他的でなくなるところまで続くだろう。結果としてこの集団は他集団に対して持つ進化的利点を手放すだろうが、これを止めるメカニズムはないだろう。もし集団利他性がその集団の存続にとって不可欠であったなら、その集団はただ滅ぶだけだろう。

以上のことが示唆するのは、集団利他性は、よそ者への敵意と組み合わせられたときに、最もよく働くだろうということだ。こうしたよそ者への敵意は、集団内の利他性を外部からの侵入・転覆から守る。実際、よそ者への敵意は、社会性動物においてきわめてよく見られる現象だ。人間が自身の種を殺す唯一の動物であるという俗説があるが、他種も私たちと同じくらいよそ者を不快だと感じる。アリからニワトリ、ラットに至るまでの多くの社会性動物が、自分たちの領域に踏み込んできたよそ者を攻撃するし、殺すことも多くある。アカゲザルで行われた一連の実験では、既成集団に入れられた新顔のアカゲザルは、サルたちの個体数密度を高めたり食料供給を減らしたりするよりもはるかに大きな攻撃性を喚起することが示されてきた。たしかに、見知らぬ者たちを遠ざけておくことはまさに、自身や血縁者の食料供給を守る手段となるだろう。だがこの行動はまた、集団の利他性がそこなわれることを防ぐ地理的隔離と同じ役割を果たす。

次のような反論があるかもしれない。私が述べてきたような小さな隔離集団では、非常に多くの近親交配があるので、集団の全メンバーは互いに血縁があるだろうし、それゆえ、ここで言われているのは集団選択ではまったくなく、むしろ集団全体が互いに血縁を持つ特殊なケースの血縁選択であるのだ、と。これはそうかもしれない。たしかに、この状況では血縁選択と非血縁選択とを区別するのは難しいだろう。それでも集団のメンバーが、その集団のすべての他のメンバーに対して――両親が同じ兄弟姉妹か、あるいは非常に遠縁のいとこかどうかは関係なく――ある仕方でふるまうとき、そして、この行動が他集団に対して選択上有利になる利益を集団全体に与えるとき、たとえ生じている事態を究極的には血縁選択の観点から説明可能だとしても、それを「集団選択」と呼ぶのは理にかなっているだろう。

集団の利益となる高度に自己犠牲的な行動が淘汰されるのを食い止めるのに、よそ者を遠ざけておくだけでは十分ではないだろう。進化理論に基づけば、集団内での利己性への揺り戻しが予測されるだろう。なぜなら、利己的にふるまった個体は、自身が一切犠牲を払うことなく、他個体の犠牲による利益を貪るだろうからだ。だがおそらく集団は、集団内に現れる少数のフリーライダーへの対処法を編み出すことができるだろう。少なくとも人間社会には、この目的に資する制度がある。ここで私たちは、非ヒト動物における利他性の発展を超えて、私たち自身の種における利他性の存在に目を向け始めている。

第二章

倫理の生物学的基盤

私たちはみな各々が、次の者たちに思いやりを示さなければならないことに同意するはずだ。すなわち、両親、配偶者、子どもたちに、より低い程度で他の親類に、自身に奉仕してくれた者たちに、自身と親密であることを認めて友人と呼ぶその他の者たちに、隣人たちに、そして、他国民よりも自国の同胞に。そして私たちがそう同意するのはおそらく、黒色または黄色人種よりも私たち自身の人種の者たちに対してであるし、一般には自身との類似度の高さに応じて人間に対してであろう。

――ヘンリー・シジウィック『倫理学の方法』（*The Methods of Ethics*）

すべての人間社会が、そのメンバーに適用される何らかの行動規範を持つ。これは、遊牧民にも都市居住者にも当てはまるし、狩猟採集民にも産業文明にも当てはまるし、グリーンランドのエスキモーにもアフリカのブッシュマン[*1]にも当てはまるし、二十のオーストラリア先住民族にも中国を構成する十億の国民にも当てはまる。倫理は人間の自然的状況の一部である。

倫理が人間にとって自然であることは否定されてきた。三百年以上前、トマス・ホッブズは著書『リヴァイアサン』（*Leviathan*）で次のように書いている。

すべての人々に畏敬の念を抱かせ続ける共通権力なしに彼らが生きていた時代には、彼らは戦争と呼ばれる状態にあった。そしてこの戦争は、万人の万人に対するものである……この万人の万人に対する戦争の結果、また必然であるのは、何事も不正ではありえないということだ。そこには善悪の概念、正義・不正義の概念がない。

＊1　エスキモーやブッシュマンという呼び名は、現在は差別的表現として避けられるが、原文を尊重して、また、原著が出版された一九八一年当時から現在に至るまでの道徳の進歩をまさに示す証左として、そのまま翻訳した。

自然状態における人間生活に関するホッブズの推測は、私たちが自然においてる孤独であったというルソーの考えと大差がない。私たちを倫理的にふるまわせるのは、国家権力ではない。国家、あるいは何らかの他の形態の社会権力は、倫理規範を遵守しようとする私たちの傾向を強化するかもしれないが、その傾向は社会権力が確立される以前から存在する。ホッブズが国家の主たる役割だと考えていたものは、最初から哲学的に疑わしいものだった。というのもそれは、人々が法を強制する権力の設立に合意したあと、その合意が効果を発揮するまでの間、なぜ互いを信頼するのか、という疑問を引き起こすからだ。さらに私たちには、ホッブズの理論を拒絶する生物学的理由もある。

これまで、倫理規範を完全に欠いた人間集団が発見されたと主張されたことはあった。コリン・ターンブルの著書『山の民』（*The Mountain People*）で描かれた北ウガンダの部族、イク族が最も近年の例だ。生物学者のギャレット・ハーディンは、イク族はホッブズが描いた自然状態の人間の顕現であり、全イク族の全イク族に対する戦争状態のなかで暮らしているとまで主張した。イク族はたしかに、ターンブルの訪問時にはきわめて不幸な状態にあった。元々彼らは遊牧狩猟採集民であったが、彼らの狩場は国立公園になってしまった。彼らは乾燥した山岳地帯の農耕民となることを余儀なくされ、そこで生計を立てることに困難を抱えていた。長期におよんだ干ばつとそれに伴う飢饉が最後の打撃となった。結果として、ターンブルによれば、イク族社会は崩壊した。親たちは三歳の子どもたちを家から追い出して自活させ、強者が弱者の口から食べ物を奪い、老人と病人の苦境は笑いの種となり、他人を助けようとするものは誰でもばか者だと思われた。イク族は家族、協力、社会生活、愛、宗教を放棄し、自己利益の追求以外のすべてを放棄したとターンブルは言う。私たちがこれ見よがしに誇示する人間的価値は、ターンブルの言葉で言えば「それなしで済ますことのできる贅沢」なのだと彼らは教えてくれる。

人間的価値を見出さない人々という考えは、ある種の後ろめたい魅力を持つ。『山の民』は、人類学の著作としてはまれな名声を得た。その書評は『ライフ』誌に掲載され、酒の肴として話題に上り、著名な演出家であるピーター・ブルックにより演劇にもなった。この本はまた、一部の人類学者たちからは痛烈に批判された。彼らが指摘したのは、ターンブルの観察の多くが主観的であること、データが曖昧であること、『山の民』とターンブルが発表した初期の報告（そこで彼は、イク族が陽気で思いやりがあり「家族をとても大切にする人々」と記していた）との間の矛盾、そして『山の民』自体のなかに見出される矛盾だ。これに対してターンブルは「この本のデータが証拠と言うには不適切である」ことを認め、イク族の生活を異なる形で描写することになるような証拠の存在を認めた。

たとえ『山の民』のイク族の生活描写をそのまま受け取るとしても、依然としてイク族社会に倫理規範があることを示す十分な証拠がある。ターンブルはベリーの窃盗をめぐる口論に言及しており、これから明らかなのは、盗みが生じてはいるが、イク族に私的所有の概念と盗みが悪いという概念があることだ。ターンブルは、イク族の山への愛着と、彼らにとって聖なる場所であるらしいモルンゴレ山について彼らが語るときの畏敬の念とについて述べている。彼の観察では、イク族は集まって一緒に座ることを好み、村で一緒に暮らすことを強く求める。彼は、妻を叩こうとするイク族の夫が従わなければならない規範、妻が最初に立ち去る機会を与えられる規範を記している。彼の報告では、ニオット（nyot）として知られる相互援助協約の義務が必ず履行される。彼によれば、イク族が互いを殺したり、あるいは流血させたりすることまでも厳格に禁止されている。イク族は互いを飢えたままにしておくかもしれないが、他のイク族を非ヒト動物と同じように――つまり、食料になりうるものとして――考えてはいないようだ。普通の食べるに困らない読者は食人の禁止を当たり前だと思うだろうが、イク族が暮らしていた状況下では、人肉はより強いイク族になるための貴重な食料となっただろう。彼らが人肉を食料としなかったことは、彼らの人生を生きる価値のあるものにしていたほぼすべてのものが崩壊したにもかかわらず、彼らの倫理規範が強固であり続けたことを示す一例である。

飢饉の間のイク族のような極端な状況下では、個体の生存の必要性が最優先となるので、他のすべての価値が重要でなくなるかのように見えるかもしれないが、実際にはそれらは影響を与え続けている。イク族が耐え忍んだ状況よりも劣悪な状況がありうるのだとすれば、それはソヴィエトの強制収容所や、それよりもさらに恐ろしい、ナチスの死の収容所の被収容者の状況だ。ここでもまた、「破滅する運命にある者同士が互いを食い物にした」のであり、「人間の連帯を示す痕跡は消え去った」のであり、すべての価値が消し去られて、すべての人間が自分自身のために争ったのだと言われてきた。これがもしそうだったのだとしても、驚くには当たらないだろう。というのも、強制収容所は計画的かつ組織的に被収容者たちを非人間的に扱い、彼らの身ぐるみを剝いで全裸にし、彼らの髪の毛をそり落とし、彼らに番号を割り振り、服を排泄物で汚すよう彼らに強制し、彼らの生命など取るに足らないものであることを多くの仕方で彼らに知らしめ、彼らを打ちのめし、彼らを拷問し、彼らを飢えせたからだ。驚くべきことは、これらすべてにもかかわらず、強制収容所内の暮らしは、すべての人間が自分のことだけを気にかけるようなものではなかったことだ。生存者たちの報告が繰り返し示しているのは、囚人たちが互いに助け合っていたことだ。アウシュヴィッツでは、囚人たちは自身の命を危険にさらして、雪のなか点呼時に倒れこむ見知らぬ人たちを助け起こした。彼らは気力を維持するため、ラジオを組み立ててニュースを広めた。彼らは飢えてはいたが、自分よりも必要としている人に食べ物を分け与えた。強制収容所には倫理規範もあった。盗みがあったときには、仲間の囚人からの盗みは強く非難されたし、盗みで捕まった者は囚人たちが自ら罰を与えた。テレンス・デ・プレは、収容所で生き残った人々の報告に基づく著書『生存者』（*The Survivor*）で次のように述べている。「収容所に道徳的・社会的秩序が存在しなかったという考えは誤りである。……人間性を示す数えきれないほど多くの些細なふるまいは、そのほとんどがこっそりと行われたが、間違いなくいたるところで行われていた。これらのふるまいを通じて生存者たちは、彼らを生き永らえさせて道徳的に正気でいさせるのに十分有効な社会構造を維持することができた」。

倫理の核心部分は私たちの種に深く根を下ろしており、どの場所に生きる人類にも共通している。それは、人間からその人間性を奪おうとする最も戦慄させられる困難や最も情け容赦ない試みのなかでも、生き残り続ける。それでもこの核心部分が、私たちが人間以前の祖先から受け継いだ生物学的基盤を持つという考えに抵抗する人はいる。こうした抵抗の理由の一つは、どれだけ動物たちが利他的であろうとも、私たちは私たち自身の行為が動物行動とは根本的に異なるものだと考えたい、というところにある。動物は本能的に行為する、対して人間は合理的で、自己意識を持つ存在だ、私たちは自身の行為の善悪について反省することができる、動物にはそれができない、私たちは道徳規範を遵守できる、私たちは何が善いのかを見極めて、それを選び取ることができる、動物にはそれができない、などと、多くの人々が考えている。

私たち自身と他の動物たちとの間に明確な境界線を引く試みは、常に失敗してきた。私たちは自分たちが言語を操れる唯一の存在だと考えていたが、チンパンジーとゴリラが手話で百以上の単語を学習でき、それらを自身で工夫しながら使うことが発見された。今や科学者たちが苦労しながら発見しつつあるのは、私たちは推論をする唯一の動物ではないという、多くの犬の飼い主たちが昔から受け入れていたことだ。ダーウィンは『人間の由来』で次のように書いていた。「人間と高等動物との間の心的能力の差は、それが大きなものであるとはいえ、程度の差であって質の差でないのは間違いない」。私たちが意識的・意図的に行っていることを、すべての動物が盲目的な本能によって行っていると考えるのは誤りだ。ヒトと非ヒト動物の両方が、特定の仕方でふるまう生得的傾向を持っている。これらの傾向のうちのあるものは、厳密に特定の1種類の行動を命じる——たとえばハエは、羽音を立てながら繰り返しガラスに当たり続け、ある一方向に向かうことをやめない。いろいろな方向を試してみて窓の開いている部分を探し当てる、ということはしないのだ。また別の生得的傾向は、ただ目標を設定するだけで、多様な戦略をとる余地を残す——たとえばキツネは、「本能的に」ニワトリを欲し、そしてニワトリ飼育者が犠牲を払って知るとおり、ニワトリを得る何十通りもの方法を考えつく。社会性哺乳動物たちの「本能」はほとんどの場合、後者の比較的可能性に開かれた種類のものだ。この意味では人間も「本能」を持っている。親にとって赤ん坊を抱き上げずにその泣き声を聞くことが、あるいは、思春期以降の人間にとって性に関心を持たないことが、いかに難しいかを考えてみてほしい。

倫理に生物学的基盤があるという考えに抵抗する別の理由として、倫理は文化現象であると広くみなされており、異なる社会ではまったく異なる形態をとっている、ということが挙げられる。地球上の遠く隔たった地域に関する知識が増えるにつれ、人間の倫理規範の多様性が認識されるようになった。エドワード・ウェスターマークの著書『道徳観念の起源と発達』(*The Origin and Development of the Moral Ideas*)は、一九〇六年から一九〇八年にかけて出版された合わせて千五百頁を超える大部の二巻本からなり、以下のような事象に関する社会間の違いを比較している。すなわち、殺人(戦争、安楽死、自殺、嬰児殺し、妊娠中絶、人身御供、決闘における殺しを含む)の悪さ、子どもたち、老人たち、貧民たちの世話は誰の義務か、女性の地位および許容される性的関係の形態、奴隷所有、財産権一般、盗みの構成要件、本当のことを言う義務、食事制限、非ヒト動物への気遣い、死者と神々への義務、等々である。ウェスターマークの本とほとんどの人類学的文献とから得られる圧倒的な印象は、倫理はきわめて多様であり、その多様性は生物学的起源ではなく文化的起源を持つに違いない、というものだ。エドワード・O・ウィルソンは次のように認めている。「人間社会間のほぼすべての差異が、遺伝ではなく学習と社会的条件づけに基づくという強力な証拠がある」。それゆえ、もし私たちが人間の倫理について論じたいのであれば、人間本性に関する生物学理論から、個々の文化とそれらの文化において独自の倫理規範を発展させた要因へと、私たちの注意を向けなければならないようにも思える。だが、倫理の多様性については議論の余地がない一方で、この多様性の基礎をなしている共通の要素が存在する。さらにこれらの共通の要素の一部は、人間以外の社会性動物において観察される形態の利他性とかなり近似しているので、人間倫理の起源が社会性動物において進化した行動パターンにあることを否定するのは無理があるように思える。まずは血縁利他性がいかなる倫理形態をとるのかを見ていくことにしよう。

人間の倫理における血縁選択

本章の初めに引用した『倫理学の方法』は、ケンブリッジ大学の哲学者だったヘンリー・シジウィックによる倫理学書であり、初版が出版されたのは一八七四年だ。引用した一節は善意の義務を司る原理の説明である。これはシジウィック自身の見解ではなく、この義務の当時の一般的理解を示したものだ。この一節では、私たちが思いやるべき人々のリストが段階的に列挙されており、これは社会生物学理論ときれいに一致する。まずは血縁利他性から始まり、次に互恵的利他性と集団利他性が来る。この点で、後期ヴィクトリア朝のイングランドが特に変わっていたわけではない。『道徳観念の起源と発達』[*2]でウェスターマークが述べていたように、子どもたちの面倒をみる母親の義務はあまりにも自明すぎるように思えるので、ほとんどの人類学的説明がそれにわざわざ言及しようとすらしなかった。家族を養って守るという既婚男性の義務は同様にして広く見られるとウェスターマークは述べ、この主張を多くの実例で裏づけている。人類にほぼ普遍的に受け入れられている義務に関する彼の説明は、シジウィックのリストと似通っている。親に対する義務を子どもや妻たちに対する義務とともに並べ、そのすぐあとに兄弟姉妹を助ける義務がある。もっと遠縁の血縁者に対する義務は社会によって異なりやすいが、それでもほとんどの社会でよく見られる。部族や集団の他のメンバーに対する善意がその次に重要であり、よそ者に対する善意はまったく見られないことが多い。

人間社会における血縁の普遍的重要性は、最も強力な社会生物学批判者の一人である人類学者のマーシャル・サーリンズも認めている。著書『生物学の使

＊2　イギリスにおけるヴィクトリア女王の治世は一八三七年から一九〇一年であり、『倫理学の方法』が出版された一八七四年はヴィクトリア朝の後半期である。

用と乱用』（*The Use and Abuse of Biology*）のなかで、サーリンズは次のように書いている。「血縁は、人類学者たちが研究してきた民族の多くにおいて支配的な構造であり、家庭という領域にとどまらず、経済的、政治的、儀式的行動全般に広く見られる規範である」。サーリンズは続けてこれに生物学的基盤があることを否定し、さまざまな文化で誰が「血縁者」と認識されるかは、厳密な意味での遺伝的血縁度と一致しないことが多いと指摘する。しかしながらサーリンズは、社会生物学的な主張を狭くとりすぎている。彼が挙げる実例が示すのは、一般に血縁度と誰かを血縁者と認めることとの間にかなりの相関が見られるということだ。社会生物学者がそれ以上のことを求める必要はない。分別ある社会生物学者であれば誰でも、人間社会の構造において文化が一定の役割を果たし、それゆえ生物学的な力が最短で最も単純なルートをいつもとれるわけではないと認めるだろう。

シジウィックが引用の最後の文で人種の区別を明言していることに、現代の私たちは違和感を抱くだろう。だが、善意の程度に関するシジウィックの説明には、驚くほど真に迫るものがある。これは、善意の程度以外のヴィクトリア朝時代の道徳の要素が過去百年でどれほど様変わりしたのかを鑑みると、なおさらだ。私たちは今でも肉親を第一に考え、続いて友人、隣人、もっと遠縁の血縁者、次に同国人全般、そして最後に人間である以外は何も共通点のない人々のことを考える。アフリカでの飢饉のニュースに対する私たちの反応を考えてみてほしい。このニュースを多少なりとも気にかける人は、助けになればと、どこかの募金団体に十ドル、五十ドル、あるいは百ドルもの寄付をするかもしれない。それを超える寄付は、私たちの社会の基準からすると、寛大さを示す行為としてもまれだろう。だが、幸運にも西ヨーロッパや北アメリカ、オーストラリア、日本で生活する私たちは普段、休日に、新しい服に、自分の子どもたちへのプレゼントに、これと同じくらいか、もっと多くの額を費やす。もし仮に私たちが、自身や自身の子どもたちの幸福と同じくらいに、アフリカの見知らぬ人たちの生活や幸福を気遣うのであれば、自身のためのそれらの非必需品にお金を費やして、命を救うためにそれを使わないなどということがあるだろうか。もちろん、アフリカのために寄付しないで済むための言い訳が多くある。私たちの寄付なんて焼け石に水にしかならないと言うこともできるし、募金団体は受け取ったお金を無駄に使うと言うこともできるし、食糧援助は何の足しにもならない——必要なのは開発や社会革命や人口統制だ——と言うこともできる。だが私たちは、もっと正直になれば、これらが言い訳だと認める。私の寄付が飢饉を終わらせることはないが、それがなければ餓死したかもしれない数人の命を救うことはできる。私たちは、寄付金が無駄に使われているという新聞記事があればすぐそれに飛びついて、自分が寄付しないことを正当化する。だが、援助団体の全体的な効率に目を向ける人がどれだけいるだろうか。その効率は実際のところ、任意団体の場合には大企業と比べて非常に高いのだ。そしてもし私たちが、食糧援助ではなく開発や革命や人口統制が飢饉問題に対する真の解決策だと考えるのなら、なぜ私たちはこれらの解決を促進する団体には寄付しないのか。

私は海外援助について書いたり講演したりするなかで、こう論じてきた。私たちは自身の持つ富ゆえに、真に必要に迫られている人々を助けるため、私たちが今やっている以上のことをする義務を課せられている。一般レベルで最も多い反応は、私たちはまず自分たち自身の貧困に対処すべきだ、というものだ。哲学者の間でも基本的には似た答えが、もっと洗練された形で返ってくる。たとえば、次のように言われたことがある。たしかに私たちは貧困をなくすためにもっと努力すべきだが、私たちの子どもたちのために最善を尽くす義務――つまるところ、子どもたちを学費の高い私立学校に通わせたり、彼らに十段変速の自転車を買ってやったりすることを含む義務――と両立しないことをすべきではない、と。たとえ見知らぬ人たちを飢餓から救うためであっても、私たち自身の子どもたちの幸福や可能性にどれだけわずかでもマイナスとなるリスクがある提案は、たんなる理想論にとどまらず、積極的な悪でさえあるように多くの人の目には映る。

「私たち自身」を優先させることは、私たちの進化史の観点から理解可能だ。それは他の動物において私たちが観察した血縁利他性の一例であり、それに集団利他性の要素が加わったものである。これは、社会がそのメンバーにこうした優先的な行動を行うよう促さなければならない、ということではない。何らかの形で自身の集団のメンバーを優先させることをやめさせるような試みが、近年は広く見られてきた。多民族社会では、自身の人種や民族集団のメンバーを優先すると争いの種となることが往々にしてあり、多くの国々で現在では、雇用、教育、住宅供給において自身の人種・民族集団に属する人を優先することは、悪だとみなされている。優先してしまうと制裁が加えられる。根深いバイアスに対抗しようとするあらゆる試みについて予想されるように、民族平等に向けたこうした努力に対する抵抗は根強い。だがそうした努力は、異人種や異民族の同胞に対する人々の態度をその行為とともに変えることに、おおむね成功してきた。

家族についても同様の平等化プロセスを実行し、共同体のメンバーが、共同体の利害よりも自身の家族の利害を無意識的に優先することのないようにするのは、社会変革者にとって長年の夢だった。この考えも、長年にわたって消えることのない他の多くの考えと同様、プラトンに遡る。著書『国家』（*Republic*）でプラトンは、共同体において結束が最大の善であり、結束が生じるのは「すべての市民が同じときに喜び、同じときに悲しむ場合」だと論じる。これをもたらすためには、プラトンが描いた理想国家の支配者である守護者たち[*3]の間では少なくとも、別々に家庭を持ったり結婚したりすべきではなく、ある形態の共同結婚をすべきだと彼は提案する。そうすることで、「男たちが、それぞれの得たものを、それぞれの妻と子どもたちがいてそれぞれの喜びと苦しみがあるそれぞれの家の中に引きずっていく」代わりに、守護者たちが「みな、彼らにとって何が近く親しいのかについて意見が一致し、それゆえ彼らがみな共通の目的へと向かっていく」状況になる。

家族には、集合性の高い共同体の内部で不和を生じさせる効果があるという

＊3　プラトンは『国家』において想像上の理想国家の成立過程を描いており、そこで国家を統治する知恵の徳を担うのが、少数の守護者たちである。

プラトンの見立ては正しかった。ヨニナ・タルモンは、ユダヤ人の集団植民に関する自身の社会学的研究『キブツの家族と共同体』（*Family and Community in the Kibbutz*）[*4]のなかで、プラトンに無意識的に同調している。結束の必要性が最も高かった初期入植時の植民地について、タルモンはこう述べる。

家族の結び付きは排他的で差別的な忠誠に基づいており、これが、自身の家族のメンバーを多かれ少なかれ他の者たちから分け隔てている。家族は容易に感情の焦点として競合するようになり、共同体全体への忠誠を脅かしかねない。自身の配偶者と子どもたちへの深い愛着は……よりイデオロギー的でより職務志向的である同胞との関係よりも優先されるだろう。

だが、家族を排除できる見込みがありそうだというプラトンの楽観主義は、その後の実験で裏づけられることはなかった。タルモンが右で挙げた理由により、キブツ運動はまず、家族への愛情を強く妨げることから始まった。子どもたちは親元から離され、共同住宅で一緒に暮らした。彼らが幼児のころからキブツは保育士と教師を提供し、両親が子どもの世話を離れて働けるようにした。食事は家族単位ではなく共同の食事室でとり、娯楽も共同的なものだった。子どもたちは自身の親を「お父さん」や「お母さん」と呼ぶのではなく、親自身の名前で呼ぶように言われた。男女が同じ場所で働くことは禁止され、四六時中一緒にいるような夫婦は嘲りの目で見られた。家族関係に対するこれらの極端な制限は、食糧栽培・飼育の困難さ、そして周囲のパレスチナ人居住者という両方の面で敵対的な環境に対する、植民者の闘争の一部として受け入れられた。これらの制限は、社会主義への、そして当時のパレスチナでのユダヤ人入植への、深いイデオロギー的コミットメントに支えられていた。人間に

＊4　キブツとは、二十世紀以降にパレスチナでユダヤ人植民者により形成された農村共同体である。

おいては動物と同様、外部からの脅威によって通常よりも集団の結束が高まる（あらゆる階級のイギリス人が第二次世界大戦中に進んで払った犠牲と、イギリスの経済的衰退を止めようと「ダンケルクの精神」に戻ろうと訴えた歴代イギリス首相への反応のなさとを比べてみてほしい）。集団全体の存続がかかっているときには、私たち自身の利害関心の優先度は集団存続の必要性の下に来る。だが平時になれば、個体の利害が戻ってくる。おそらくは、このようにして急場に資源を結集できない集団は存続できなかっただろう。他方で、急場をしのいだときに自身の利益を追求しなかった個体は、より少ない子孫しか残せなかっただろう。

いずれにしろ、どのような理由であれ、キブツが確立されて飢餓とアラブ人からの攻撃という二つの危険を退けてしまうと、結束という理想は、それまであった共同体感情の強さを維持するには十分でないと明らかになった。キブツは存続したが、家族と融和しなければならなかった。男女はアパートの部屋でより多くの時間を過ごし、そこで一緒に食事をとることも多くなった。子どもたちは自由時間の多くを両親と過ごし、子どもたちの家ではなく家族のアパートで寝ることも多くなった。どの公の場でも、隣り合って座る男女に対して眉をひそめる人はいなくなった。子どもたちは再び両親を「お父さん」、「お母さん」と呼び始めた。

キブツ運動は、家族の代わりに共同体を利害関心の基本単位にしようとする他の試みと似ている。ロシア十月革命後のソヴィエト連邦では、『共産主義者宣言』の呼びかけに従って家族を廃することが試みられた。その後二十年経たずしてソヴィエトは方針を百八十度転換して、家族生活を奨励し始めた（ちなみに『宣言』自体は家族を廃することを明確には書いていない。マルクスが他の父親たちと同じくらい自身の家族に対して献身的であったことを考えれば、これは驚くにはあたらない）。宗教共同体のいくつかは、子どもたちを集団で育てることから始まった。だが、開花した宗教的熱狂が色褪せ始めると、すぐに家族が戻ってきた。修道士の集住は比較的永続的な家族の抑制を達成してきたが、厳格な独身主義に基づく共同体が独立して存続することは難しい。

共同体一般の利害ではなく私たち自身の家族の利害を優先するバイアスは、

十分な生物学的理由のある、人間行動における拭いがたい傾向だ。しかしながら、人間の持つすべての拭いがたい傾向が、普遍的に美徳とみなされるわけではない（二人以上のパートナーと性的関係を持とうとする傾向も、おそらくはやはり生物学的基盤のある、また別の拭いがたい傾向であるが、それを私たちがどう思うか、比べてみてほしい）。ほぼすべての人間社会において、家族への気遣いが道徳的美徳であるのはなぜだろうか。なぜ社会は、自身の子どもたちの利害を共同体の他のメンバーの利害よりも優先する親たちを、たんに許容するだけでなく褒めたたえさえするのだろうか。その答えは、ただ家族感情の普遍性と強さというところにあるのではなく、家族を大事にすることから来る社会全体にとっての利益にあるだろう。家族は自然本性的な愛情の絆によって、子どもたちに食事を与え、彼らを清潔に保って保護し、病人たちを看病し、老人たちを世話する。家族がそれをしなければ、それは共同体自体に降りかかり、誰もそれをやらないか、あるいは自然本性的衝動によっては動機づけられない骨折りを必要とするか、いずれかである（現代の大きな共同体でこれをするには、費用の掛かる非人格的な官僚制度が必要だろう）。見知らぬ人たちの幸福を気にかける度合いと比べてはるかに大きな家族感情の強さを鑑みると、自身の家族の利害についてはある程度の身内びいきを受け入れる倫理規範が、すべての家族の、そしてそれゆえ共同体全体の幸福を促進する最善の手段だろう。

互恵的利他性と人間の倫理

人間の間で最も基本的かつ広範に見られる絆は血縁だろうが、互恵性の絆もほぼ普遍的である。ヴィクトリア朝時代の道徳観を述べるなかでシジウィックは、「自身に奉仕してくれた者たち」に対して思いやりを示す個人の義務を、血縁者を思いやる義務のすぐあとに挙げている。イク族の間では、家族自体が散り散りになったときでも、ニオットとして知られる相互援助協約がある。ウェスターマークは次のように述べている。「与えられた利益に報いること、あるいはそれを与えてくれた人に感謝することは、おそらくどこでも見られることであり、少なくとも一定の状況下では、義務とみなされる」。ウェスターマークがこう書いて以来、マルセル・モースからクロード・レヴィ＝ストロースに至るまでの人類学者たちが、人間生活における互恵性の重要性を強調し続けてきた。『互恵性のなかの人間』(*Man in Reciprocity*)の著者であるハワード・ベッカーは、私たちの互恵的傾向が普遍的だと考えるあまり、私たちの種名をホモ・レシプロクス(*Homo reciprocus*)と改名しようとまで提案した。これらの研究や他の近年の研究を調査したあと、社会学者のアルヴィン・グールドナーは次のように結論づけている。「一部の文化相対主義者たちとは反対に、互恵性の規範は普遍的だと仮定できる」。

自分では手の届かない場所にいる寄生虫の相互駆除のように、単純な互恵的実践から生じる人間倫理の特徴は、驚くほど多い。私がシラミを髪の毛から取り除いてほしいとしよう。これをやってもらうためには、誰か他の人のシラミを取り除くこともいとわない。しかし、誰を毛繕いするか選ぶときには、よく相手を見極めなければならない。もし私が誰彼構わず助けてしまうと、お返しに毛繕いをしてくれない他人を毛繕いすることになるだろう。この時間と労力の無駄を避けるため、私の援助に対してお返しをしてくれる人とそうでない人とをよく見極めなければならない。言い換えれば、私を公正に取り扱ってくれる人と私を裏切る人とを区別しなければならない。私はお返しをしてくれない人を区別して、避けるべきである。実際のところ私はそれどころか、怒りと敵意をもってそうした人に応じるかもしれない。あるいは、もし最悪の「裏切者」が私たちの誰からも再び搾取できないようにすれば、私や同集団内の他の互恵的な利他的個体を利することになるだろう。彼らを殺したり追放したりすることがその有効なやり方だろう。他方で、私がやってほしいことをすべてやってくれる人に対して私は肯定的な感情を抱く。この感情によって、相互に利益ある関係を存続・発展させるため、私は自身の役目を一層果たそうとするだろう。

互恵的利他性がもたらすこれらの帰結について、個別に検討していきたい。

第一にして最も重要な帰結は、私が手助けする価値のある人とそうでない人との区別である。もちろん、私たちがみな互いの動き出しを待ってしまったら、誰も動き出しはしないだろう。最初はお返しがあるのかわからないまま、誰かが他の誰かの寄生虫を取り除かなければならない。しかし、こうしたことが少し続いたあとになれば、集団の各メンバーの実績が明らかになるだろう。このとき、私は自分を助けてくれなかった人を助けるのをやめることができる。これには、どの程度のお返しが私の助けと釣り合うのかの感覚が必要だ。もし私が他の誰かの頭からすべてのシラミを注意深く取り除くのに一時間を費やし、その人が私の頭を見さえしないのなら、判定は明らかだ。だが、もしその人が私の頭を一〇分で済ましてしまい、少なくとも数匹のシラミをそのまま残してしまったとしたら、どうだろうか。互恵的利他性の実践がこの段階で大雑把な正義を許容しうるのは疑いないが、人間の推論・意思疎通能力が高まるにつれて、何が公正な交換で何がそうでないのか、より精確な裁定が下されるようになると予測されるだろう。状況のバリエーションを考慮し始める人もいるだろう。たとえば、もし私があなたの数匹のシラミを一〇分で取り除けたなら、私の頭皮の多数のシラミを取り除くのに一時間費やすよう、あなたに要求すべきだろうか。こうした問いに答えるなかで、私たちは公正さの概念を発展させ始めるだろう。二千年以上前に、ギリシアの歴史家ポリュビオスは次のように述べていた。

……危機において他人から助けられた人がその他人に感謝を示さず、それどころかその他人に危害を加えようとさえ試みるとき、明らかなのは、それを知った人々がこうした行為によって自然と不快を感じて気分を害するということであり、危害を加えられた隣人の怒りを共有して、自身が同じ状況に置かれることを想像するということだ。これらすべてのことから、すべての人において、義務の意味と理論の概念が生じ、これは正義の始まりにして終わりである。

利益を返す義務が正義の始まりにして終わりだというのは言いすぎだが、それが始まりだというのは本当かもしれない。「利益を返す」にその逆の「危害に復讐する」を付け加えるべきだろう。というのも、これら二つは密接に対応していて、一組になっていると一般にみなされるからだ。部族の倫理では、今日の私たちの文化よりも感謝と復讐の義務が顕著であることが多い（それらの義務が私たちの社会において重要でないと言っているのではない。それらは重要だが、今では私たちが復讐心に燃えることを美徳だと称賛することはあまりないようだし、感謝でさえもかつてほどは美徳としての地位が高いわけではない）。

多くの部族社会に贈り物に関する精緻な儀式があり、受け手がお返しをしなければならないという了解が常に伴っている。お返しが元の贈り物よりも優れていなければならないことも多い。ときには行き着くところまで行き着いてしまい、人々が是が非でも贈り物を受け取るのを避けようとしたり、いかなる義務も負わないよう即座にお返ししようとしたりする。

西洋倫理の伝統でも、感謝と復讐は主要な位置を占めていた。プラトンの

『国家』における正義の探究は、正義とは友人に善をなして敵に害をなすことだという一般的見解を分析することから始まった。キケロは、「義務の第一の要求」とは私たちを最も愛する者のために最大限のことを行うことだと書いた。自身の感謝を示す義務ほど「履行しなければならない義務はない」と彼は付け加えた。これはまた、「山上の垂訓」でイエスが言及した態度でもある。彼はこう言った。「汝らは次のように言われたのを聞いただろう。汝の隣人を愛し、汝の敵を憎め、と」（イエスが提案したのは私たちの敵を憎むのではなく愛するということだったが、その彼でさえも、収税吏や罪人がする以上のことをするには、神からの褒賞が得られる見込みを提示する必要があると考えた。[*5]）。

助けてくれた人に対する肯定的な感情から、友情の絆と、友人に対して誠実でありたい心がわいてくる。互恵的にふるまわない人に対する否定的な感情か

*5　新約聖書のマタイ五：四五およびルカ六：三二では、自分を愛してくれる人を愛するのは収税吏や罪人でもする当たり前のことだと述べられている。

ら、道徳的憤りと、その人を罰したいという欲求が生じてくる。もし互恵的利他性が人間進化において重要な役割を果たしたのなら、裏切られるのを嫌悪することには明確な利益がある。人間はこうした嫌悪感を持つ。実際逆効果に思えることも多いほど私たちはこの感情を持っている。十ドルのために一時間の残業をする気にならない人が、五ドルの欠陥品を返品するのに一時間をかけるだろう。また、こうしたバランス感覚の無さは私たちの文化に限ったことではない。さまざまな社会を観察してきた人類学者たちは、つまらないように思える原因で生じた血みどろの争いを報告している。自身の行為を擁護して「五ドルのためではないんだ。物事の道理の問題だ」と私たちは述べる。きっとほぼ同じことを、カラハリ砂漠に住む「ブッシュマン」ことサン人が、狩りの獲物の分配をめぐる争いのときに言うだろう。だが、私たちはなぜそこまでして道理を気にかけるのか。ありうる説明の一つは、一回の出来事で裏切られるコストは非常にわずかであるのに比べて、長期にわたって何度も裏切られるコストははるかに大きい、というものだ。それゆえ、裏切者を見つけ出して完全に縁を切ることには、苦労を惜しまないだけの価値があるのだ。

個人的な怒りは、集団の他のメンバーに共有されて一般原理のもとに置かれるとき、道徳的憤りとなる。右で引用した一節でポリュビオスは、恩知らずから被害を受けた者と同じ状況に置かれると想像し、同じ怒りの感情を抱く他人に言及している。私たちは自分が他人の立場にいることを想像でき、こうした事例を扱う一般規則を形成できるので、私たちの個人的な怒りの感情は集団規範へと具現化するかもしれない。またその規範は、何が奉仕に対する適切なお返しであり、何が裏切者に対してなされるべきであるのかについて、社会的に受け入れられた基準を伴うかもしれない。部族社会の報復は被害者側とその血族に任されることが多いが、このシステムには明らかな不利益がある。なぜなら多くの場合、両方の側が自分たちこそが不当な扱いを受けたと考え、誰もが損をするところまで抗争が続くかもしれないからだ。これを避けるため、ほとんどの社会で血の復讐は、共同体で策定された手続きに置き換えられてきた。こうした手続きは、紛争において証言を聴取し、すべての当事者が従わなければばならない権威ある判決を下すためのものである。

互恵的利他性が特に重要なのは、人間のように推論と意思疎通ができる生物の集団内においてかもしれない。なぜならそのことでそれは、双方向的な関係から多方向的な関係へと拡大しうるからだ。もし私があなたを助けて、あなたが私を助けないなら、私はもちろん将来あなたを助けることをやめることができる。しかし、もし私が話すことができるなら、それ以上のことができる。私は集団内の他の全員に、あなたがどういう人間であるのかを話すことができる。このとき、彼らが将来あなたを助ける可能性もまた低くなるかもしれない。逆に、誰かがお返しをしてくれる人として信頼できるという事実もまた一般に知られて、他人がその人を助けようと思うようになるかもしれない。「評判であること」は、洗練された形で意思疎通をする生物の間でしか意味がない。だが、それがひとたび発達すれば、互恵的利他性の有用性は飛躍的に高まる。私があるときある人がおぼれているのを助けて、あとになって私自身を助けてもらう必要がある場合に、もしその人が私の声の届く範囲にいるなら、それは本当に運がいいだろう。それゆえ、もし私の勇敢な行為が私の救った人にしか知られないのであれば、それが将来の利益につながる可能性は低い。他方で、もし私が誰かを救うことで、共同体のメンバーの誰もが私を助けに来てくれる可能性が高まるのであれば、私の利他性が私自身の利益となる可能性は大きく高まる。

互恵的利他性の実践が利己的な足場の上に置かれてさえいなければ、公正さ、裏切り、感謝、報復の観念を含む私たちの道徳的是認・否認の態度の多くがそこから生じたはずだという説明は、より受け入れやすかっただろう。互恵的利他性は、まったく利他性ではないように思える。むしろ啓発された利己心と言ったほうが正確かもしれない。互恵的利他性の実践において、助ける相手の幸福に一寸たりとも関心を持たずとも、人は完全に互恵的なパートナーであるかもしれない。自分自身の利害への関心に、互いに助け合うことがパートナー双方の長期的利益にかなう可能性が高いという知識が付け加わりさえすれば、それで十分なのだ。しかし、私たちの道徳的態度は、これとはまったく違う何かを要求する。もし私が荒れ狂う波のなかでおぼれ、見知らぬ人が飛び込んで助けてくれたのなら、私はとても感謝するはずだろう。だが、もしその助けてくれた人が、私の命を救うことで相当の褒賞を受け取る確率を最初に計算し、その褒賞が得られる見込みが高いからこそ飛び込んだのだと知ったなら、私の感謝は薄れるだろう。また、利己的動機が明らかになることで薄れるのは、感謝だけではない。道徳的是認に最も熱がこもるのは常に、行為が他人の幸福への自然な関心を示す場合か、あるいは、正しいことを行うことへの良心的な欲求を示す場合かの、いずれかである。称賛された行為が利己的動機を持っていたことが明らかになるとほとんどの場合、称賛は取り下げられたり弱まったりする。

前章の初めのほうで、動機づけについては不問に付して、行動の観点からの利他性の定義――「利他行動は自身が一定のコストを払って他者を益する行動である」――を受け入れた。ここで、人々が利他性について語るときには、ただ行動についてだけでなく、ふつうは動機づけについても考えていることに注目しなければならない。この利他性という用語の一般に受け入れられている意味に忠実であるなら、自身が一定のコストを最初は払って他者を益する行動であって、他者を益する欲求により動機づけられる行動として、利他行動を再定義すべきだろう。人間がどの程度利他的な動機づけを持つかという問いについては、あとの章で検討することとしたい。ここでは、私が以降用いるこの利他性という用語の通常の意味によれば、ある行為は実際には長い目で見て私自身を益しながらも、それでも利他的でありうる――おそらくは、その行為が私の利益を高めるだろうと予見できなかったがゆえに――ことに注意すべきだ。なぜなら、私の意図は誰かほかの人を益することにあったからだ。

ロバート・トリヴァースは、私たちが利他的動機づけを道徳的に好ましいと思うことについて、社会生物学的説明を与えた。利他的な動機づけを持つ人は、利己心に動機づけられる人よりも信頼できるパートナーになるだろう。結局のところ、いつか利己心の計算は異なる結論を出すことになるのかもしれないのだ。私が砂浜に残したみすぼらしい服を見て、利己的な潜在的救助者は、大きな見返りが得られる見込みは薄いと決めつけるかもしれない。裏切りを見つけ出すのが困難な取引では、利己的なパートナーが裏切る可能性は、私の幸福を本当に気にかけてくれるパートナーよりも高いだろう。したがって進化は、他人の利己的な動機づけと利他的な動機づけとを区別でき、利他的な人にだけ贈り物や奉仕をする人に有利に働いただろう。

心理学者たちはどういう状況で人々は利他的にふるまうのかについて実験してきた。彼らの実験結果が示すのは、利他的に見える行動に隠された動機があると考えられる人よりも、本当に利他的だとみなされる人に対して私たちは利他的にふるまおうとするということだ。ある文献レビューはこう結論づける。「見かけ上の利他性の正当性に疑念が抱かれるとき、互恵性が広まる可能性は低くなる」。ある別の実験は、私たちのほとんどが普段から実感している次のことを証明した。すなわち、私たちは真の利他性が、利己的動機を包み隠す見せかけの利他性よりも魅力的な性格形質であると考える。

ここで興味深く重要な論点が現れる。もし互恵的交換においてパートナーであることに利益があり、もし他人を心から気にかけてさえいればパートナーとして選ばれる可能性が高いのであれば、他人を心から気にかけることに進化的利益がある(これはもちろん、じつは利己的な人による見せかけの利他性を、パートナー候補が見抜けることを前提にしている——これを見抜くのは必ずしも容易なことではないが、私たちは見抜こうとして多くの時間を費やすし、見抜けることも多い。進化理論が予測するのは、私たちは見せかけを見抜くのがうまくなるが、同時に見せかける側の能力も向上するので、けっして一筋縄で見抜けるようにはならない、ということだろう)。

この結論は倫理を理解するうえで非常に重要な意味を持つ。なぜならそれは、自己利益や血縁者の利益の観点から行動を説明しようとする社会生物学的推論の傾向と対立するからだ。適切に理解された社会生物学は、行動が自身の利益や血縁者の利益を追求する欲求によって実際に動機づけられることを含意してはいない。社会生物学は動機づけについては何も言っていない。というのも、社会生物学は各種行動の客観的結果のレベルに留まるからだ。ある行動が実際に行為者自身を益するということは、その行動が利己心により動機づけられていることを意味しない。というのも、行為者はその行動が自身にもたらす利益についてまったくわかっていないかもしれないからだ。にもかかわらず、私たちが真の利他性によってではなく、利己心によって動機づけられるということを社会生物学が含意すると、一般的には思われている。こうした思い込みは、社会生物学者たちが書いたものの一部から裏づけを得ている。だが今や私たちは、社会生物学自体が真の利他的動機づけの存在を説明できるとわかるだろう。このことがもたらす帰結についてはあとの章で取り上げるが、その基盤をなすメカニズムをもっとはっきりさせておくことが有益だろう。囚人のジレンマとして知られるパズルを紹介することでこれが可能だ。

二人の政治犯がそれぞれ、ルリタニア[*6]の秘密警察の独房に収容されている。警察は彼らを説得して、違法な反政府組織のメンバーであることを自白させようとしている。囚人たちは次のことを知っている。もし二人とも自白しなければ、警察は彼らの容疑を固めることができないが、警察があきらめて彼らを釈放するまでさらに三か月間、彼らは独房で尋問を受けることになる。もしどちらか一人が自白して、もう一人の関与もほのめかすのなら、自白したほうはすぐに釈放されるが、もう一人は禁固八年の判決を受けることになる。もし二人とも自白するなら協力的だったことが酌量されて、彼らは五年間の投獄で済む。囚人たちは別々に尋問されているので、もう一人が自白するかどうかはどちらもわからない。

ここでのジレンマはもちろん、自白するかどうか、というものだ。この話のポイントは、次のような状況設定がされているところだ。すなわち、もしどちらか一人の囚人が利己的な観点から考えれば、自白することが自身の利益にかなう一方で、二人の利益を合わせて考慮すれば、どちらも自白しないことが明らかに彼らの利益にかなっている。このとき、第一の囚人の利己的な計算は次のようになる。「もしもう一人の囚人が自白するなら、私も自白したほうがい

＊6　ルリタニアは、英語圏で仮想国家を想定する場合に典型的に用いられる仮名であり、実在する国の名前ではない。

いだろう。なぜならそうすれば、私は八年ではなく五年の投獄で済むからだ。そして、もしもう一人の囚人が自白しないなら、やはり私は自白したほうがいいだろう。なぜならそうすれば私はすぐに釈放され、さらに三か月尋問されずに済むからだ。私たちは別々に尋問されているので、もう一人の囚人が自白するかどうかは、私が自白するかどうかとはまったく関係ない——私たちの選択は互いから完全に独立している。それゆえいずれにしろ、私は自白したほうがいいだろう」。第二の囚人の利己的な推論はもちろん、この第一の囚人のものとまったく同じ経路を進み、同じ結論に至るだろう。結果として、もし両方の囚人が利己的であるなら、二人とも自白して、その後五年間投獄されるだろう。二人とも三か月で釈放される道があったにもかかわらず、純粋に利己的な計算に囚われてしまったがゆえに、彼らはその道をとることができなかった。

囚人たちに関する前提のうち何を変えれば、二人にとって自白の拒絶が合理的な選択となるのだろうか。その一つの方法は、囚人たちがともに黙秘するという合意を交わすというものだろう。だが、どうしてそれぞれの囚人はもう一人が合意を守るという自信を持てるだろうか。もし一方の囚人が合意を破れば他方は長期にわたって投獄され、どうやっても裏切者を罰することはできない。それゆえそれぞれの囚人は、次のように考えるだろう。「もしもう一人が合意を破るなら、私も破ったほうがいいだろう。そしてもしもう一人が合意を守っても、やはり私はそれを破ったほうがいいだろう。だから私は合意を破る」。

二人の利己的な個人間の合意は、それを支える拘束力なしには、二人の利益を合わせて考えたときに両者にとって最善となる結果をもたらすことはできない。最善の結果に到達するために変えなければならないのは、囚人たちが利己心のみに動機づけられる、という前提だ。たとえばもし彼らが、自身の利益と同じくらい囚人仲間の利益を気にかけるほどに利他的であるなら、次のように考えるだろう。「もしもう一人の囚人が自白しないなら、私は自白しないほうがいいだろう。なぜならそうすれば私たち二人は合計で六か月投獄されることになるが、もし私が自白してしまうと合計で八年間になるからだ。そしてもしもう一人の囚人が自白するなら、やはり私は自白しないほうがいいだろう。なぜならそうすれば、私たちは合計で十年ではなく八年の投獄で済むからだ。それゆえいずれにしろ、私たちの利益を合わせて考えれば、私は自白しないほうがいいだろう」。したがって、利他的な囚人のペアはこうした状況から利己的な囚人のペアよりも、利己的な観点から考えても良い結果を引き出すだろう。

利他的な動機づけは、より幸せな帰結を生むための唯一の方法というわけではない。別の可能性としては、囚人たちが良心的であって、囚人仲間について告げ口するのを道徳的に誤りだとみなす、ということがある。あるいは、もし彼らが合意を結ぶことができるなら、彼らには約束を守る義務があると信じるかもしれない。いずれにしろ、それぞれの囚人はもう一人の囚人が自白しないと信頼することができ、彼らは三か月後には自由の身となるだろう。

囚人のジレンマが示すのは、逆説的なように思えるかもしれないが、利己的でないほうが利益を得られることがある、ということだ。利己心だけに動機づけられる二人以上の人は、彼らがもっと利他的であったり良心的であったりするときのほうが、より多くの利益を得られるかもしれないのだ。

囚人のジレンマは、利己的な計算に基づいて互恵的交換を行うのではなく、真に利他的であることに、なぜ進化的利益があるのかを説明する。監獄や自白が初期の人間進化において実質的な役割を果たしていたことはないかもしれないが、他の形態の協力は、たしかにそうした役割を果たしていた。二人の初期人類が剣歯虎《けんしこ》に襲われたとしよう。もし二人とも逃げるなら、一人は剣歯虎に捕まってしまうだろう。もし二人とも立ち向かうなら、剣歯虎を撃退できる可能性は十分にある。もし一人が逃げてもう一人が立ち向かうなら、逃げたほうは逃げおおせるだろうが、立ち向かったほうは殺されるだろう。ここでオッズは囚人のジレンマにおけるものに似通っていて、似た結果をもたらすだろう。利己的な観点からすると、もしパートナーが逃げるなら、あなたも逃げたほうがあなたが生き残る可能性は高まる（あなたが生き残る可能性はゼロから五〇％になる）。もしパートナーが立ち向かうとしても、それでもあなたは逃げたほうがよい（あなたは逃げれば確実に逃げおおせる一方で、あなたがパートナーと一緒に剣歯虎を撃退できるかというと、撃退できる確率が高いというだけで、確実に撃退できるとは言えない）。それゆえ、二人の純粋に利己的な初期人類はともに逃げるだろうし、彼らのうち一人は死ぬだろう。しかし、互いを気にかける二人の初期人類は剣歯虎に立ち向かうだろうし、どちらも死なない可能性がかなり高いだろう。計算のため、協力する二人の人間は剣歯虎を十回のうち九回撃退でき、一回は剣歯虎がどちらか一人を殺してしまうと仮定しよう。また、剣歯虎が二人の逃げる人間を追うときにはそのうち一人を必ず捕まえることができ、剣歯虎の速さに比べれば人間が走る速さの違いは無視できるので、剣歯虎がどちらの人間を捕まえるのかは完全にランダムだと仮定しよう。このとき、純粋に利己的な人間のペアのうち一人は平均して、一回を超える剣歯虎との遭遇を生き延びることはないだろう。だが、利他的な人間のペアのうちの一人は平均して、十回のこうした遭遇を生き延びるだろう。

もしこうした想像上の剣歯虎による襲撃と似た状況がよくあることだったなら、初期人類は利己的なパートナーと一緒よりも利他的な仲間と一緒に狩りをしたほうが利益になるだろう。もちろん、一緒に狩りをする利他的な人を見つけることができた利己的な人は、さらにもっと利益を得られるだろう。だが、純粋に利己的なパートナーを見抜くことができなかった――それゆえその人を助けるのを拒むことができなかった――利他的な人は淘汰されただろう。したがって進化は、真に利他的な他人に対しては真に利他的だが、自身の利他性を食い物にしようとする他人に対しては利他的でない人に有利に働いただろう。ここでも上の囚人たちの例と同じ論点を付け加えることができる。初期人類は、利他的である代わりに、危機に直面してパートナーを見捨てるのは悪いことだという義務感のようなものに動機づけられても、同じ目標を達成できただろう。

集団利他性と人間の倫理

前章で見たとおり、血縁選択と互恵性が集団選択よりも進化において重要な力だったと、ほとんどの社会生物学者が信じている。それでも、集団選択が一定の役割を果たしていたと信じる根拠がいくつかあった。集団選択が非ヒト動物の間で重要な意味を持っていようがいなかろうが、人間の倫理体系を見ると、集団選択が重要である根拠ははるかに強力である。とはいえ、集団への献身を促進することでそれぞれの社会が得る明確な利益を考えれば、ここで生物学的・文化的影響のもつれをほどくことは、他のケースよりもさらに困難である。生物学的側面について言えるのは、初期人類が小集団で生活しており、これらの集団が地理条件や相互敵対により互いに生殖的に隔離されることが少なくともあったということだ。それゆえ、集団選択に必要な条件は存在していた。文化的影響はおそらく、集団の利益よりも自身の利益を優先しすぎる者を罰し、集団のために犠牲を払う者に報いることによって、集団利他性の傾向を強化しただろう。

集団選択を血縁利他性・互恵的利他性のあとに置くことで、再び私たちはシジウィックの述べる善意の優先度に従っている。彼によれば、彼の時代の道徳は「隣人たちに、そして自国の同胞に」対して善意を持つ義務を、友人たちに対して善意を持つ義務のすぐあとに、そして私たち自身の人種のメンバーに対して善意を持つ義務の前に置く。別の地域や国の貧しい人々を助ける以前に、自身の地域や国の貧しい人々を助ける義務を私たちが負っていると考えるのは、今でも一般的である。飢えた海外の人々を助ける努力をする前に「私たち自身」の面倒をみるべきだと、一般に考えられている。血縁の絆との関連で私はすでにこの見方に言及したが、血縁の義務が果たされさえすれば、「私たち自身」の境界は、私たちが帰属意識を持つ次に大きな共同体へと拡張する。この共同体はある地域や地方の集団かもしれないし、同地域での居住に基づくのではなく、民族的・階級的背景や宗教的信仰等の共有される特徴に基づく集団かもしれない。自身が属する特定の集団のメンバーの幸福を優先的に気にかけることを超えて、集団の個々のメンバーへの忠誠心とは異なる、集団全体への忠誠心というものもある。私たちは集団に帰属意識を持つ傾向にあり、集団の運命がある程度自身の運命だと考える。こうした特徴は国家レベルで容易に見て取れる。そこでは自身の国家への忠誠心は「愛国心」と呼ばれ、個々の同胞市民を助けることとはほとんど関係ない。

　血縁利他性や互恵的利他性と同様に、集団利他性は人間生活において広く見られる強力な特徴だ。人々が小さな血縁集団で生きるとき、血縁利他性と集団利他性は重なり合う。だが、もっと大きな社会の倫理規範はほぼ必ず、集団利他性のものとしか言いようがない要素を含む。部族社会が部族内での高度な利他性を近隣部族のメンバーに対するあからさまな敵意と組み合わせることは、かなりよく見られることだ。同様に自身の集団に対する強力な忠誠心が多くの異なる文化に見られることを、人類学者たちは報告してきた。古代ギリシア人たちは自身の都市国家への献身を特に称賛した。少なくとも国家の守護者の間では、国家への忠誠心が家族への忠誠心に勝るべきだとプラトンが考えていたことについては、すでに見たとおりである。キケロはローマ修辞学の小品で次のように書いている。

親は愛すべきものである。愛すべきは子ども、親戚、友人である。だが、母国は私たちの愛すべてを包み込んでいる。そして、自らの死が母国の助けとなりうるならば、母国のために自らの命を投げ打つことをためらう者がどうしていようか。

集団への忠誠心が現代まで残っていることは、ヒトラーがゲルマン民族のナショナリズム感情の喚起に成功したことや、スターリンがソヴィエト連邦市民の戦意高揚のために共産主義の擁護ではなく「母国ロシア」に訴える必要があったことによって、この上なくはっきりと示されている。ここまで邪悪な例ではないが、サッカーの試合における観衆の行動を見れば、集団への忠誠心が持つ訴求力の強さがわかるだろう。

私たちの倫理規範は、次の二種類の集団利他性の違いに対応する二つの仕方で、私たちの集団感情を反映している。すなわち、自身の集団の個々のメンバーに向けられた利他性を優先するという形で現れる集団利他性と、集団全体への忠誠心として現れる集団利他性である。これらのうち第1のものに関して私たちの倫理が持つ集団バイアス――他国の人々を助ける義務は自身の同胞市民を助ける義務よりもはるかに弱いという、広範に見られ社会的に認められた態度――についてはすでに見た。集団全体への忠誠心に関して私たちの倫理が持つ集団バイアスは、私たちが愛国心を高く称賛することに現れている。

なぜ「善かれ悪しかれ我が祖国!(my country, right or wrong!)」という標語が真剣に受け止められるのだろうか。なぜそもそも私たちは愛国心を美徳とみなすのだろうか。私たちは利己的な行動を認めないにもかかわらず、集団的な利己性を奨励し、そのうわべを「愛国心」という名前で飾り立てる。私たちは祖国のために戦って死んだ者たちの像を立てるが、このときに彼らが戦った戦争の意義などは関係ない(南北戦争で南軍を率いたロバート・E・リーが、米国史上ここまで尊敬される人物である理由の一つは、彼が、奴隷制への道徳的疑問を公言していたにもかかわらず、故郷ヴァージニアへの忠誠心を優先させたからである)。

愛国心には批判者がおり、批判者のなかには多くの最も啓蒙的で進歩的な思想家たちがいた。キュニコス派のディオゲネスは、自身が一つの国の市民ではなく、世界全体の市民であると称していた。セネカやマルクス・アウレリウスらストア派の哲学者たちもまた、私たちの忠誠心が向けられるべきは世界共同体にであって、たまたまそこに生を享けた国家にではないと論じた。ヴォルテール、ゲーテ、シラーは、国家の市民ではなく世界の市民であるという似通った理念を信奉していた。だが、愛国心を慣習的に受け入れられてきた美徳という高みから引きずり下ろすのは難しいということが示されてきた。こうしたことの説明としてありうるのは、愛国心が少なくとも部分的には生物学的基盤を持つ、というものだろう。だが、この説明はまた文化的でもありうる。文化はそれ自体進化プロセスにおける要因となり、集団の存続可能性を高める文化が広まるかもしれない。愛国心が広く見られることはこのように、容易に説明できるだろう。

文化的要因と生物学的要因が相互作用するということは、倫理の生物学的基盤に関する議論全体を通じて心に留めておくべきことだ。人間行動の生物学的説明と文化的説明は、どちらかがある複雑な行動の唯一の原因であるといえばかげた主張をしようとしない限り、矛盾するものではない。いくつかの例外を除いて、そうした主張が正しい可能性は低い。文化は、遺伝的基盤を持つ傾向を強化し、やわらげ、あるいは特殊な状況下では完全に抑制するかもしれない。本章の前のほうで私は、人種・民族集団感情に基づく実践が、態度の変化によってどの程度やわらげられ、取り除かれてきたのかに言及した。ここに、何らかの生物学的基盤を持つ――と同時に、強力な文化的要因を含む――であろうものが、文化的変化によって改変される明確な事例が見出される。多民族社会において、人種感情が強いと不利に働く。しかし、愛国感情が強くともそうはならない。

また別の注意書きで本章を終えることにしたい。ここまで私たちの議論は純粋に記述的なものだった。私は人間の倫理の起源について思案を巡らせてきた。こうした思案からいかなる倫理的結論も導かれない。特に、人間の倫理のある側面が普遍的である、あるいはほぼ普遍的であると示唆したからと言って、その側面が正当化されるわけではまったくない。あるいは、人間の倫理のある特定の側面が生物学的基盤を持つと示唆したからと言って、それはその側面を正当化することとはまったく関係ない。倫理に関する生物学理論と倫理的結論自体との間のつながりは、あまりにも大きく誤解されているので、このつながりに関する主張を検討するには、それだけのために丸々一章が必要となる。

第三章

進化から倫理へ？

私たちが厳密な意味での科学の領域に留まる限り、「汝偽るなかれ」といった文に出会うことはけっしてありえない。……事実と関係に関する科学的言明は……倫理的指針をもたらしえない。

——アルベルト・アインシュタイン、『私の後半生から』(*Out of My Later Years*)

……科学は近い将来、人間の価値の起源と意味そのものについて研究するようになるかもしれない。これらの価値に、倫理的言明のすべてと政治的実践の多くが由来する。

——エドワード・O・ウィルソン、『人間の本性について』(*On Human Nature*)

テイクオーバー・ビッド(TOB)

ここまで見てきたのは——私たちが進化理論について知っていることと整合

的に——血縁利他性、互恵的利他性、そして限定的にではあるが集団利他性が、私たちの祖先である社会性動物において進化してきた可能性があるということだった。そしてこれらの利他性が、きわめて自然なことではあるが、人間に一般的に見られる倫理体系といくつかの点で類似したものへと進化してきた可能性がある。エドワード・ウィルソンは、社会生物学理論が人間の倫理にとって重大な意義を持つと主張した。本章では、ウィルソンの主張を提示したうえで、それを明確にして評価することを試みたい。まず、彼の主張がどのようなものであるのかを見てみる必要がある。『社会生物学』の冒頭部分がこの主張を主題としていることから、いかにその主張が重要だとウィルソンが考えていたかがわかる。

カミュは、哲学的に重要な唯一の問いは自殺であると述べた。それは、どれだけ厳密な意味が意図されていようとも誤りだ。生理学と進化史の問いに携わる生物学者は、自己知が脳の視床下部および辺縁系にある情動制御中枢により制約され形作られていることを認識している。これらの中枢によって私たちの意識はあらゆる情動――憎しみ、愛、罪悪感、恐怖など――で溢れ、善悪の基準を直観することを願う倫理学者たちはそれらの情動の意見を聞く。ここで問わざるをえないのは、何が視床下部および辺縁系をもたらしたのか、ということだ。それらは自然選択により進化したのだ。この単純な生物学的言明が、認識論と認識論者でないにしても、倫理学と倫理学者を説明するために、あらゆる側面から追究されなければならない。

ウィルソンは社会生物学が倫理学に劇的な変化をもたらすはずだということははっきり述べているが、残念ながらこの変化が正確にどういうものかについてはそれほど歯切れが良くない。『社会生物学』の次の五六〇頁にわたって、いかにして生物学が倫理学を「あらゆる側面から」説明できるのかが示唆されることはない。そしてこの本の最終章になってウィルソンは突然、おそらく「倫理が哲学者の手から一時的に取り去られ、生物学化（biologicize）されるときが来た」と示唆する。非生物学的な倫理学の誤りを示す例としてウィルソンは、ジョン・ロールズの有名な著作『正義論』（*A Theory of Justice*）を取り上げる。ロールズによれば正義の原理は、誰もが平等な立場にあると仮定して新しい組織の基本原則を制定しようとするならば、自由で合理的な人格が選び取るはずの原理に由来する。こうした正義の構想はウィルソンによれば、「肉体を持たない霊魂にとって理想的な状況」かもしれないが、「人間に関して説明したり予測したりするものではまったくない」。さらに「それは、その結論を厳格に遂行したときの最終的な生態学的・遺伝的結果を検討していない」。

ロールズについては以上ということで、どうやら倫理学者全般についても（ほかの誰も言及されていないが）そうらしい。それはさておき、ウィルソン自身の主張を見てみよう。倫理学の「生物学化（biologicization）」（ウィルソンの新たな造語である動詞の名詞形がこうで良ければ）とはどのようなことだろうか。ここにまた別のヒントがある。

この本の第一章では、倫理学者たちが道徳の義務論的規範を、彼ら自身の視床下部－辺縁系の情動中枢の意見を聞くことにより直観することを論じた。……情動中枢の活動を生物学的適応と解釈することによってのみ、規範の意味を読み解くことができる。

次に来るのが、生物学的適応として解釈される情動中枢の活動の概要だ。ウィルソンの示唆では、一部の情動活動は初期の部族生活が遺した時代遅れの遺物である。別の面では、私たちの情動は都市生活へと適応するプロセスの只中にある。集団選択により確立された利他的遺伝子から生じる衝動は、個体選択において選択された遺伝子から生じるもっと利己的な衝動と対立するだろう。年齢と性別の違いは、さらなる道徳的二律背反を生み出すかもしれない。進化が強力に淘汰するのは幼い子どもたちの利他性であって、すでに繁殖を終え、それゆえ自身の遺伝子の存続を危険にさらすことなく自身の命を危険にさらすことのできる年寄りの利他性ではない。子どもを産まなければならず、過去には授乳しなければならなかった女性は、性的パートナーと持続的な関係にあることについて、男性よりも強い遺伝的利害関心を持つ。

ウィルソンによれば、これらすべてのことから「生得的道徳多元主義」の理論が導き出される。この理論によれば、道徳的基準のどの集合も、すべての人間集団に適用したり、各集団内のすべての異なる年齢・性別小集団に適用したりすることはできない。この理論がまた示すと考えられているのは、「倫理への進化的アプローチが必要なことは自明である」ということだ。

ウィルソンは次のように述べて『社会生物学』を締めくくる。人間の脳について神経科学的に十分説明できるようになり、「その構造を理論上細胞レベルで分析して再構成することができるようになったときに初めて、「遺伝的に正確で、それゆえ完全に公正な倫理規範」を人は持つことができるだろう、と。しかし、より近年の著作で彼はもっとあからさまに、倫理的推奨が人間本性の社会生物学的理解から導き出されると述べるようになってきた。

『人間の本性について』では性の生物学に関する議論があり、これは、男女間の行動差、家族生活、同性愛という三つの別々の問題を扱っている。第一の問題についてウィルソンは、遺伝要因ゆえに若い女性は平均して男性よりも社交的で、身体を危険にさらしたり攻撃的であったりすることが少ないと論じる。第二に、同様にウィルソンの考えでは、家族で生活するという私たちの傾向の生物学的基盤は、長期にわたる依存期間に子どもが世話を必要とすることにある。性行為は繁殖のためだけではない。それは男女の絆を強め、協力して子どもを育てるのに役立つ。第三に、ウィルソンの示唆では、同性愛でさえも遺伝子によるものである可能性がある。同性愛者自身は子孫を残さないが、彼らは特に血縁者の助けとなるのかもしれない。そうして同性愛者の親族は、同性愛者の兄弟姉妹やいとこがいなかったときよりも高い確率で生存・繁殖する——そして、ときには同性愛行動をもたらすこともある遺伝子を伝える——のかもしれない。ウィルソンはこうした同性愛の血縁選択理論の証拠を、部族社会と私たち自身の文化の両方における同性愛者の次の傾向に見出している。すなわち、性的指向以外は似たような背景を持つ平均的な異性愛者よりも高い地位と影響力を獲得する傾向である。

人間行動に関するこれらすべての生物学的説明が物議を醸すものである。だが、ここでの問題はこれらの説明が正しいかどうかではない。私たちの関心はこれらの理論の倫理的な含意であって、理論そのものではない。ウィルソンは自身の生物学理論から三つの倫理的論点を引き出している。第一のものは、性に関する伝統的な「自然法」道徳に対する批判である。ウィルソンによれば、性的活動の主要な役割が繁殖であるという考えは誤りである。したがって、「不自然」だからといって避妊や同性愛を非難する試みは誤りに基づいている。私たちの自然本性は神の不変の命令によってではなく、進化によって制御されており、それゆえ神学者ではなく生物学者こそが、私たちにとって何が自然かについての真の権威である。

ウィルソンが性の生物学に関する自身の理解から引き出す第二の倫理的論点は、私たちの生物学的傾向に逆らう改革を実施することには予測できないコストがかかるだろう、というものだ。たとえば、男性が多くの職業と文化活動において支配的であるという事実に生物学的基盤があると仮にウィルソンが考えているとしても、男女間の格差を意図的に解消しようとするクォータ制や教育システムを通じて、どの職業や活動においても男性と同数の女性がいる社会を創り出せるだろうことを彼は認めている。だが、こうしたことが集団の偏見をなくし、より調和的で生産的な社会をもたらすかもしれない一方で、それが必要とする規制の量は、個人の自由の一部を脅かすだろうし、一部の個人にとってはその潜在能力を十分実現することの妨げとなるだろう。家族を廃する試み、あるいはそれとは逆に、核家族を強制しようとする試みと同様のことが、同性愛のような営みを抑圧することにも言える。私たちの文化をその自然本性に対抗させようとするどのような試みにも、少なくとも、私たちの遺伝的傾向と対立する文化的基準を教え込んで強制するのに必要な時間とエネルギーがかかる。あるいはもっと大きなコストがかかるかもしれない。というのも、ウィルソンは別のところで次のように警告していた。「生得的な脳の検閲機能と動機づけ機能に長期にわたって背くことは、最終的な精神の不満足をもたらし、その結果として社会不安と遺伝的適応度[*1]の莫大な損失を招くだけである」。『人間の本性について』の最終章でウィルソンはさらに、社会生物学が第三の仕方で倫理的意義を持つことを見出す。彼は、人間生物学が「倫理の生物学をもたらし、それがより深い理解に裏打ちされた、永続的な道徳的価値規範の選択を可能にする」日が来ることを待ち望む。これが将来のことを言っているとはいえ、ウィルソンはすでに、こうした倫理の生物学が裏づけを与える三つの価値を提案できると考えている。

第一のものは「何世代にもわたる共通プールという形でのヒト遺伝子の存続という根本的に重要な価値」だ。ウィルソンはこれが根本的に重要な価値であるという自身の主張を擁護するのに、各個人が「このプールから取り出された

＊1　適応度（fitness）とは遺伝子の残りやすさの指標であり、典型的には次世代に残るその遺伝子を持った個体の数やその相対値が用いられる。

遺伝子の一過性の組み合わせ」であり、私たち自身の遺伝子の組み合わせはすぐにこのプールに戻って解消されることを指摘する。長期的に見ると、私たちの遺伝子は世界中に広がる何百万もの異なる祖先に由来するものであり、また私たちの子孫は、数千年後には同様にして、何百万もの未来の人類の間に拡散しているだろう。それゆえ私たちが進化を俯瞰的に見るなら、ただ私たち自身の幸福や私たちの血縁者や部族の幸福だけを考慮するのではなく、人間という種全体の未来を考慮するように導かれるはずだ。

第二にウィルソンは「進化理論を正しく適用することでまた、遺伝子プールにおける多様性を根本的に重要な価値として優先することになる」と述べる。この理由は、天才や他の傑出した特徴は多様な遺伝子の稀有な組み合わせから生じるからだ。多様性を減じることは、こうした組み合わせが生じる可能性を減じることになるだろう。

ウィルソンによれば、「普遍的人権が第三の根本的に重要な価値だと適切にみなされるかもしれない」。これは「なぜなら、私たちは哺乳動物だからだ」。

哺乳動物は個体として繁殖成功のために競争しており、協力するのは、ただ集団メンバーとしての利益を享受するための妥協としてである。対照的に、社会性昆虫は集団として繁殖し、それゆえ仮に理性的なアリというものがいたのなら、個体の自由を本質的な悪とみなすだろうとウィルソンは想像をめぐらす。哺乳動物としての私たちの自然本性が、「普遍的権利を求める運動の本当の理由」である。

こうしてウィルソンは、倫理について社会生物学からいくつかの異なる含意を引き出している。これらの主張の評価を試みる前に、ウィルソンがどういった別々の種類の主張をしているのかを明確にしていきたい。

生物学は倫理とどう関わるのか——三つの可能性

ダーウィンの『種の起源』（*The Origin of Species*）[*2]は一八五九年十一月に出版さ

れた。一八六〇年一月四日、ダーウィンは友人にこう書いている。

私はあるマンチェスターの新聞でなかなかうまいこと風刺されました。それによると、私は「強者が正しい」と証明したのであり、それゆえナポレオンは正しく、すべてのずる賢い商人もまた正しいと証明したのです。

このマンチェスターの批評家は、ダーウィンの進化理論から倫理的含意を引き出す先駆けとなり、多くの著述家たちがこれに続いた。これらの著述家のなかには、ハーバート・スペンサーと社会ダーウィニスト、無政府主義者のピョートル・クロポトキン、二十世紀で言えばジュリアン・ハクスリーやC・H・ウォディントンらが含まれる。今日では、エドワード・ウィルソンがこの種の思想を最も顕著に代表している。

ハーバート・スペンサーは今ではほとんど読まれていない。哲学者たちは、彼を主要な思想家とはみなしていない。社会ダーウィニズムは長いこと不評を買っている。クロポトキンは、現代の知識人のなかでは厳密に科学的な人々よりもロマンチックな理想主義者たちに訴求力がある。ハクスリーとウォディントンが進化倫理学を再興しようとする試みは、ほとんど前進を見なかった。それでも、進化理論が倫理と関わることを示そうとする試みが以前に多くなされて、ことごとく無為に終わったというただそれだけで、ウィルソンのそうした試みを却下するのは誤りだろう。

そうした却下が早計である理由の一つとして、社会生物学者たちは次のように主張できる。すなわち、以前の進化的見解の支持者たちが失敗したのは、ただ当時は進化について十分な理解がなかっただけだ、と。今や遺伝子とそれが行動に与える影響に関する知識は蓄積され、生物学から倫理を導き出そうとす

*2　邦訳：ダーウィン『種の起源　上・下』渡辺政隆訳、光文社古典新訳文庫、二〇〇九年。

る準備は整いつつある。過去に失敗したからと言って、将来成功しないとは限らないのだ。

　ウィルソンの主張に耳を傾けるべきもっと重要な理由として、彼の主張が標準的な意味での進化倫理学ではないということがある。進化の筋道それ自体が善く、それゆえ進化を前進させるものは何であっても善いというのが、ダーウィンの主張だとマンチェスターの批評家は解し、実際に後年の進化倫理学の支持者の多くがそれを主張してきたが、ウィルソンがそれを明示的に主張することはない。こうした主張は、ダーウィンの自然選択の理論から大きく外れるものだ。この理論は進化を、何らかの究極目的へと向かう合目的的な運動とはみなさない。それは進化を盲目的な自然の力とみなし、その力はあるランダムな変異を選択し、他のものを淘汰する。ダーウィン自身は、進化の「進歩」が倫理的な意味での進歩ではまったくないことをよく認識していた。果てしなく上昇していく階梯《かいてい》として進化を描くことから生じるであろう誤解を防ぐため、彼は次のメモ書きをした。「より高いとかより低いとかいう言葉をけっして使ってはならない」。ダーウィンの強力な擁護者だったT・H・ハクスリーはさらに、著名な講演『進化と倫理』で次のように述べる。

次のことをしっかりと理解しよう。社会の倫理的進歩は、宇宙過程[*3]を模倣することにかかっているのではなく、ましてやそれから逃げることにかかっているのでもなく、それと闘うことにかかっているのだ。

ハクスリーは自身の主張を誇張しているかもしれないが、その誇張は少なくとも、進化が倫理的に望ましい方向へと必然的に進むという逆の主張――ハクスリーの孫であるジュリアンはこの主張へと揺り戻すのだが――よりは真実に

*3　ハクスリーは『進化と倫理』で、絶えず変化する宇宙において自然物を生み出す過程一般を宇宙過程と呼び、生物を生み出す自然選択による進化プロセスもこれに含めた。彼によれば、自然界のなかに人工物としての倫理を生み出して維持する人為的プロセスすなわち倫理過程は、宇宙過程と対立し、弱肉強食の進化的生存競争に抗して弱者を助ける。

近いだろう。

ウィルソンは、進化そのものを至上の倫理的価値へと高めるようなことはしない。少なくともそれは明らかだ。では、私たちが新たに得た生物学的知識から倫理について何が言えると彼は考えているのか。生物学が正確にはどのように倫理学を変える可能性があるのか、ウィルソンは各所で述べているが、それは一つの統合された立場へと収束するわけではない。ウィルソンは三つの別々の仕方で、科学的発見が倫理に関わると示唆する。まず三つすべてを簡潔に述べて、それから順を追ってより詳細にそれぞれを検討しよう。

一　科学は、私たちの行為の最終的な結果について、新しい知識をもたらすだろう。ウィルソンはロールズによる正義の構想について、それが「その結論を厳格に遂行したときの最終的な生態学的・遺伝的結果を検討していない」と反対していた。この批判が意味するのは、進化理論について無知なまま物を書く哲学者たちが提示する倫理的原理は、彼らが予見も望みもしない状況をもたらすかもしれない、ということだ。

二　科学は、既存の倫理的信念をそこなうだろう。科学がこれを可能にするのは、一部の倫理的見解——たとえば、繁殖をもたらさない性行為に対する伝統的な反対など——が、人間にとって何が「自然」で何がそうでないのかに関する誤った思い込みに基づいていると示すことによってである。もっと広い意味では科学は、道徳規範を生物学的適応の結果として解釈し、「道徳規範の意味を読み解くこと」で、既存の倫理的信念をそこなう可能性がある。この観点から見ると、道徳規範はもはや、絶対的な、自明な、あるいは神に命じられた道徳規則のようには見えなくなる。

三　科学は、倫理的前提の新しい集合、または古い倫理的前提の再解釈を提供してくれるだろう。これがおそらくは、ウィルソンが『社会生物学』で倫理への進化的アプローチから「生得的道徳多元主義」

を導出するときに念頭に置いていたことだ。そしてこれは、彼が『人間の本性について』で「人間の生物学的本性に内在的な倫理的前提」に言及し、新しい倫理の生物学がより良い道徳的価値規範の選択を可能にするのを待ち望むときにも、念頭に置いていたことだろう。

倫理学理論と生物学的結果

ウィルソンは三つの仕方で科学を倫理と関わらせたいと望んでいるが、そのうち第一のものが最も明快だ。伝統的には、事実は科学の領域、価値は倫理の領域とみなされてきた。私たちの行為がどのような結果に至るかは、事実の問いである――多くの場合、未来について予測する必要があるがゆえに非常に難しい問いではあるが、事実の問いであることには変わりはない。社会生物学が私たちの行為の最終的な結果について何かを教えてくれるとしても、科学と倫理の間のこの伝統的な役割分担を脅かすことはないだろう。もし倫理学を研究する哲学者たちが遺伝学や進化理論をほとんど気にかけないのだとすれば、その理由はこうだ。すなわち、私たちがなすべきことを決定する際、自身の行為の結果に関する情報を役立てるには、それ以前に重要な哲学的問い——たとえば「善とは何か」——が答えられなければならないからだ。私たちの行為の結果についての情報は、どの結果に価値を置くべきであるのかを教えてはくれない。それは、私たちが実際に価値を置いている結果をどの行為がもたらし、どの行為がもたらさないのかを教えてくれるだけだ。それゆえほとんどの倫理学理論は、私たちの行為の結果に関する新しい情報を、価値の基礎理論自体には影響を与えない形で取り入れるだけである。

　功利主義が最もわかりやすい例だ。その最も単純な形態である古典的功利主義は、ある行為が正しいのは、その行為の影響を受けるすべての人にとって、どの可能な代替的行為とも少なくとも同程度には幸福を増加させ、不幸を減少させる場合であり、かつその場合に限る、という理論だ。したがって、基本的な功利主義の原理をそのまま受け取るならそれは、平和が戦争よりも善いかどうかとか、真実が嘘よりも善いかどうかとか、社会主義が資本主義よりも善いかどうかとかについては何も言っていない。古典的功利主義者は制度や政策や行為が正しいかどうかを、事例ごとの結果を見て決定する。新しい知識は、それがどれだけ重要であろうともせいぜい、功利主義者がどの制度や政策や行為が幸福を最大化するのかを見積もるときに影響を与えうるだけだ。新しい知識が功利の原理そのものに疑いを投げかけることはありえない（幸福が内在的に善い唯一のものであり、不幸が内在的に悪い唯一のものであるという見解と矛盾する事実的情報を想像してみてほしい）[*1]。たとえば功利主義者が、社会における高い地位のうち五〇％を女性が占めることを保証する、徹底したクオータ制と教育のプログラムを支持していたとしよう。この功利主義者が、もしこうしたプログラムのコストに関するウィルソンの見解を受け入れたなら、心変わりして、機会均等などのあまり急進的でない目標を受け入れるかもしれない。また逆に、自身の潜在能力を実現できない女性たちの人生に、不平等がどのような影響を与えているのかについて、これまでとは異なった情報を与えられることで、機会均等で満足していた功利主義者は、もっと急進的なフェミニストになるかもしれない。どちらの場合にも、功利主義者が基礎を置いている倫理学理論を変える必要はないのだ。

ウィルソンが特にジョン・ロールズにより提案された正義の理論に言及しているので、新しい情報が倫理学理論に影響を与えない二つ目の例として、ロールズの理論を取り上げてみよう。正義にとって必要なのは、すべての人が同じように持っていても矛盾しない最大限の平等な基本的自由の総体を、私たちがまず求めることだとロールズは（誤って、だと私は考えるが、それはここでの問題で

＊i 「幸福が内在的に善い唯一のものである」を、「幸福が内在的に善い唯一のものであると誰もが考える」と混同してはならない。後者の主張と矛盾する事実を挙げるのは簡単だ——だがこうした事実は前者とは矛盾せず、それは「空飛ぶ円盤が存在するとは誰も考えない」と矛盾する事実が「空飛ぶ円盤は存在しない」と矛盾しないのと同じことだ。

はない）論じる。それから彼は、物質的不平等を許容する。ただしそれは、不平等を許容することが最も困窮する集団の地位を向上させる場合に限る。ここでロールズが検討すべきだった「最終的な生態学的・遺伝的結果」とは何だろうか。何もないように私には思える。ウィルソンが『人間の本性について』でロールズに言及した箇所――「社会がもたらす利益の平等分配にできるだけ近いアプローチを確保する厳格な社会統制を、ロールズは許容するだろう」――からは次のことが示唆される。すなわち、ウィルソンの念頭にあったのは、厳格な社会統制がもたらすコストであったかもしれない。彼はそのコストを別の箇所で、個人的自由の喪失と最終的な人間精神の不満足だと説明している。しかしながら、私が引用した箇所が示すのは、ウィルソンがロールズの立場を完全に誤解しているということだ。というのも、ロールズが主張しているのは、平等な基本的自由の最大化が収入の分配よりも絶対的に優先されるということだからだ。ロールズは、たとえ最大自由原理が満たされるとしても、社会がもたらす利益の平等分配はけっして唱えない。彼が提案しているのは、最も困窮する人々の幸福を最大化する分配だ。もしこうした分配において必要とされているものが、特別な能力を持つ人々により多くの見返りを与えて、全体としての経済の利益、特に最も困窮する人々の利益のために、彼らがその能力を使用するインセンティブとすることであるのなら、ロールズはきわめて不平等な見返りを受け入れるだろう。このように、ロールズはすべての人の自由を制限する厳格な社会統制は一切拒絶するだろうし、社会で最も困窮する人々をさらに不幸にするなどの不平不満をもたらすものも一切拒絶するだろう。

社会ダーウィニストによる反論――これはウィルソンが「遺伝的結果」に言及したことにヒントを得たもののようだが――に対しても、同じ応答をすることができる。この反論によれば、ロールズの理論を実行すると生存闘争に干渉することとなり、「不適応」な人々が繁殖することを許し、結果として私たちの共同体の遺伝的劣化をもたらす。仮に破滅的な遺伝的劣化が富の再分配の結果であると何らかの形で示されうるとしても、ロールズの正義の構想から導かれるのは、特定の富の再分配が破滅的な遺伝的劣化をもたらす限り、その再分配はロールズの理論により禁じられる、ということだけだろう。破滅的な遺伝的劣化はおそらく、私たちの社会で最も困窮する人々を——すべての他の人々とともに——さらに困窮させるだろう。それゆえ、何であろうともこのような劣化をもたらすものが、ロールズの正義の理論により要求されることはありえないだろう。

結果や目的に基づく他のどの倫理についても、同じような議論によっておそらくわかるのは、私たちの行為や政策がもたらしうる結果に関する新しい知識によって、その倫理が誤りだと示すことはできない、ということだ。だが、目的や結果ではなく、結果とは無関係に道徳規則や絶対的権利の保護を強調する倫理学理論についてはどうだろうか。こうした見解の例として取り上げられることが多いのが、カントの道徳理論だ。カントが言うには、けっして嘘をついてはならず、それは、たとえ人を殺そうとしている人が家を訪ねてきて、その人が殺そうとしている人が家の中に隠れていないかと尋ねたとしても、そうである。ロバート・ノージックが著書『アナーキー・国家・ユートピア』

(*Anarchy, State and Utopia*) で提示した絶対的な個人の権利が、もっと最近の例として挙げられる。ここでは新しい事実的知識が、帰結主義的理論に対するよりも大きな影響力を持つように思えるかもしれない。生物学と進化をより深く理解することによって、たとえば、揺《ゆ》るぐことない道徳規則というカントの倫理に忠実であることが、何らかの遺伝的・生態学的破滅をもたらすと示されるかもしれない。ある意味では、これは本当のことだ。新しい情報によって、特定の道徳規則の集合に従うことが破滅をもたらすとわかるかもしれないが、こうした絶対主義的道徳理論を奉じる人々は、道徳規則に従った結果に動じることがない、というのが、まさにこうした理論の本質である。「天落つるとも正義をなせ!」というのが、彼らの態度である。これがあらゆる絶対主義的理論の弱点であるように私には思える。しかしこれは、哲学者にはよく知られている弱点である。絶対主義的理論が破滅をもたらすかもしれないという事実に気づくのに、新しい科学的知識は必要ない。ほとんどの哲学者にとって、結果に一切の配慮を払わない道徳理論を拒絶するには、一般常識で十分だった。社会生物学者たちの新しい洞察は、すでにあった破滅の可能性についての私たちの知識に、新たなストックを付け加えただけである。

それゆえ、行為や政策がもたらしうる結果に関する新しい科学的知識が倫理学理論に与える影響を要約すると、次のようになる。新しい情報によって、結果に注目する倫理学理論が、以前考えられていたのとは別の行為を要求することになるとわかるかもしれない。だが、帰結主義的理論の核心は何の影響も受けないままだろう。他方で、結果に注意を払わない理論はまったく影響を受けないだろう。とはいえ、そのような理論にまだコミットしていない人にとっては、その理論に基づいて行為した結果についての新しい知識があると、そうした知識がないときよりもその理論の信憑性はさらに低くなるかもしれない。

倫理学における帰結主義という立場を反映した私自身の見解を述べると、倫理的問題について考える者はみな、利用可能な最良の情報に基づいて自身の結論を導くべきである。十分根拠のある生物学理論が倫理的決定に関わるときには、それを考慮に入れるべきだ。私たちが最終的に下す特定の道徳判断は、こうした理論を反映するかもしれない。このような理由から、哲学者たちがほかのすべての人々とともに、人間本性に関する生物学理論の現状についてある程度知るべきであるというのは間違いない。生物学を無視することは、倫理的決定に関わる情報源となりうるものの一つを無視することである。

しかしながらここには、倫理を「あらゆる側面から」説明したり、倫理学者を無用のものとするであろう倫理の生物学を作り上げたりするという、劇的な主張の正当化はまったくない。たとえ私たちが人間本性に関する社会生物学的見解の全体を無批判に受け入れるべきであるとしても、私たちが学んだ新しい事実は、比較的表面的なレベルでしか倫理に影響を与えないだろう。倫理の中心問題、すなわち、基本的な倫理的価値の本性と正当化は、手付かずのままである。

倫理の無根拠を暴く

生物学が倫理学を変えることができるとウィルソンが考える第二のやり方は、既存の倫理的信念をそこなうことによってである。ある倫理的信念が、人間の自然本性とは何かに関する想定に基づいているのが明らかな場合、生物学がいかにして批判の道具となりうるのかを理解するのは難しくない。厳密に言えば、ここで生物学がもたらす影響は、その倫理的信念を維持できなくするということではなく、その信念が元々持っていた正当化を打ち崩すというものだ。たとえばウィルソンが示唆したように、もし一定の割合の人間にとって同性愛者であることが自然であり、それが証拠の蓄積によって最終的に確証されるなら、同性愛が不自然であるという理由でそれに反対することはできない。それでも同性愛は悪いと主張することはできるだろうが、それには、この信念を支持する何か別の理由を見つけなければならない。さもなければ、その信念をある種の自明な道徳的直観として提示することだけで満足しなければならないだろう。

したがって生物学理論は、何らかの「自然法」理論に基づいて自身の倫理的判断を下す人々に重大な影響を及ぼしうる。しかしながらこれは、倫理全体に重要な影響を及ぼすほどではない。なぜなら自然法的倫理体系は、宗教界、特にローマ・カトリックの界隈を除けば、広く主張されているものではないからだ。たとえば、同性愛が実際に不自然だと仮定してみよう。その事実から同性愛は悪いという結論へと、妥当に論じることができると考える哲学者は、世俗の大学ではほとんどいないだろう。病気の治療からサッカリン[*4]の使用まで、不自然だが、だからと言って悪くはない物事が多くあるのは明らかだ。さらに、ある物事が不自然だから悪いと論じることは、事実から価値へと論じること――私が以下に挙げる理由から妥当ではない論証――である。

＊4　人工甘味料の一つ。

ウィルソンの著作では、もっと重要な仕方で生物学理論が倫理的信念をそこないうることが示唆されている。もし私たちが特定の倫理規則を自身の進化史の結果生じた生物学的適応だとみなすようになったなら、私たちはそれらの倫理規則を道徳的に絶対であるとか自明に正しいものであるとか、みなさなくなるかもしれない。こうしたことがどのようにして起こるのか、見てみよう。

日常、私たちは自身の倫理的判断が反映された形で行為する。私たちはこうした判断についてあまり考えてはいないかもしれない。実際にそうした判断について考える場合にはたいてい、その判断から何らかの別の判断へとさかのぼることで満足し、その別の判断に疑問を持つことは少ない（おそらくは、その別の判断が共同体で広く受け入れられている判断だからだ）。そしてそれでおしまいにする。私たちが倫理について考えるときには必ずと言っていいくらい、ある倫理的判断を別のもっと基礎的な判断と結び付けることを伴う。私たちがどうふるまうべきかに関する理論を生み出す道徳哲学者たちでさえ、そこからさらに進むことはめったにない。一部の哲学者たちは、私たちの道徳的直観を体系化することを超えた何かをすることは、哲学にはできないとはっきり述べる。彼らによれば、私たちはある道徳的直観を別の直観に基づいて批判することはできるが、私たちの道徳的直観のすべてあるいはほとんどを同時に批判することはできない。それは、てこの棒で世界を持ち上げようとするのと同じくらい成功の見込みがない。なぜなら、私たちの立つ場所がほかにないからだ。

まさに科学が倫理の外部にあるからこそ、私たちの倫理的判断の起源に関する科学的研究は、私たちの批判的なてこの棒を支えることのできる支点となる。科学だけで私たちに倫理的原理を放棄させることはできない――支点それ自体は力ではない――が、それを合理性へのコミットメントと組み合わせれば、それは基礎的な倫理的原理に対抗するてこの作用をもたらしうる。

科学が倫理的原理に対抗するてこの作用をもたらすのは、それが、私たちが自身の倫理的原理を持つ理由を理解する助けとなるときである。私たちが不可侵の道徳的直観と考えるものは、私たちの進化史の遺物にすぎないのかもしれない。ウィルソンは次のように述べている。「直観主義的立場のアキレス腱は、その立場が脳の情動的判断に依拠する際に、あたかも脳をブラックボックスであるかのように扱わなければならない点にある」。これは直観主義者に対してあまりフェアではない。彼らは実際、真の直観と見せかけだけの直観とを区別して、特殊な利己的・文化的バイアスの産物と考えられるものを拒絶しようとしている。それでも、ウィルソンの言うことには一理ある。私たちは自身の直観の生物学的起源を発見することで、その直観を自明な道徳原理とみなすことについて懐疑的になるだろう。

一例として、「私たち自身」を優先させることについて考えてみよう。このことで私たちは、自身の共同体の内部にいる人々ほどには、その外部にいる人々の苦しみに注意を払わなくなる。すでに見たように、自身に近い人々を優先することが正しく適切であると多くの人々が考える。これは私たちが生きる現代と同様、シジウィックの時代における大衆道徳の原理の一つであったし、人類史のほとんどを通じてそうであったことは疑いえない。仮にこうした原理の浸透に関して生物学的説明がなかったとしよう。そのとき私たちは、その原理がほぼ普遍的に受け入れられていることを、自身の家族に対する義務が自明の道徳的真理に基づいていることの証拠と受け取るかもしれない。こうした信念は、ひとたびその原理が血縁選択の発露であると理解されれば、たちまち真実味を失うのである。

これこそが、何らかの行動が生物学的基盤を持つと示すと、生物学から倫理的原理を演繹しようとする人々が通常主張するものとは逆の結果となりうる、その理由である。「自然」だと示された原理を正当化するどころか、多くの場合生物学的説明によって、自明な道徳法則であるように思われたものが持つ高尚な地位に、じつは根拠がないことが暴かれる。倫理的原理に生物学的説明が与えられるなら、私たちはその原理を受け入れる理由について、もう一度考え直さざるをえなくなる。

受け入れられている倫理的原理の無根拠を暴く効果があるのは、生物学的説明だけではない。この無根拠を暴くプロセスを完了するには、私たちは自身の社会における倫理的信念の歴史を探索しなければならないだろう。そこで私たちは文化史の遺物を見出し、それを進化史の遺物と並べることになるだろう。たとえば、人間の生命の神聖さという西洋の倫理的原理――人間がどれだけ深刻な欠点を持ち、非ヒト動物がどれだけ知性的であろうとも、人間の生命を奪うことの誤りと非ヒト動物の生命を奪うことの誤りとを分け隔てる、その境界の明確さにおいて独特な原理――は、私が別のところで論じてきたように、ユダヤ＝キリスト教的世界観の遺産として説明できる。この世界観において人間は、神の似像として造られて不滅の魂を持つが、動物はそうではない。ユダヤ＝キリスト教を受け入れない者はこの説明によって、すべての人間の生命が、そして人間の生命だけが神聖であるという自身の信念を、批判的に再検討することになるはずだ。

生物学的・文化的説明によるこうした無根拠を暴く効果が持つ問題点の一つは、それはどこで止まるのか、というものだ。もし私たちの倫理的原理すべてが進化史・文化史の遺物であると示すことができるなら、すべての原理が同じように信用を失うことになるのだろうか。

ウィルソンの答えは次のようなものかもしれない。倫理の説明によって根拠を失うのは、私たちの歴史の初期段階の遺物である倫理的原理だけだ。それらの原理はおそらく、現代の都市生活よりも部族社会によりよく適合している。その他の倫理的原理は、現代の人間の状況に依然としてよく適合している生物学的適応だとわかるだろう。これらの原理は、進化理論によって正当化される。これらの原理が、私たちが持ち続ける原理だ。

もし仮にこれがウィルソンの答えであったならそれは、倫理的原理を正当化するために生物学を用いる試みということになろう。これが、ウィルソンの提案する生物学が倫理と関わりうる三つの仕方の最後のもの、そして最も重要かもしれないものである。

究極的価値の生物学的基盤？

科学が究極的な倫理的価値の適用に関する情報だけでなく、究極的な倫理的価値そのものをもたらすことは可能だろうか。生物学者たちは「人間の生物学的本性に内在的な倫理的前提」を発見することができるだろうか。

これらの問いを問うことで私たちは、おそらく現代の道徳哲学で最もよく知られている原則とがっぷり四つに組むこととなる。すなわち、事実と価値の間、何で*ある*か（what *is*）という記述と何である*べき*か（what *ought* to be）という指令との間には、架橋しがたい隔たりがある、という原則である。この隔たりの存在を最初に指摘したのはデイヴィッド・ヒュームであり、彼は一七三九年に出版された著書『人間本性論』（*A Treatise of Human Nature*）の有名な一節で次のように書いている。

これらの推論に、ある程度重要だとおそらくは認められるであろう、ある考察をどうしても付け加えておきたい。これまでに出会ったあらゆる道徳学説について、私はいつも次のことに気づいていた。すなわち、その学説の著者はしばらくは普通の仕方で推論を進めて、神の存在を確立したり、人間の事柄に関する考察を述べたりする。そして突然、驚いたことに、命題の通常の繋辞である「である（*is*）」と「でない（*is not*）」の代わりに、「べし（*ought*）」や「べきでない（*ought not*）」でつながれた命題にしか出会わなくなるのだ。この変化は気づきにくいが、決定的な結果をもたらす。というのも、この「べし」や「べきでない」は、何らかの新しい関係または主張であるので、それを検討・説明する必要がある。また同時に、この新しい関係がそれとはまったく異なる他の関係からの演繹の結果であるというのは、まったく考えられないことのように思われるが、いかにしてそれが可能なのか、その理由を与える必要がある。

ヒュームが念頭に置いていた推論の一例を挙げよう。まず、ある著者が次のとおり「人間の事柄に関する考察を述べる」。

有性生殖の解消作用がもたらす真の帰結に気づく者、そしてそれに対応して「血統」が重要でないことに気づく者は、ほとんどいない。個体のDNAはどの世代においても、すべての祖先からのおおむね均等な貢献から構成されている。またそのDNAは、将来のどの時点においてもすべての子孫の間に均等に分配される。……この個体は、このプールから取り出された遺伝子の一過性の組み合わせであり、その遺伝物質はすぐにこのプールに戻って解消される。

このことからこの著者は、明らかに評価的な次の結論を引き出す。すなわち、「何世代にもわたる共通プールという形でのヒト遺伝子の存続という根本的に重要な価値」。この著者はこの結論を「べし」や「べきでない」を使った文で提示してはいない。だが、共通プールという形でのヒト遺伝子の存続を根本的に重要な価値として受け入れることから、この存続を危険にさらすことは何であれ行うべきではない、ということが帰結するだろう。

この著者とはもちろんエドワード・ウィルソンであり、この一節は『人間の本性について』からのものだ。ここで問わなければならないのは次の問いだ。すなわち、事実と価値の間の架橋しがたい隔たりは本当に存在するのか。もし存在するのであれば、ウィルソンや生物学から倫理的前提を導出しようと試みる他の者たちは、この隔たりを不当に回避しているのだろうか。

私の考えでは、これら二つの問いに対する答えは、両方とも「イエス」である。事実から価値を論証することの誤り――「自然主義の誤り」を犯すこととしても知られているが、厳密に言えば自然主義の誤りとは、たんに事実から価値を演繹することの誤りではなく、事実の観点から価値を定義することの誤りである――を理解することは、難しいことではない。価値は私たちに行為の理由を与えてくれる。たとえば、ヒト遺伝子プールに根本的に重要な価値があると人々に納得させようとすることには、どのような意味があるだろうか。人々がこれを納得すると、ヒト遺伝子プールの存続を危険にさらさない理由を自身が持つと考えるようになる、ということだろう。誰かが「ヒト遺伝子プールの存続が根本的な価値であることは受け入れるが、依然として私はこれまでと同じく、ヒト遺伝子プールが存続するかどうかに無関心なままだ」と述べるとしよう。このとき私たちは、その人はヒト遺伝子プールの存続を価値として本当に受け入れているわけではない、と応じるだろう。その人はただ、自身が本当に支持しているわけではない一般に受け入れられている見解を口にしているだけかもしれない。仮に何らかの価値があると私たちが考えていることが、私たちがどの行為を選択するのかに何の影響も及ぼさなかったのであれば、価値は何の意味もないことになるだろう。

ここで事実について考えてみよう。事実はそれだけでは、行為の理由を与えてくれない。決断を分別あるものとするには事実が必要だが、どれだけ事実が積みあがってもそれによって私が決断を下すことはない。したがって、どれだけの事実が積みあがっても、それによって私が何らかの価値やどう行為すべきかの結論を受け入れることはない。

どうしてそうなるのかを見てみよう。私が、インド東部にあるヴァロッドという町の部族民を援助する団体に対して五百ドルの寄付を検討すると仮定しよう。彼らは貧しく、発展が遅れている。彼らは、狭く乾燥した土地をきわめて原始的な農法で耕して、どうにか暮らしている。彼らの出生率は高く、子どもの多くは幼児のうちに死亡する。ひどい年には飢餓が生じる。比較的安定した年でも、栄養失調が子どもたちの成長を阻害し、病気への抵抗力を弱める。援助計画は援助団体により注意深く考え抜かれており、その活動は一般市民からの自発的な寄付に依存している。この団体は灌漑を提供し、より良い農法を教えることで、ヴァロッドの人々が健康的に自活するのに十分な食糧を栽培できるようにしている。さらにこの団体は、医療を改善して家族計画――これはヴァロッドの地域社会の支持を受けている――を導入することで、人口成長が食糧供給の増加を上回らないようにしている。どのような援助計画にも評価が難しい部分が多くあるものだが、この援助計画は、思慮深く配慮ある人間が考案できる最善のもののうちの一つだ。

五百ドルあれば私は他のことができるだろう。新しい服をたくさん買えるし、ステレオも買えるだろう。五百ドルあれば私と家族はもっと良い休日を過ごせるだろう。あるいは、ただそれを投資に回すこともできるだろう――間違いなくいつの日か私の子どもたちに積立総額が役立つだろう。もちろん、私や家族が必要とするものが、ヴァロッドの部族民が必要とするものほど切迫しているということはまったくない。私たちはすでに十分ゆとりのある暮らしをしている。もし私のお金がヴァロッドに行くなら、苦難を和らげ幸福を増加させるのに一層役立つだろう。だが、もしそのお金が私と家族のところに行くなら、私と家族の幸福は一層高まるだろう。

以上のことが、私が自分のお金をどうしようかと考えるときに頭をよぎるいくつかの事実だ。これらの事実が私の問題を解決してくれないのは明らかだ。それらが私に教えてくれるのは、私の選択肢がどのようなものであるのかだ。

それらの選択肢の間で私がどう選ぶかは、私が重きを置く価値を反映するだろう。事実は、私が何に価値を置くのかについて教えてはくれない。私は、自身や自身の家族のためのちょっとした追加の癒しやぜいたくよりも、インドの見知らぬ人々を助けることに価値を置くだろうか。事実によって私の選択を定めることはできない、というところに、事実と価値の間の隔たりがある。

より多くの事実、あるいは異なる種類の事実は、この隔たりに架橋できるだろうか。社会生物学者たちが重要だと考える事実、すなわち、特定の進化史をたどった生物としての人間の自然本性に関する事実、利他性の遺伝的基盤に関する事実、そして、私たちの情動を生み出す脳の視床下部と辺縁系に関する事実はどうだろうか。

社会生物学者たちが言うように、私たちは生物として進化してきたのであり、私たちの脳と情動は、私たちの生存を可能にしてきた進化的適応を反映している。私たちの価値と倫理体系は、進化してきた私たちの自然本性の産物である。そうであるなら、生物学と生理学に関する知識が発達するにつれ、それは、私たちの生物学的本性に内在的な倫理的前提をいずれ明らかにし、事実と価値の間の隔たりに架橋することが可能なのではないだろうか。

この問いに簡単に答えるなら、「いや、それは可能ではない」。科学が私たちの生物学的本性に内在的な倫理的前提を発見することは、けっしてないだろう。なぜなら倫理的前提は、科学的探究によって発見されるようなものではないからだ。私たちはその倫理的前提を自身の生物学的本性に見出すことはないし、キャベツ畑に見出すこともない。私たちは倫理的前提を選択するのだ。右の例に戻ろう。私が自分の五百ドルをどう使うか考えていると、誰かが私にこう言うとしよう。進化が選択する遺伝子とはその遺伝子自体の存続を促進するものなのだから、私の遺伝子が見知らぬ者に利他的にふるまうような傾向をもたらすはずはない。そうではなく、自分自身と近親者に気を配る傾向をもたらす遺伝子を私は持つだろう、と。ここで、こうした進化的見解の説得力を疑う理由を私は見出せないとしよう。この情報は私の決断にどのように影響するだろうか。私はすぐさま次のように言うだろうか。「ああ、そうだね。インド人のみなさんには大変申し訳ないけど、私の利他性は私の血縁者までに遺伝的に限られているので、このお金を家族で過ごす休暇に使うこととしようか」。もちろん違うだろう。私の遺伝子に関する情報は問題を解決しない。なぜなら決断を下すのは、私の遺伝子ではなく、私だからだ。

これを倫理を故意に非科学的に見ようとする見方だと、社会生物学者は反論するかもしれない。決断を下す「私」を強調することは、この「私」が他のあらゆる生物とは異なり、どこか科学研究の対象とならない神秘的な存在であることを示唆する。だが——と社会生物学者は言うだろう——人間が他のあらゆる生物と同様に、自身の生物学的本性の影響下にあることを私たちは知っている。私たちは今や、人々の見出す価値がいかにして彼らの視床下部と辺縁系の活動に影響されるのかを理解し始めている。あらゆる倫理的価値が生物により見出される価値であり、価値と価値の間のあらゆる選択が生物によりなされる選択である。したがって、あらゆる価値とあらゆる選択が原理上は、生物科学により説明可能である。もちろん（と用心深い社会生物学者は付け加えるだろう）、人間が見出す価値の生物学的基盤に関する私たちの知識は依然として不完全である。だが、事実と価値の間の隔たりは着実に埋められてきている。時間を与えられれば、私たちは「倫理学と倫理学者をあらゆる側面から説明する」ことができるだろう。そうなればもはや、情動的で主観的で多くの場合恣意的な選択に基づいて倫理的決断が下される必要はないだろう。倫理的決断は、強固な科学的基盤を持つことになるのだ。

　この反論は依然として、事実と価値の間の区別の本質を誤解している。問題なのは価値を説明することではない。ロールズの正義の理論が「人間に関して説明したり予測したりするものではまったくない」からとウィルソンがそれに反対したことから明らかなのは、倫理学と倫理学者が何を目的とするのかについて、彼が大きな誤解をしていることである。ロールズも他の現代の倫理学者も、人間の行為を説明したり予測したりしようとしているのではない。仮にもしそうなら、彼らは科学者であって哲学者ではない――そしてそれでも、私たちはいかに行為すべきかについて頭を悩ます倫理学者を必要とするだろう。たしかに科学と哲学の間の境界線は、現在私たちが境界線を引くところに以前からずっとあったわけではない。デイヴィッド・ヒュームのような過去の哲学者たちのうちの幾人かは、人間行動の説明を求めていたと解釈できる。他方で、イマヌエル・カントは非常に明確で、何が道徳的に善いかについての彼の概念——すなわち、利己的な考えは一切なしに、ただ義務であるがゆえにこそなされる行為の概念——は、人間の行為の経験や観察によって発見されるものではない。彼は、こうした行為の「例が、おそらく世界にこれまでまったくなかった」可能性まで認める。それでも私たちの理性は、こうした行為を依然として命じるのだと彼は考える。おそらくここでカントは、他の場面と同様、極端な立場をとっている。だが、そうした立場が可能であること自体が、説明したり予測したりすることと指令したり正当化したりすることとが、いかにかけ離れているかを示している。両者を分かつこの隔たりが、事実と価値の間の隔たりである。

　科学は説明することを目的とする。もし説明できれば、世界がどのようになるかを予測できるようになる。アインシュタインも述べていたように、倫理は命令から構成される。命令は、いかに行為すべきかに関する助言や指針を提供する。事実それ自体は指針を持たない。私たちがいかに行為すべきかに関して、事実は中立的である。哲学者がよく好んで使う例で述べるなら、牡牛が突進してくるという事実はそれ自体、「逃げろ！」という助言を必ずしも含意しない。私が生きることへの欲求を持つだろうという背景があって初めて、そのような助言が導かれる。もし私が、保険会社が事故だと考えてくれる形で自殺しようとしているのであれば、そのような助言は当てはまらない。

同じようにして――ヒト遺伝子プールの持つ根本的に重要な価値を主張するウィルソンの論証に戻ると――私のＤＮＡがかつては何百万もの他の人間の間に拡散していたものであり、将来は再び何百万もの他の人間の間に拡散していくという事実はそれ自体、私がヒト遺伝子プールの存続について特に気にかけるべきだということを必ずしも含意しない。私は自身の遺伝子がどれだけ広く拡散しようとも、その行く末にまったく無関心であるかもしれない。あるいは、私は自身の子どもたちと孫たちを見知って愛するがゆえに彼らのことを深く気にかけるが、私が生きている間にはけっして会うことのないもっと遠く離れた子孫たちについては、一切関心を持たないかもしれない。それゆえ、ウィルソンが挙げている事実が、ヒト遺伝子プールの存続を保証すべき理由を自動的に与えてくれるわけではない。そうした結論が出てくるのは、ウィルソンがおそらくはそう仮定しているように、すべての人が自身のDNAの将来を気にかけていると仮定する場合のみである。もし仮にこれが本当であれば——奇妙な仮定のように思えるが——そのときは、自身のDNAの存続は根本的に重要な価値だろうし、ウィルソンの論証が事実から新しい価値を演繹しているということにはまったくならないだろう。その論証はただ、私たちのDNAが最終的にきわめて広く拡散するという事実に鑑みて、自身のDNAの存続を保証するためになすべきことを示しているだけだろう。

ウィルソンのどこが間違っていたのかをもっとわかりやすくするため、このことを厳密に論理的に述べるとしよう。ウィルソンは次のように論証する。

前提：私たちの遺伝子は共通プールから来たものであり、共通プールに帰っていくだろう。

結論：したがって、私たちは共通遺伝子プールを危険にさらすことを何もすべきではない。

ウィルソンの結論には「べし」という価値語が含まれるが、その前提に価値語は含まれない。このことが意味するのは、彼の結論がその前提のみからは導出されえないということだ。私たちはその前提を受け入れつつ、その結論を拒絶することができる。彼の論証を論理的に妥当なものとするには、事実前提とともに価値前提が必要だ。たとえば、以下の論証は妥当なものだろう。

第一の前提：私たちの遺伝子は共通プールから来たものであり、共通プールに帰っていくだろう。

第二の前提：私たちは自身の遺伝子の長期的存続を危険にさらすことを何もすべきではない。

結論：したがって、私たちは共通遺伝子プールを危険にさらすことを何もすべきではない。

もし仮に私たちがこの論証の前提を受け入れたなら、その結論も受け入れなくてはならないだろう。価値は第二の前提で持ち込まれており、それゆえ結論が「べし」という価値語を含むことにも問題はない。しかしながらここで、評価前提である第二の前提を疑う余地があることがわかるだろう。私たちはなぜ自身の遺伝子の長期的存続を危険にさらすことを何もすべきではないのか。ウィルソンはこの評価前提が真であることを一切論証しておらず、それが真であることはまったく自明ではない。

社会生物学は倫理の説明を提示する。それは、なぜ人間社会が倫理体系を持つのか、そしてなぜこれらの倫理体系の規則や「規範」が典型的にはある種の行為、たとえば自身の部族のメンバーを殺すことを禁じ、別の種類の行為、たとえば血縁者に食物を分け与えることを奨励するのかについて、理論を提供する。したがって倫理の社会生物学的説明は、倫理の人類学的・社会学的説明と同じレベルにある。前の二章が示す倫理の起源と発展に関する社会生物学的説明は、おそらく正しいだろうと私は考える。だがそれはここでの問題ではない。ここで問題なのは、倫理の科学的説明が持つ倫理的含意とはいかなるものか、ということだ。この問いに答えるには、社会生物学的説明を人類学的説明のライバルとみなすことが役立つだろう。ここではそれは、私たちがいかに行為すべきかに関する哲学的理論のライバルではない。社会生物学者たちは、倫理に関する自身の説明によって、私たちがいかに行為すべきかがわかると考える。彼らの誤りは、人類学者たちの誤りと似ている。人類学者たちは、社会間で見られる道徳の多様性によって、人々が自分自身の社会の道徳規範に従うべきことが示されると考えた。人類学的にであれ社会生物学的にであれ、倫理とは何かを説明しても、それは私がいかに行為すべきかを教えてはくれない。なぜなら、だからと言って私が自身の社会慣習に従わなければならないわけではないし、自身の遺伝子の存続を促進しなければならないわけでもないからだ。

科学的説明を提示することと倫理的決断を下すこととの違いは、立場の違いである。観察者の立場は参加者の立場ではない。たとえば私が科学者として、何百もの人々が海外援助団体に募金すべきか、あるいはそのお金を自身と自身の家族のために使うべきか、思い悩むのを観察してきたとしよう。私は、こうした状況における人々の選択に関するすべてのデータと適合する有望な理論を持ち合わせているかもしれない。だが、仮にもし誰かが私に対して、お金を自身の家族に使わずに海外援助に回すのかと尋ねたのなら、私がどう行為すべきかについて、私の理論とデータは教えてくれない。それは、こうした状況で人々がどう行為するのかに関する理論なのだ。それは、人々がどう行為すべきかについては何も言わない。

意思決定のプロセスにおける参加者である私たちの能力、私たちの反省・選択能力は、脳の辺縁系が私たちの情動にもたらす影響と同様、人間本性に関する事実である。私たちの選択能力を明白な事実として認めることは、科学的観点から逸脱することではない。また、あらゆる因果法則を超越した領域で選択する、「私」や「自己」や「意志」として知られる神秘的存在を信じることでもない。私たちの選択能力を認めることは、私たちの行動を完全に因果的に説明することが原理的に可能だと主張することと矛盾しない。こう言う人もいる。もし観察者が私たちがどう選択するのかを予測できたなら、そのことは、自身が選択能力を持つという私たちの信念が幻想であることを示しているだろう、と。だが、これは誤りだ。私たちは依然として、本当の意味で選択をしているだろう。人間行動に関する私たちの現在の知識が非常に限られているとはいえ、私たちは多くの場合、よく見知った友人がどのような選択をするのかを予測できる——自身の予測が正確だとわかったときに、その友人が本当の意味では選択をしなかったと考えることなしに。

観察者の立場と参加者の立場の区別をなくすことはできない。観察者の立場においていくら前進したところで、参加者の立場が不要ということにはならないだろう。仮に海外援助団体にお金を寄付するかどうかの選択に関する私の理論が正確かつ完璧で、私自身とまったく同じような人がどう選択するのかを予測できたとしても、依然として私は選択しなければならないだろう。さらに、私の選択が、私とまったく同じような人が選択すると私の理論が予測するものとは真逆になるかもしれない——そのことによってこの理論が論駁されることなく——ということは、興味深く重要な真理である。この一見パラドックスに見える事態は、私が自身の選択を予測するときには、私は決断を下すよりも前にその予測を知らざるをえない、という事実により説明できる。私が誰か他の人の選択を予測するときには、私はその人に私の予測を知らせないでおくことができる。しかし、私自身の場合には、私がその予測について知っているということが、私の選択に影響を及ぼすかもしれない——たとえば、私は自身の行動が予測可能であることを不快に思って、本当の意味で選択できるのだと自身を安心させるために、予測とは真逆の決断を下すかもしれない。もちろん、外部の観察者はこれも予測できるかもしれない。言い換えると、私が元々、私とまったく同じような人は家族と休暇を過ごすためにお金を使うと予測していたなら、外部の観察者は、私が本当の意味で選択できると自身を安心させたがっているることを知って、私がインド人を助けるためにお金を寄付すると予測するだろう。この外部の観察者の予測を私が知ることのない限り、その予測は正確なものであり続けるだろう。しかし、もし誰かがその外部の観察者の予測を私に伝えたなら、その予測はやはり私の選択における一要因となって、私はここでも真逆の選択をするかもしれない。このことも予測されるかもしれないが、もし私がこの新しい予測を知っていたなら……と無限に続くことになる。何が言いたいかはもうわかってもらえるはずだ。自身が決断しないで済むような形では、私は自身の選択を予測することはできない——あるいは、他の誰も私の選択に関する予測を私に伝えることはできない。私の選択に関する予測は、それがどれだけ十分な科学的理論による裏づけを得ていようとも、決断を下す際に考慮すべき事実を一つ付け加えるにすぎない。私たちがよく考えて選択をするあらゆる場面において、どのような予測であっても、それを知ることができるなら、私はそれを外すことができる。それができないと偽るのは、自分自身の決断について負うべき責任から逃れることである。

究極の選択

進化理論も生物学も、あるいは科学全体も、倫理の究極的な前提を与えることはできない。倫理に関する生物学的説明は、消極的な役割しか果たしえない。すなわち、私たちが自明な道徳的真理だとみなしてはいるが、一方で進化的に説明できる道徳的直観について、再考を促すという役割だ。この本のまえがきで述べた一般的観点に従えば、宗教に積極的な指針を求めることもできない。私たちは自身の究極的な倫理的前提を、自分自身で選ばなければならない。この選択について、まだ何か付け加えることはあるだろうか。実存主義の哲学者たちは、倫理的前提を自ら選ばなければならないことに同意して、付け加えることはないと言う。私たちの選択の自由は、私たちがただ「自然に従うこと」だけに限定されるのではないことを意味する――「実存は本質に先立つ」と彼らはこの点を曖昧に述べるが――と主張して彼らは、究極的価値の選択はたんにコミットメント、「盲信」にすぎず、いかなる合理的評価をも超越し、それゆえ究極的には恣意的なものだと提案する。この結論は少し自暴自棄になっている感がある。というのもそれは、ある実存主義の哲学者（ハイデガー）によるナチズムへの盲信が、結局のところ、別の実存主義者（サルトル）による反ナチス抵抗運動への盲信に劣らず正当化できることを意味するからだ。

自暴自棄になっているとはいえ、この種の倫理的主観主義は、倫理的議論の限界を正確に示すものとなりうる。私たちの倫理的原理に関する生物学的・文化的説明にはその無根拠を暴く効果があるが、その問題点の一つに、それらの説明によって倫理的原理の信用が失われすぎてしまうということがある。もし私たちの倫理的信念すべてをこれらの手段によって説明できるのであれば、私たちの信念はすべて等しく信用を失うことになる。だが、私たちは倫理的原理まったくなしではやっていけない。依然として私たちはどう行為すべきかを決断しなければならないし、その決断を下すには価値を見出すことが必要だ。それゆえ私たちは、信用を失った倫理的原理のうちのいくつかを復活させなければならないだろう。私たちはそれをどのような根拠に基づいてなすべきだろうか。倫理に合理的な要素がなく、基礎的な倫理的原理のうちの少なくとも一つを擁護するために、そうした要素を使うことができないとしよう。このとき、制約なく生物学的・文化的説明を与えることで私たちは、極度の道徳的主観主義へと陥ることになるだろう。実際、もしある倫理的原理を別のものよりも優先させる理由がないのであれば、以前持っていた原理にしがみついておくのが良さそうだ。それでは、それらの原理がかつて考えられていたような自明の絶対的道徳原理ではないと明らかになった今、どうすればいいのか。倫理にいかなる合理的基盤もないのであれば、それらの原理は他のどの原理よりも悪いということはない。もし究極的な倫理的前提をどこからも導けないのであれば、それらの前提こそが、受け入れるか拒絶するか、私たちが選択を始めるスタート地点だ。そして、もしこの選択をするための基盤がどこにもないのであれば、倫理は究極的には、いかなる批判も受け付けない主観的判断に基づくこととなる。

生物学から倫理を導くことが不可能と認められたなら、ウィルソンの倫理に関する発言から不可避的に導かれるのは、倫理的主観主義である。というのも、ウィルソンは非生物学的な倫理学はすべて、情動の問題だと考えていたからである。彼が言うには、「善悪の基準を直観することを願う倫理学者たち」は実際のところ、自身の「情動制御中枢」の意見を聞いているにすぎない。もし倫理的判断が私たちの情動制御中枢から流れ出てきたものにすぎないのであれば、倫理的判断を批判することは、食の好みを批判するのと同じくらい不適切だろう。死刑に賛成することは、ミルクティーではなくレモンティーを飲むのと同じくらい、私たちの感情の表現なのだろう。

倫理を私たちの感情の発露にすぎないものとみなす代わりに、倫理的判断に合理的要素があると考えることもできるだろう。倫理を生物学の傘下に収めようとする熱意のあまり、ウィルソンはこの立場を見落としてしまった。この立場を、ソクラテス、プラトン、アリストテレス、ストア派、アクィナス、カント、シジウィック、その他多くの哲学者がとっていた。倫理において理性と情動が果たす役割をめぐる論争は、古代ギリシアで西洋倫理学が始まったときからその中心にあった。だがウィルソンは論拠も示さずに、倫理において理性はたいした役割を担っていないと前提してしまっている。

私たちが自身の倫理的前提を選択するという事実はそれ自体、その選択が恣意的であることを意味しない。これがそうだと受け入れる前に私たちは、理性が究極的な倫理的選択において何の役割も果たさないという前提を疑うべきだ。もしこの前提が偽であれば――もし生物学理論・進化理論と矛盾なく、理性が倫理の発展における重要な要因であるならば――進化から倫理的前提を導く試みを拒絶したからと言って、倫理がたんなる好みや主観的感情の問題にすぎないということにはならないだろう。私たちは依然として自身の倫理的前提を選ばなければならないが、合理的に選ぶことができるのかもしれない。

次の二章は、人間倫理の発展における理性の役割を探究する。そこで私が述べることが、私たちが進化してきた生物学的存在であるという私たちの知識と明確に対立することはないが、第四章ではこの知識はいったん背景に退くこととなる。というのも、今や私たちの理性的能力にスポットライトが当てられるからだ。理性を強調するのは、人間本性を観念的に描写する哲学者のお決まりのやり口だと批判したくてうずうずしているみなさんには、矛を収めるようお願いしたい。たしかに第四章で提示される説明は偏ったものだが、第五章と第六章でこれに補足する。これらの章で私たちは純粋理性の高みから戻ってきて、理性的能力を持つと同時に遺伝子の自然選択の産物でもある生物のための倫理に目を向けることになる。

第四章
理性

道徳感覚はおそらく、人間と下等動物とを隔てる最善にして最高の特徴だろう。だが、この点について私が何か述べる必要はない。なぜならすぐ前のところで私は、社会的本能——人間の道徳的構成の第一原理——が、活発な知的能力の助けと習慣の効果によって、「汝らが人々にしてほしいことを人々にせよ」という黄金律を自然と導くことを示そうとしたからだ。そしてこれが、道徳の基礎にある。

——チャールズ・ダーウィン『人間の由来』

そして、徳について、あるいは、私が私自身や他の者に問いかけているのをあなた方が聞く他の物事について、日々対話することが人間にとっての最大の善であり、問いかけることをしない人生に生きる価値はないのだと、私が再び述べたなら、あなた方は私を一層信じなくなりそうだ。それでも、私は真理を述べている。

そのことについてあなた方を納得させるのは、私には難しいのだけれども。

——ソクラテス、プラトン『弁明』(*Apology*)での発言

自然選択による盲目的な進化によって、いくつかの種は理性を働かせることができるようになった。だが、正常な人間の推論能力は、いかなる他種の能力をもはるかに超える。これは、人間が常によく理性を働かせるということではなく、人間にはよく理性を働かせる能力があるということだ。この能力は、倫理の発達にどのような影響を及ぼしてきたのだろうか。

理性の本性

理性的能力は特殊な能力だ。なぜならこの能力は私たちを、まさか行けるとは予想しなかったところまで連れていってくれるからだ。この点でこの能力は、たとえばタイピング能力とは異なる。本章の草稿に取り組んでいるとき、私は自身の理性的能力とタイピング能力の両方を使っている。私のタイピング能力は、私が予想した結果をもたらす——つまり、私の思考を伝えるために私が選んだ言葉がタイプライターの用紙の上に現れて、これは多かれ少なかれ私が望んだとおりのものだ。他方で、私の理性的能力がもたらす結果は比較的予想しにくい。健全なように思えた論証が誤りだとわかることもある。私は以前とっていた立場を撤回しなければならないかもしれないし、完成できないと考えるプロジェクトを放棄することまでも迫られるかもしれない。事態は好転する可能性もある。以前は見逃していた二つの論点の間に結び付きを見出すかもしれない。以前は信じていなかった何かに納得するようになるかもしれない。

理性を使い始めることはエスカレーターに乗るようなもので、それは上のほうへと、以前は視界に入らなかったところへと連れていってくれる。一歩目を踏み出したが最後、どれくらいの距離を進むのかは私たちの意志と関係なく、どこにたどり着くのかを前もって知ることはできない。

このプロセスの最も有名な例はおそらく、ホッブズによるエウクレイデス的推論法の発見であり、この発見は彼の哲学へのアプローチに大きな影響を及ぼした。これは次のような話だ。ホッブズがある私邸の図書室をぶらついていると、たまたまエウクレイデス『幾何学原論』の第四七定理の頁が開かれているところに突き当たった。彼は結論を読んで「ありえない」と毒づいた。そこで彼は証明を読んだ。これは前に証明された定理に基づいており、次にその証明も読まなければならなかった。そしてこれもまた別の定理を参照しており、この調子でさかのぼって最後には、疑いを持った最初の定理がじつは、彼自身否定できない公理から導出されていると納得したのだった（ホッブズは以降自身の著作で、同様の実証的推論の基準を適用することを試みた。だがわかったのは、エウクレイデスが幾何学でやっていたことを政治哲学に適用するのは一層難しいということだった）。

別の例を挙げよう。数え上げる能力はきっと、ヒトの進化の早い時点で現れたに違いない。一部の非ヒト動物も数えることができる。四人のハンターが茂みに入って三人しか出てこなかったなら、ヒヒは誰かがまだそこにいることを知って、距離を取り続けると言われている。だが、もし大人数で入っていって一人を残して全員出てくるなら、ヒヒはだまされる。ヒヒはそれほどうまくは数えられないのだ。それでも、もしこの報告が本当なら、数え上げる能力はヒヒにとって実用的価値のあるものであり、少し数えられるヒヒが生き残り、才能に恵まれなかったヒヒが死に絶えるということもあるかもしれない。数え上げる能力はきっと、同じような利益を私たち自身の祖先にもたらしたに違いない。あらゆるヒト部族が数を用いる。筆記が発達するはるか前に、棒にV字を刻み付けたり、より糸に貝殻を吊るしたりすることで、人々は自身が数え上げたものの永続的記録を残していた。彼らも自分たちが、厳密に論理的なステップを経て、平方根、素数、微分法へと続く推論のエスカレーターに足を踏み出したのだとは、思いもよらなかった。だが実際にはそうだった。数学がいつどこで発展するかは数多の歴史的要因次第だが、数学の発展それ自体は数を使うことの論理的帰結だ。もし数を数え始めたら、遅かれ早かれ足し算引き算を知ることになる。そして、たくさんの木の実を何人かで分けようとなった日には、割り算を始めるだろう。もしうまく割り切れなかったら、やがて分数が発見される。土地の測量は幾何学をもたらすだろうし、もしピュタゴラスのように直角三角形の斜辺の長さを計算しようとするなら、平方根を介して無理数という不思議なもの（たとえば、それ自体を掛け合わせると二になる数）へと導かれる。これは高等数学にはまだほど遠いが、最も基本的な実用的作業から、一般人の物理的ニーズから切り離された思考のレベルへと私たちを連れていってくれる前進の本性を示すには十分だ。人間に理性的能力があり、数え上げる能力があるのは疑いない。なぜなら、進化的生存闘争において、これらの能力をもたらす遺伝子を含む遺伝子セットのほうが、そうでない遺伝子セットよりも存続する可能性が高かったからだ。だが、一度これらの能力が現れれば、数学の発展は遺伝子の観点のみならず、数の概念に内在的な論理の観点からも説明できる。

数学の発展に関するこうした説明と、倫理の発展との間に似た部分はないだろうか。利他性の起源に関する私たちの理論をこうした理性の見方と考えあわせて、倫理の起源と本性に関する説得力ある説明を生み出すことはできないだろうか。以下は、まさにこれをなそうとする試みだ。それは、倫理の起源と本性に関するいかなる理論もそうであるように、確固たる証拠を欠いた憶測を含んでいる。私たちが扱っているのは歴史的記録が存在しない人類進化の段階であり、思考は化石を残さない。とはいえ、私が提示しようとする説明は内的整合性がとれており、参照可能な証拠と適合する。これは、倫理的思考に内在的な論理を無視する純粋に生物学的な説明よりもいくらか良いだろう。

最初の一歩

すでに見たように、多くの非ヒト動物が自身の血縁者を助けたり、それを害するのを控えたりする。いくつかの種では、同じことが血縁にない動物についても言える。それゆえ、倫理へと向かう最初の一歩は、数学と同様、ヒト以前の私たちの祖先によって踏み出された。倫理が始まったのは、特定の他の動物を助けたり、それを害することを控えたりするよう自身の遺伝子に駆り立てられた社会性動物においてである。今やこの基礎の上に、理性的能力を重ね合わせていかなければならない。

血縁利他性・互恵的利他性に基づいて初期ヒト集団が相互作用することを想像してみてほしい。血縁利他性から得られるのは、親が自身の子を養って守ろうとする、強力に進化した傾向性である。兄弟姉妹は親ほどではないが、互いを助けるだろう。姪、甥、いとこは非血縁者よりも優先的な扱いを受けるが、その優先度は血縁が遠ざかるにつれ低くなる。とはいえ、小さく関係が密接な共同体では、すべてのメンバーにある程度の血縁があるだろう。それゆえ血縁利他性は、おそらくはより弱い集団利他性への傾向に補われながら、異なる集団に属する他の人間ではなく、自身の集団の他のメンバーを全般的に助けようとする傾向をもたらすだろう。互恵的利他性は、これとは異なり、またある程度対立する、以下の傾向を付け加える。すなわち、過去に助けてくれた人への感謝が、近親関係に基づかない友情と相互扶助をもたらす。そして、お返しをしない「裏切者」への敵意が、集団の全メンバーに向けられる全般的な善意に対抗して作用するだろう。

ここまでの説明は、人間だけでなく非ヒト社会性動物にも当てはまるだろうが、互恵的利他性は、比較的安定した集団で生活する知的動物でしか見られないだろう。徐々にヒト以前の祖先から進化するにつれ、私たちの脳は成長し、かつてどの動物もやってはこなかったレベルで理性を使い始めた。私たちは仲間とよりよく意思疎通できるようになった。私たちの言語は、過去、現在、未来の無限に多くの出来事に言及できるところまで発達した。私たちは自身が過去・未来にまたがる通時的な存在であることをより認識するようになり、自身の社会生活パターンをより意識するようになった。私たちは反省できるようになり、自身の反省に基づいて選択できるようになった。以上すべてのことが、もちろん、進化的生存競争において私たちの大きな利益となった。だがそれらはまた、私たちの知る限りどの非ヒト社会でも生じたことのないものを同時にもたらした。すなわち、進化により得られた遺伝的基盤を持つ私たちの社会慣習が、互いに対する行為について指示する規則・指針の体系へと形を変えたのである。この体系は、規則・指針の求めに従って行為する者への是認と、そう行為しない者への否認とに関する、広く共有された判断に支えられている。こうして、私たちは倫理・道徳の体系へとたどり着いた。

こうした変化は何十万年もかけて、少しずつ起こったに違いない。この変化において理性がもたらした違いとは、人懐《なつ》こく舐《な》めまわしたり脅かすような唸り声を上げたりして相手に応じることと、是認や非難の判断をもって相手に応じることとの違いだ。この違いをこのように述べたところで、それがどれだけ大きな違いなのかはわからない――倫理的判断は実際のところ、人懐こい舐めまわしや脅かすような唸り声を洗練したものにすぎないと考える人もいるかもしれない。だが、違いが一つあるのは明らかだ。すなわち、唸り声や舐めまわしに議論の余地はほとんど残らないが、倫理的判断には議論の大きな余地が残る。生物が判断を下すには、思考能力と、自身が下した判断を擁護する能力とがなければならない。生物が考えて話せるようになり、互いに問いただして「なぜそれをやったのか」と尋ねることができるようになりさえすれば、彼らの唸り声や舐めまわしは、倫理的判断へと進化していく。

判断の概念は、基準の概念や比較の根拠の概念を伴っており、それらの概念を背景にして判断は下される。判断に対しては問いただすことができるので、それは唸り声や舐めまわしのようにある特定の機会に限定されるものではない。イヌはある見知らぬ人には唸り声を上げて、別の見知らぬ人にはしっぽを振るかもしれないが、その明らかな差別について正当化する必要はない。だが人間は、一見して同一の状況で異なる倫理的判断を下して、何もなしというわけにはなかなかいかない。もし誰かが、自分は部族の他のメンバーが集めた木の実を取ることができるが、誰も自分の木の実を取ってはならないと言ったら、なぜ二つの場合が異なるのかと、この人に尋ねることができるだろう。この人はこれに答えるのに、理由を挙げなければならない。それも、どんな理由でもいいわけではない。関係が密な理性的生物集団のメンバー間の論争では、理由を求めることとは、集団全体が受け入れることのできる正当化を求めることである。それゆえ提示される理由は、少なくとも全員が等しく受け入れることができる範囲で、利害中立的なものでなければならない。デイヴィッド・ヒュームが述べるように、道徳的正当化を提示する人は「自身の私的で個別的な状況から離れなければならず、自身が他人と共有する観点を選び取らなければならない。その人は、人間の構成に関する何らかの普遍的原理を提示して、全人類が調和して共鳴する琴線に触れなければならない」。

利害中立性という条件が意味するのは、厚かましく自己利益に訴えることはできない、ということだ。私が他人から木の実を取ってもよい理由は、それが自分の利益となって、他方で他人が私から木の実を取ると私が損をするからだとは、私は言うことができない。もし私が集団全体の同意を得たいと願うなら、私は少なくとも、自身の主張が偏りのないものだと見せかけなければならない。たとえば、戦士として勇敢であるがゆえに、私には木の実をより多く分け与えられる資格があると、私は言うことができる。この正当化は、戦士として私の勇敢さに匹敵する者は誰でも同じくらい木の実を得るべきことを含意している点で、偏りがない。逆にそれは、もし私の戦技が衰えたならば、私が得る資格のある木の実の数はもっと少なくなるだろうことも含意する。皮肉屋であれば、私が戦士の権利を擁護するのはそれこそ私がたまたま戦士であるからで、もし私が木の実の採集者であったなら、私は採集者の権利を擁護しただろう、と言うかもしれない。たしかにそうかもしれないが、私の正当化が利害中立的であると見せかける必要性は、倫理的推論の発展に重要な足掛かりを与える。これについてはすぐあとに検討する。

木の実をめぐる論争の例はもちろん作り話だ。そこには、遠慮なく物事を問いただそうとする現代的態度が部族の文脈に組み込まれている。初期の倫理体系は、今日の多くの文化の倫理体系と同様に、熟慮して問いただすことよりも、習慣的に受け入れることによって特徴づけられていた可能性が高い。動物の利他性と現代の倫理との間を媒介したのは、社会慣習の体系だっただろう。社会慣習は、その社会の集合的是認・否認の蓄積である。私たちの言語は今でもそのことを表している。すなわち、「倫理（ethics）」という言葉はギリシア語の「エートス（ēthos）」に由来する。これはふつう「性格」を意味するが、複数形だと「マナー（manners）」も意味し、eが短くなっただけのギリシア語で慣習を意味する「エトス（ethos）」と関連する。同様にして「道徳的（moral）」という言葉はラテン語の「mos」と「moralis」に由来する。これらは「慣習」を意味し、今でも社会の慣習的マナーを指して使う「mores」という言葉と関連する。部族社会では「それは慣習的ではない」という言い方が多くの場合、私たちにとって「それは悪い」という言い方が持っている力を持つ。そもそも公的なものとして慣習は、少なくとも形式的には、必然的に個人間での偏りがない。慣習は、女性や貧者などからなる集団を全体として抑圧するかもしれないが、それがそうするのは、抑圧される側が適切だと受け入れることができる――多くの場合、実際に受け入れる――仕方で、である。抑圧的な慣習の犠牲者であることは、個人的な悪意の犠牲者であることとはだいぶ異なる。

遠慮なく問いただす現代人からすると、「それは慣習的だ」というのは何かをする理由としてはあまりに弱いので、慣習に訴えることは理由に訴えることの真逆ではないかと思えるかもしれない。それでも、遺伝的基盤を持つ社会行動が社会慣習へと形を変えることには、それまでは完全に遺伝子の制御下にあった物事に対して、限定的にではあるが初めて理性を適用することが伴った。というのも、慣習という概念は、特定の出来事を超えて物事を見る能力、今ここで起こることを以前起こったこととまとめて考える能力を含意するからだ。これは、おそらくは人間のみに限定されるものではないとはいえ、他の動物よりも人間において、より高度に発達した能力だ。特定の出来事を一般的な規則の下に置けることは、人間の倫理と動物の倫理との間の最も重要な違いだろう。

慣習に従うことは、盲目的に思考停止して過去の習慣に服従することであるように思える。もし私たちが、さまざまな倫理体系を比較して「なぜこの体系に従うのか」と尋ねることのできる外部の観察者の視点をもって慣習道徳全体に目を向ければ、たしかにそうだ。だがこの視点は、倫理的推論の発展がもっとはるかに進んでから初めて可能になる。倫理の発展の初期に携わった人々は、自身の部族や社会の目の前にある実践を超えた可能性をほとんど認識していなかった。その視野の内側で、慣習道徳の細部にわたる営みにおいて必要とされていたのは、ある特定の行為が慣習の境界内に収まるかどうかを確定して、新しい状況へと古い慣習を拡張するよう、理性を働かせることだった。これがどのような課題であったのかは、イングランドのコモン・ローに目を向けてみれば理解できる。それは実際のところ、慣習的基準を大きな規模で洗練したものでしかない。コモン・ローでは、どのような判決についてもその正当化は常に、表面的には過去の判決や前例である。その体系全体がおそらくはイングランド国民が共有する見識を解釈したものと言えるだろうし、それは彼らの慣習と過去の実践とに具現化している。もちろん、前例が曖昧な場合には、裁判官は自身が最善と考える評決へと傾くかもしれないが、それでも自身の判決を前例の観点から正当化しなければならない。このプロセスは裁判官を前にした数日にわたる法的論証を伴うことも多く、裁判官の評決も——それ自体のより限定された前例の枠組みのなかで——哲学書と同じくらい注意深く理性を働かせたものになることがある。慣習的規則の集合の発展に関与した理性の働きを、それが過去に実際になされたか、なされなかったかした行為の範囲を超えることがないからと言って、取るに足らないものと片づけてしまうのは誤りだろう。

進歩する理性

慣習道徳の境界を踏み越える理性は、古典的にはソクラテスの生涯と死に具現化している。プラトンの描写するソクラテスは、アテナイの市場をぶらついて彼の時代の慣習道徳に疑問を呈することに自身の生涯を費やす。正義や勇気、敬虔さなどの徳の本性を理解するのは簡単なことだと誰かが主張するよう仕向けるのが、彼のやり口だ。それからソクラテスは提示された定義を吟味し、その定義が完全に不適切であると明らかになるまでそれは続く。このようにして彼は、自身の名前を冠した形態の議論、ソクラテス式問答法へと聴衆を導く。そこでは二人の人間が合理的探究によって、善い人がいかに行為すべきかを見出そうとする。たとえば、正義は借りたものを返すことであるという一般に受け入れられた見識に反して、ソクラテスは次の友人の例をあげる。この友人はあなたに武器を貸してくれたが、その後気が狂ってしまい、武器を返すように言ってくる。慣習道徳は、このジレンマに対して明確な答えを与えてはくれない。その元々あった正義の定義は再定式化されなければならず、そのための論証が進行中である。ソクラテス自身は、答えを知っているとはけっして主張しない——彼の知恵は、彼が言うところでは、何も知らないことを知っているという事実にあるのだ。したがって彼は、自分が何も知らないのに何かを知っていると思い込んでいる人々よりは、多くのことを知っている。これが、彼の慣習道徳批判のスタート地点だ。

　私たちはみな、ソクラテスに何が起こったのかを知っている。彼は死刑を宣告され、毒ニンジンを飲んだのだった。裁判は彼の政敵により扇動されたものだったが、アテナイの若者たちを堕落させたという罪状は適切なものだった。慣習道徳の基準によれば、ソクラテスは若者たちを実際に堕落させていたのである。というのも慣習道徳は、慣習的基準自体に疑義を呈する合理的探究の吟味に耐えられるものではなかったからだ。「問いかけることをしない人生に生きる価値はない」と、ソクラテスは彼への判決についてまさに投票しようとする人々に語りかけた。彼は信じてもらうことを期待していなかったし、彼は信じてもらえなかった。おそらく彼は、今でもあまり広くは信じてもらえていないだろう。私たちのなかでソクラテス的なやり方で人生を吟味しようという人はほとんどいない。他方で、ソクラテスが示した範例は広く尊敬され、彼に有罪を宣告した者たちの行いは今では軽蔑に値するように思える。

紀元前五世紀の慣習は消え去った。その慣習に対するソクラテスの批判が私たちを脅かすことはもはやない。理性は生き永らえている。自身の時代の慣習を完全に振り払うことは難しいかもしれないが、合理的存在として私たちは、合理的探究と合理的生活に身を捧げている者には敬意を払いたくなる。こうして、ソクラテス個人の運命にもかかわらず――あるいはその運命ゆえに――理性は進歩してきた。

ある一つの事例がもっと大きなプロセスをどれだけ劇的になぞっていようとも、それは私たちをそれほど遠くには連れていってくれない。私たちは、理性の進歩の論理的基盤をもっと詳しく見てみる必要がある。どのようにして理性的存在が、遺伝的基盤を持つ実践を、慣習が道徳的な力を得るような体系へと変えるのか、私たちは見てきた。道徳の慣習的体系を適用することは理性を働かせることを伴い、それは非常に高いレベルのものであることもあるが、限定的なものである。次の段階では、ソクラテスが当時受け入れられていた基準に疑問を呈したのと同じように、慣習自体に疑いの目が向けられる。この段階に到達するには、これまでの流れをただ継続するのではなく、未知の領域へと飛び込む必要がある。慣習道徳の体系の発展のどの時点でソクラテス的な問答者が現れるのかを予測するのは不可能だ。とはいえ、すでに示唆したように、自身の社会に対して外部の者の視点をとる能力が、これと何か関係あるのかもしれない。外部の者の視点からすると、私自身の社会の慣習は、多数の異なる可能な体系のうちの一つであるように見える。そうすると、私自身の社会の慣習が自然本性的に正しく不可避であるという感覚は失われる。

たしかにギリシア人たちはソクラテスの時代には、異なる民族では慣習が異なることを認識していた。彼らは、人間行動において何が自然本性的で何が慣習的であるのかをめぐって議論した。ギリシアの歴史家ヘロドトスは、多くの土地で異なる実践があることを年代記として記録した。彼の物語の一つでは、ペルシア王のダレイオスがかつてギリシア人たちを呼び出し、いくら払えば自分の父親の死体を食べるのかと尋ねた様子が語られている。彼らはいくら払われても食べないと拒絶した。それからダレイオスは、自分の親の死体を食べた数人のインド人たちを引き入れ、いくら払えば自分の父親の死体を焼くことに同意するかと尋ねた。インド人たちは、ダレイオスはそのような恐ろしい行為を口に出すべきではないと叫び声を上げた。ヘロドトス自身はこの論点をさらに補足することなく、各国は自国の慣習が最善だと考えており、狂人だけが慣習を笑いものにするだろうと述べるだけだった。ヘロドトスは文化相対主義者の走りであったかもしれず、すべての者が自身の社会の慣習に従うべきだと考えていた。これは、慣習間に差異があると知ったときに共通して見られる最初の反応だ。だが、すべての者が自身の社会の慣習に従うべきだということは明らかに、慣習間の差異に関する知識の論理的帰結ではなく、行為の合理的基盤を与えはしない。慣習道徳を超えた道徳的思考の段階へと向かう道を示すのは、相対主義的な反応ではなく、倫理の合理的基盤を求めたソクラテスの探究である。

米国の心理学者であるローレンス・コールバーグは、いくつかの異なる文化の子どもたち、青年たち、大人たちの道徳的発達の研究を行った。興味深いことに、また彼が見出したのは、道徳的思考が自身の社会慣習に根ざしている個人は、慣習的思考を超えて独立に考え抜かれた倫理へと移行する過程で、相対主義の期間を経ることが多いということだった。自身の倫理的な見方は慣習に根ざし、もし異なる慣習を持つ異なる文化のなかで育てられたなら、異なる倫理的見方をしていたであろう。そのことに気づく衝撃に対する最初の反応が、極端な相対主義であるのかもしれない。だが、コールバーグが研究対象にした学生たちはみな最終的には、道徳には何らかの合理的基盤があり、それゆえ結局は恣意的ではないと主張するようになった。

それゆえ、自身の社会の慣習をいくつかの可能なシステムのうちの一つとみなすことによって、ソクラテスのような問答者が出現する可能性は高い。もちろん多くの場合、すでに確立された生き方を守ろうと努力する人々は、アテナイの支配者層がソクラテスにやったよりももっとうまく反対意見を握りつぶす。問答的精神の出現のタイミングと成功に関する限り、歴史は偶然の連続である。とはいえ、もし慣習道徳の制約のなかで理性の働きが花開くのであれば、長い目で見た進歩は偶然的なものではない。時代時代に傑出した思想家が出現し、慣習が理性の働きに対して引く境界線に困惑させられるだろう。というのも、「立入禁止」の表示を嫌うというのがまさに理性の働きの本質だからだ。理性の働きは本質的に拡張主義だ。それは普遍的適用を求める。相殺する力により粉砕されない限り、新たな適用はそれぞれ、未来の世代へと伝えられる理性が働く領域の一部となるだろう。なすがままにしておくと、理性の働きは生物学的進化と似た原理に基づいて発展するだろう。何世代にもわたって、何の進歩もないということもあるかもしれない。それから突然、それまであったものよりも、よく適応した突然変異が現れて地歩を築き、さらなる進歩のための基準となる。同様にして、思想家たちが何の疑いも持たず慣習の限界を受け入れたまま何世代も過ぎ去るかもしれないが、一度その限界が合理的探究の主題となって不足があると見出されると、慣習は退かなければならず、理性はより広い境界のなかで働くことができ、今度はその境界に対して最終的には疑いの目が向けられるだろう。

合理的基盤

疑問を呈することと、それに答えることとはまったく別のことだ。理性が働く過程の本性からいって、慣習的基準に対してやがて疑問が呈されることになるだろう。だが、どうやって疑問を呈することのさらに先に進むことができるのか。もし倫理が合理的基盤ではなく遺伝的基盤を持つ実践に由来するのであれば、倫理の合理的探究は実を結ぶことなく終わるのではないか。その探究は、そもそも存在しない合理的基盤を求めているのではないか。ソクラテスの死から二千年以上を経て、私たちはみな彼の問答的精神を尊敬するが、彼の問いに答えるところまでどれだけ近づいただろうか。

倫理における理性の働きは、慣習が倫理的権威の源泉であることを否定するという消極的な課題に限られるものではない。私たちは倫理をめぐる論争の理性的解決に向けて、次のようにして前進できる。まず、社会全体に向けて自身の行為を正当化するという概念に本質的な、利害中立性という要素を取り上げる。そして、それを次の原理に拡張する。すなわち、倫理的であるためには、決断はその影響を受けるすべての者の利害に等しい重みを与えなければならないという原理である。このために私は、倫理的判断を下す際に、完全に偏りのない観点から決断を下す必要があるだろう。この観点が度外視するのは、検討されている行為が私に損得をもたらすかどうかに関する知識である。こうした決断に到達する方法の一つ――最初は米国の哲学者であるC・I・ルイスが提示し、最近になってオックスフォード大学の道徳哲学教授であるR・M・ヘアが甦らせたアイデア――は、私の決断により影響を受けるすべての人の人生を自分が生きることを想像し、それから、私がどの決断を優先するのかを問う、というものだ。

この方法がどう働くのかを理解するため、三人の友人との夕食の約束を守るか、あるいは、調子が悪くて横にならなければならないとたった今電話してきた父を訪ねるか、私が決断しなければならないと想像してみてほしい。もし私がどう行為するかによって影響を受ける人が、友人たちと父親と私以外にいないのであれば、私が約束を破った場合の友人たちの立場と、私が訪問しなかった場合の父の立場とに自分がいると想像することによって、偏りのない決断に到達できる。私自身の好みもまた考慮に入れるべきだろう。たとえば、私は父を訪ねるよりも友人との夕食のほうを楽しく思うとしよう。だが、私が訪問しなかったときの父の失望は、私が夕食を欠席したときの友人たちの残念さをはるかに上回るだろう。偏りなく決断を下すために私は、友人たちと夕食に行くことに関する好みのプラス・マイナスと、父を訪ねることに関する好みのプラス・マイナスを合計しなければならない。好みの強さに応じた調整をして、より多くの好みを満たす行為が何であれ、私がなすべき行為である。

好みをこのように足し算することはもちろん、個人の判断の問題である。というのも、好みにはそれがどれだけ強いかを示すラベルは貼られていないからである(この文脈での「強い」は大雑把に言って、好みがその好みを持つ人にとって持つ重要性を意味する)。しかしながら、自分が他人の立場に立つことを想像し、その他人の嗜好を持つことで私たちは多くの場合、行為がより多くの好みを満たすかどうか、ある程度自信を持てる判断に到達できる。たとえば、もし私が父と友人たちをよく知っていれば、友人たちの残念さは、彼らが三人いる事実を考慮してそれを三倍し、失われた私自身の楽しみを加味したとしても、父の失望ほど重大なことではないと私は十分確信するかもしれない。私自身の人生、友人たちの人生、父の人生をそれぞれ私自身が生きることを想像して私は、友人たちと夕食に行ったときの全員の人生全体よりも、父を訪れたときの全員の人生全体を私が好むとわかるかもしれない。

このように好みを足し算引き算すること――そして、好みや利害関心のみを考慮すること――は、倫理的論争を解決する方法の一つだ。だが、それは唯一の方法だろうか。私たちはこのアプローチをとるよう理性に強いられるのだろうか。これが私たちが倫理に関して問うことのできる最も難しく、また最も重要な問いであるかもしれない。というのも、もしこれが倫理的判断に到達する唯一の合理的方法であるのならば、倫理は合理的基盤を持つからだ。このとき私たちは、倫理的論争の解決に取り組むこととはどういうことか、理解できるだろう。これは、私たちが実際にあらゆる倫理的問題について合意に達しうるということではない――合意に達しえない多くの事実的問題があり、行為の結果の予測と、その結果に影響を受ける好みの強さの算定とにおいて、私たちは間違いなく意見を異にするだろう――が、少なくとも私たちは、自身の倫理的選択の健全性をテストするための基準を手に入れるだろう。

この問いに答える前に、それについて一点明確にしておく必要がある。ここで倫理の合理的基盤について、あるいは偏りのない観点をとるよう私たちに強いる理性について語るとき、私が念頭に置いているのは集合的な意味での「私たち」であって、私たち個人個人ではない。ここでの私の関心は、私たちがどのようにして集団のための道徳を選択できるかである。それゆえ関心の焦点は、集合的に理性が働くプロセスが私たちをどこへと導いてくれるかにある。ある個人にとってどう行為するのが合理的であるのかはまた別の問いであり、これは次章で論じることにする。

ここで検討している問いはこうだ。自身の行為を社会に対して正当化する際に不可欠な利害中立性という要素は、すべての人の利害を等しいものとみなす態度をとるよう私たちを導くのだろうか。この問いに答えるには、利害中立性の要件と矛盾しないどのような他の態度をとりうるのか、検討する必要がある。

すべての人の利害を均等に考慮するという原理から見てスペクトラムの対極にあるのは、ある種の利己主義である。利己主義の主張では、私は自身の利益を促進するよう行為すべきであって、他人を助けることが自身の利益にならない限り、他人の利益にかかずらうべきではない。これが集団の倫理の基盤となりうるには、それがただ私を利することを目的とした原理ではないということを明確にする形で述べられなければならない（私、ピーター・シンガーにとって理想的な形の利己主義とは、誰もが何であれ私の利益を促進することをすべきだと主張するものだろう――だが、これが他人に受け入れられることはありそうにない）。それゆえ、利己主義が倫理の基盤となりうるには、利害中立的な形の利己主義でなければならない。それは、私だけではなく誰もが自身の利益となるよう行為すべきだという主張だ。

誰もが自身の利益となるよう行為すべきであるという原理を、倫理の基盤として受け入れるべき理由が何かあるだろうか。アダム・スミスに従って経済学者たちがしばしば主張するのは、市場競争を通じて、個人による自己利益の追求がすべての人に最大の善をもたらすということだ。これはなぜなら、利益をあげるには、自身の競争者よりも良いか安いかするものを売らなければならないからだ。もしこれを受け入れるなら、誰もが自身の利益となるよう行為すべきであるのは、まさにそれがすべての人の利益を促進する方法であるからにほかならないというのが、私たちの主張だろう。だが、もし私たちがこうした根拠に基づいて利己主義的倫理に至るのであれば、私たちは実際のところ利己主義者ではまったくない。このとき私たちの最も基本的な価値は、偏りなく考慮されるすべての人の善であり、私たちが利己主義を受け入れるのはまさに、この目的を達成するための手段としてである。もし人間生活に関する事実が実際にアダム・スミスと彼の信奉者たちの主張どおりであるなら、この形の倫理的利己主義は、すべての人の好みを等しく考慮に入れた結果である（事実がこれらの自由市場の擁護者たちの主張どおりであるのか、私は疑っている——が、それはまた別の問題である）。それゆえ、利己主義を擁護するこの議論は結局のところ、影響を受けるすべての人の好みを合計することによって倫理的論争を解決する方法と対立するものではない。もし仮にこの利己主義が妥当であるとするなら、それは好みの最大合計値を満たす手段として妥当なのである。

　利害中立的利己主義のまた別の擁護論は、すべての人の利益を等しく考慮に入れることの真の代案として、それを提示するだろう。この主張は、誰もが自身の利益を促進することは、他人にもたらす結果にかかわらず正しいまたは合理的である、というものだ。この立場は、人々が個人的に自身の利益を追求した結果について、いかなる関心も払わない。その主張によれば、自身の利益の追求こそが人々の行うべきことであって、その結果が私たち全員にとって善かろうが悪かろうが関係ない。この点でそれはたとえば、結果がどうあれけっして嘘をつくべきではないという主張のような、非帰結主義的な道徳的主張のようである。

　こうした倫理的立場は可能である。それは利害中立的であり――それを主張する者は、他人の利益にほとんど関心を持たないのと同じくらい、自身の利益に関心を持たない必要があるだろう――、それは自己矛盾的でもない。それを採用した人が、いかなる反論にも動じないことはありうる。だが、なぜ合理的生物の集団がそれを受け入れるべきなのか。それは破滅的な結果を招くおそれもある。この原理は、それが私たちの集団の各々のメンバーにもたらす結果に無関心である。では、なぜそのような原理を私たちの倫理の基盤とするのだろうか。

この形態の利己主義者はこう答えるかもしれない。「この形態の利己主義を採用すべき理由はある。それを採用すべきであるのはまさに、誰もが自身の利益を促進することが正しいからにほかならない」。

このように言う人は一体何が言いたいのだろうか。それはたんに、その発言者が個人的にこの原理を支持していることを表現するにすぎないのかもしれない。だがもしこの支持が主観的好み以外の根拠を持たないのであれば、それは道徳的議論において、他のどの好みとも同等のものとみなされるべきである。つまりそれは、他人の好みと併せて考慮されるべきである。それがただ、たとえば食べ物の好みではなく道徳原理の好みであるからというだけで、決定権を与えられるべきではない。もし道徳判断が主観的好みにすぎないのであれば、私たちの決断の影響を受ける人々の他の好みと一緒に偏りなく比較考量することで、それらを適切に扱えるように思えるだろう。

だがおそらくこの利己主義の擁護論は、たんなる主観的好みの表現ではなく、利己主義はそれを採用した結果とは無関係に真の道徳原理である、という主張である。道徳原理一般について——利己主義についてではないが——こうした見解を支持して、かつてトマス・カーライルが次のように書いたのを引用できるかもしれない。「人は利害関心とどう関わるのか。正しい仕方と誤った仕方がある。私たちが考える必要があるのはそれだけである」。

倫理についてこうした見解をとる人々は、生物の好みとは独立に、倫理には真偽があると前提している。彼らがよく言うのは、人間——そして他の動物——の利害はかなく偏狭なものであるが、倫理法則は永遠で普遍的である、ということだ。彼らが言うには、倫理法則はこの惑星上に生命が生まれる前から存在していたのであり、太陽が地球を暖めるのをやめたとしても存在し続けるだろう。

倫理に関するこうした見解にも一片の真理がある。すなわち、倫理には永遠で普遍的な何かがあり、それは好みを持った人間や他の生物の存在に依存しない。私たちが論じてきた理性が働く過程は、永遠で普遍的である。自身の利害は多くの利害の集合のうちの一つであって、他人が持つ同様の利害よりも重要ということはない。これは原則として、いかなる理性的生物でも理解できる結論だ。

地球上であれ、どこかの遠く離れた銀河においてであれ、合理的で社会的な生物が存在するところではどこでも、私たちの行為基準と同じように、彼らの行為基準も偏りのない方向へと傾くだろう（とはいえ、この傾向を制限する制約ははるかに強かったり弱かったりするかもしれないが）。だが、倫理のこの普遍的な要素はあまりに抽象的である。それゆえ、人間や好みを持つ他の生物がいようがいまいがそれが「存在する」と言えるとはいえ、好みを持つ何らかの生物の存在なしには、この普遍的要素は無意味である。もし利害を持つ生物が存在しないのであれば、すべての利害を等しく扱うという要件は完全に無意味である。それは、好みを持つ合理的生物が存在するときに、その熟慮が収まる枠組みとしてのみ存在する。それは、特定の行為を命じる道徳法則として存在するわけではない。

道徳を天から下された法則の体系とみなしていたときには、道徳判断を私たちとは独立して存在する道徳法則を記述する試みとみなしたのは、当然だった。道徳判断の背後にある実在性は、神の意志であるように思えた。おそらくは、過去にあった神聖なる立法者への信仰の遺産ゆえに私たちは、自身の倫理的判断が反映する何かが「外に」あると思い込みがちなのだろう。しかし今や倫理の存在は、理性的能力を持つ長命の社会性動物における進化の産物として説明できる。したがって、私たちとは独立して存在する倫理法則を信じる必要はなくなった。そして、生物と独立に存在する永遠の道徳的真理があることの意味について――宗教的枠組みの外側で――考えれば考えるほど、それは不可解なものとなっていく。オックスフォード大学の哲学者、J・L・マッキーは、客観的価値という考えについてこう述べていた。

仮に客観的価値が存在するのなら、それは非常に奇妙な種類の存在であり、この世界にあるどの他のものともまったく異なる存在であろう。それと対応して、仮に私たちがそれを認識するのであれば、何らかの特殊な道徳的知覚や直観の能力によらなければならず、それは他のどのことについて知るための普通のやり方とも、まったく異なるものであろう。

客観的価値が奇妙な種類の存在である理由は、前に事実と価値の区別に関して議論したことから理解できるだろう。価値は本質的に実践的である。何かに価値を見出すこととは、自分にその価値を促進する理由があると考えることだ。私たちやその目的、欲求、利害関心から独立して存在し、私たちがある仕方で行為する理由を与えてくれる何かが、どのようにしてこの世界にありうるのだろうか。再びマッキーの言葉を借りよう。「追求されるべき性（to-be-pursuedness）」や「行われるべきでない性（not-to-be-doneness）」が、どのようにして物事の性質に組み込まれるのだろうか。

倫理的利己主義について議論していたところだった。結果とは独立に真である道徳原理という概念を疑うあまり、私はハエを殺すのに重砲火を用いてしまったようだ。「結果はどうあれ、誰もが自身の利益を促進すべきだ」というのはいずれにしろ、道徳原理としてあまり妥当ではないということだった。だが、遅かれ早かれ、この哲学的な砲火は用いなければならなかっただろう。というのも、この形の利己主義と同様に、影響を受けるすべての人の好みを合計することなしに利害中立性の要件を満たす、もっと魅力的な道徳原理があるからだ。慣習的道徳規則が、このカテゴリーに入ってくる。「嘘をついてはならない」、「無辜《むこ》の人命をけっして奪ってはならない」、「約束を守りなさい」、「不倫をしてはならない」――これらすべてが、影響を受ける人々の利害からは独立した究極的道徳基準の存在を示唆する。

もちろん、これらの慣習的道徳規則のうちの少なくともいくつかは、偏りなく考慮されたすべての人の利害の最大化を求めるなら、社会が採用すべき原理であるという意味で――絶対に例外のない規則でないにしても――妥当な行為の原理だと明らかになるかもしれない。こうして慣習的道徳規則は、利己主義と同様に、条件付きの妥当性を得るだろう。利己主義は、もし自由市場経済学者たちが主張するように、私たち各々が自身の利益の追求のみに没頭することで、すべての人がより豊かになるのであれば、という条件付きで妥当だった。第六章で私は、すべての人の利益を促進するために社会が採用すべき原理という この問いに戻ってくる。善い結果や悪い結果をもたらすかどうかにかかわらず、慣習的道徳規則がそれ自体で妥当であるということを否定するのが、当面の私の関心だ。より強力なこの主張だけが、すべての人の利害の偏りない考慮が倫理の合理的基盤であるという考えに対する脅威である。

慣習的道徳規則を独立に妥当する倫理的原理として受け入れるのが合理的であることを私が否定する根拠は、利己主義の原理が、私たちみなにもたらす結果にもかかわらず妥当なものとして提示されるときには、それを拒絶すべきだと私が論じた根拠と同じだ。もし道徳規則が、集団にとって善い結果をもたらすがゆえに集団に勧められるのでないなら、それは一体どういう理由で勧められるのか。

一つの可能性としてあるのは、何らかの道徳規則に従うべきだと述べる人は誰でも、ただその規則の遵守に関する自身の主観的好みを表出しているにすぎない、ということだ。だがもしそうなら、この好みは偏りのない観点からすると、同様の強さを持つどの他の好みよりも重視されるべきではない。したがって、規則の遵守に関するこうした欲求は、遵守により妨げられる対立する欲求と比較考量されなければならない。このとき私たちは再び、好みの対立を偏りなく解決するという課題に携わっている。

もし他方で、道徳規則に従うべきであるのは、主観的好みゆえではなく、これらの規則がいかなる好みとも独立に妥当だからだと人々が述べるなら、この主張が前提としている独立した道徳的実在の本性について再び問わねばならない。結果とは独立に妥当する道徳規則という概念は、影響を受けるすべての人の利害を偏りなく考慮に入れることに基づいた結論を疑う根拠としては、見込みがない。なぜならその概念は、客観的な道徳的実在という謎めいた考えを人間生活の領域へと不必要に持ち込むからである。すでに見たように、人間生活はもっと自然でもっと不可解ではない仕方で説明できるのだ。

このように、利害の偏りない考慮という原理は、倫理を別の基盤に置こうとする代案からの挑戦に耐えるものである。この原理だけが倫理の合理的基盤であり続ける。これは重要な結論である。あまりに重要な結論であるので、どのようにしてそこに到達したのかを、もう一度簡単にまとめておく必要があるだろう。倫理的決断を下す際に私は、他人に対して擁護できる決断を下そうとしている。このために必要なのは、私自身の利害が、ただそれが私自身のものであるというだけで、他人の同様の利害よりも重要であることはない、という見方をとることだ。私自身の利害を優先させるときはいつでも、何らかのより広く偏りのない原理の観点から正当化しなければならない。このことは、あらゆる種類の道徳規則・原理とも矛盾しないように思えるかもしれず、そのなかには、私自身の利害にも同じように注意を払わないという条件で、他人の利害にほとんどまたは一切注意を払わない規則・原理も含まれるように思えるかもしれない。しかしながら、これらの他の道徳規則・原理を検討すると、それらを推奨する根拠とは、それらがすべての人の利益を促進するか、あるいは、たんにそれらがそれら自体として正しいかの、どちらかであることがわかる。もしこれらの根拠のうち第一のものが提示されるなら、利害均等考慮の原理が道徳の究極的基盤であり続け、すべての人の利害を促進する最善の方法を考案するのが残る課題となる。他方で、生物の利害・好みとは独立に存在する道徳法則という考えは、倫理の起源についてもっと直接的な説明が与えられてしまうと、妥当ではなくなる。しかしながら、それらを支える独立した道徳的実在の概念なしには、これらの道徳規則・原理を支持する主張は個人的な好みの表出と変わらない。こうした個人的な好みが、集合的な観点からすると、他の好みよりも重視されるということはあってはならない。したがって、道徳的理念の違いをめぐる対立は、他の好みの対立と同様に、つまりは、それらの好みを偏りなく評価し、全体として最大の好みを満足させるよう行為することにより、対処できる。

私はこの論法を、二つの代替的倫理観――利己主義と慣習的道徳規則――にしか適用していない。だがこの論法は、利害均等考慮の原理の代案・修正案として提示されるであろうどのような価値観にも適用できる。正義と人権が、利害を等しく考慮に入れることからは独立した倫理的原理であるという考えにも、この論法は適用される。これらの原理について、常にこう問うことができる。その原理はたんなる主観的好みとして提示されているのではないか。もしそうなら、その好みを同等の強さを持つどの他の好みよりも重視することはないようにしよう。他方でその原理は、真なる原理であり、私たちとは独立して存在する世界の要素であると前提されているだろうか。もしそうなら私たちは、世界に内在するこれらの倫理的真理について、それらを私たちがどのようにして認識するのかについて、そしてなぜそれらが私たちの欲求とは独立に行為の理由を与えるのかについて、説明を求める。妥当な説明が与えられるまでは――まだそれは与えられていないが――私たちの社会的本能と理性的能力から発展した倫理という、もっと単純な考えにこだわることにしよう。そして、倫理的意思決定の唯一合理的な基盤として、利害均等考慮の原理――これは、私たちが利害関心を持つという事実と、自身の利害が他人の利害よりも重要であることはないというさらに広い観点をとれる程度に、私たちが十分合理的であるという事実だけに依拠する――にこだわることにしよう。

倫理の輪を拡大する

偏りのなさという考えが元々この議論に導入されたのは、自身の行為を自身の部族や社会に対して正当化することが、倫理には伴うからだった。直前の数頁にわたる哲学的議論は偏りのなさという考えを引き合いに出すものだったが、自身の社会への言及は抜け落ちていた。この抜け落ちには大きな意味があり、これについてここで説明しなければならない。自身の社会では受け入れられるが、他の社会のメンバーには受け入れられない仕方で擁護できる行為があるのは明らかだ。部族の道徳はまさにこの形をとることが多い。義務は部族のメンバーに限定される。よそ者は非常に限られた権利しか持たないか、あるいは一切の権利を持たない。部族のメンバーを殺すことは悪であり罰せられるが、ばったり遭遇した他の部族のメンバーを殺すことは称賛に値する。また、同類とよそ者との間のこうした区別は、読み書きのできない部族に限られたものではない。聖書にはヘブライ人たちに対する次のような戒律が書かれている。

あなたの兄弟が困窮して自身の身をあなたに売ろうとするとき、彼をあなたのために働く奴隷としてはならない。……あなたが持つ奴隷は、男であろうと女であろうと、あなたの周辺の国々の出身であるべきだ。あなたは彼らから奴隷を買うことができる。あなたはまた、あなたのところに住み着いて宿る者の子どもたちと、この国で生まれる彼らの家族とを買うことができる。これらの者たちをあなたの財産とすることができ、あなたの息子たちに残すことができる。あなたは彼らを奴隷として永遠に使うことができる。だが、あなたの同胞イスラエルの民を、あなたは酷使してはならない。

これは、イスラエルの民に対しては利害中立的に推奨できる規範だが、カナーン人に対してそうであるとは言いがたい。同じ一般的論点が古代ギリシアについても言える。そこでは異邦人は、歓待の法が適用される客人でない限り、一切の権利を持たなかった。この内輪／よそ者の区別は、最初は近隣ギリシア都市国家間でも適用されており、紀元前五世紀半ばの墓碑には次のように書かれている。

この碑はこの上ない善人の亡骸の上に立つ。メガラの人ピュティオンは、七人の男を倒し、彼らの体に七つの槍傷を残した……この男は、三つのアテナイ部族を救い……地上に住む人間の誰にも不幸をもたらさず、見るすべての者に祝福されて冥界へと降りていった。

これは、アテナイ人自身がもたらした荒廃から生じた、敵である他のギリシア人の飢餓を喜劇的に扱ったアリストパネスのやり方ともよく一致する。それでもプラトンは、この道徳から一歩前進することを提案した。彼はこう論じた。ギリシア人は戦争で他のギリシア人たちを奴隷にしたり、彼らの土地を荒らしたり、彼らの家を破壊したりすべきではない。ギリシア人はこれらのことを、非ギリシア人たちにしかすべきではない、と。

こうした例はほぼ無限に挙げることができる。古代アッシリアの王たちが誇らしげに石碑に刻んだのは、いかにして彼らが非アッシリア人の敵を拷問し、谷という谷、山という山を彼らの死体で埋め尽くしたのかということだった。ローマ人は異邦人たちを、動物のように捕まえて奴隷として使役したり、コロッセウムで互いに殺し合わせて大衆の娯楽に供したりできる存在とみなしていた。近代になってヨーロッパ人は互いをこのように扱うことをやめたが、十八世紀以降になっても一部の人間は依然としてアフリカ人を、倫理の範囲の外側におり、それゆえ捕獲して役立つよう働かせるべきものとみなした。同様にしてオーストラリアのアボリジニは、イングランドから来た初期入植者の多くにとって一種の害獣であり、厄介になったときにはいつでも狩って殺すべきものだった。
それゆえ、集団内の個人間では利害中立的だが集団間ではそうではない観点から、完全に普遍的な観点への移行は、きわめて大きな変化だった――実際のところ、あまりに大きな変化であるので、それは倫理的推論のレベルで受け入れられ始めたばかりであり、実践のレベルで受け入れられるのはまだ先のことである。それでもそれは古代以来、道徳的思考が進んできた方向である。これがそうであるのは歴史の偶然だろうか。それとも、私たちの理性的能力が私たちを導いてきた方向なのだろうか。

なぜ私たちの理性的能力は、自身の集団内での利害中立性を超えるものを要求するのだろうか。私の集団の利益は、他集団のメンバーの利益を無視することで促進されることが多い。それゆえ、行為を公に正当化する必要があるからといって、集団内での利害中立性を超えるものが求められることはないはずである。実際むしろ、公に正当化することの必要性から期待されるのは、他の集団の利益を私の集団の利益と同じくらい重視するような正当化を禁じることではないだろうか。

こうした考えが見落としているのは、理性の働きの自律性——私がエスカレーターとして描いた特徴——である。もしエスカレーターが何なのかを知らなければ、ほんの数メートル進もうとしてそれに乗ってしまうかもしれず、乗ったが最後、終点までずっと乗り続けないわけにはいかない。同様にして、理性が働き始めれば最後、それがどこで終わるかはわからないのである。自身の行為を利害中立的に擁護するという考えが現れるのは、人間の社会的本性と集団生活の必要性ゆえである。だが、理性を働かせる生物の思考のなかでその考えはそれ自体の論理を帯び始め、集団の境界を超えて拡大するよう、その論理によって導かれる。

ここで、このプロセスの歴史的事例を二つ挙げよう。第一の例は相続法からのものだ。ヨーロッパの多くの地域ではかつて、外国人は財産を相続できないという法律があった。もしフランスに財産を持つドイツ人が死んでしまったら、その人の財産は没収されてしまったのだ。いくつかの国でこうしたことは、ただある教区から別の教区に移動しただけの人にさえ起こったことだった。フランスではこうした法律は、一七九〇年にフランス革命下の国民議会により廃止された。国民議会はその法律が人類の兄弟愛の原理に反すると考えたのだ。こうした措置は啓蒙思想家たちにより喚起された集合的な理性の働きの好例であり、それは集団選択がもたらした偏狭な傾向性を克服したのである。だが、利他性はそれが集団に限定されないときも互恵的な者たちに限定される可能性があると、あたかも証明するかのごとく、それから数年以内にナポレオン法典は廃止範囲を、自領内の外国人に同様の互恵的権利を与える国からの外国人に制限した。しかしながら、互恵的利他性でさえも進歩を長く止めることはできず、この制限は一八一九年に撤廃された。ちなみにイングランドで外国人が初めてイギリス臣民と同じ財産相続権を獲得したのは、一八七〇年のことだった。

理性が倫理の境界を拡大させるプロセスの第二の例は、もっと近年のものだ。これは、米国の人種問題に関するグンナー・ミュルダールの記念碑的研究である『アメリカのジレンマ』からのものである。この本は一九四四年に出版され、その研究の大半が第二次大戦前に行われたものだ。それゆえそれは、一九六〇年代に市民権運動が成果を上げるはるか前の米国の黒人の状況と、彼らに対する白人の態度とを記述している。それでもミュルダールは、人種差別的態度に圧力をかける倫理的推論プロセスに気づくことができた。以下は、このプロセスに関する彼の記述のうち重要な数節を抜粋したものだ。

個人は……道徳的に孤立して行為するのではない。人は外部からの干渉なしに、自分の好きに合理的説明を捻り出すよう、独り任されているわけではない。そうではなく、彼の価値判断は問いただされ、異議を唱えられるだろう。民主主義とは「議論による統治」であり、実際のところ他の形態の統治も、より低い程度にではあるが、そうである。道徳的議論が、親密な家族の輪から国際会議のテーブルに至るまで、すべての集団において進行している。……

人間が互いに対して行うこの道徳的批判のプロセスにおいて、より高く一般的な地平における――特定の小集団ではなく、全人類を参照する――価値判断が、どちらかの当事者から繰り返し引き合いに出される。これはまさに、こうした価値判断を社会内の全集団が共通して主張するからであり、また、そうした価値判断に伝統的に与えられてきた至高の権威ゆえでもある。この開かれた議論という民主的プロセスにより始まるのが、さらに一層大きな価値判断の領域を意識するよう絶えず強いる傾向である。より多くのものが意識させられる。それは、どの一人の人間やどの一つの集団も、特定の時点で促進することで利益になると自身が考えるであろうものよりも、多くのものである。……

道徳的価値判断のヒエラルキーの内部で論理的整合性が必要だという感覚――そして、道徳的秩序が不安定であるという、困惑させられると同時に不快なこともある感覚――は、その現代的な激しさにおいても、だいぶ新しい現象である。人の移動、知的コミュニケーション、公の議論が少なかった以前の世代では、互いの価値判断の対立にさらされることも少なかった。虚偽の信念を抱く余地があると、価値判断の理由づけはやりやすくなるが、こうした余地もまた、科学が今ほどは発達しておらず、教育も今ほどは広く行われていなかった時代には大きかった。こうした歴史的な差と同じものが今日、私たち自身の社会の内部の異なる社会階層の間で観察できる。これらの社会階層の間では、教育の程度もさまざまであるし、より大きな社会とのコミュニケーションの程度もさまざまである。これらの社会階層は、伝統に縛られ、はっきりものも言えない、隔離された未開の地にある準民俗社会から、カルチャーセンターの知識人たちに至るまでの広がりを持つ。誰かが前者の集団から後者の集団へと移るときには、道徳的価値判断の領域はさほど凝り固まったものではなくなり、より曖昧になり、また透明性を増すだろう。同時に、より一般的な価値判断が、地域、階級その他のより小さな集団の伝統的な特殊性に縛られた価値判断を超えて、徐々に力を増す。一般化して最も確実に言えることのうちの一つは、社会が全体として、より一般的な価値判断の方向へと急速に移行しつつあるということだ。

ミュルダールが述べているのは、道徳領域の拡大の具体例だ。ミュルダールは、二十世紀の知識とコミュニケーションがいかに彼が述べるプロセスを加速するかを強調している。とはいえ、この拡大をもたらす力のうちの多くは、人類史を通じて作用を及ぼしてきた。民主制においてはより多くの道徳的議論があるかもしれないが、どのような共同体においてもある程度の議論がある。価値判断の間で整合性をとる必要があるという感覚は、現代において一層強いかもしれない。だがその感覚は、人間が初めて不整合を認識できるようになって以来、少なくとも潜在的な力であり続けてきた。科学の発達と教育の普及は比較的最近のことではあるが、両者の基礎となる知識への欲求はそうではない。ミュルダールの説明のなかで、現代よりも前の時代にまったく当てはまらないのは、彼が次のように述べていることだけだ。すなわち、全人類を参照する主張が繰り返し引き合いに出されるのは、その主張を社会内の全集団が共通して主張するからだ、と。これはずっとそうであったわけではない。だが、長期的にはより広範な価値判断がもっと狭隘《きょうあい》なものよりも多くの支持を集めるというのは一般的な傾向であり、ミュルダールの議論はその一例である。プラトンの時代には、「全人類」という主張に訴えるのはばかげているように思えただろう。だが、アテナイ人だけではなく全ギリシア人の幸福を考慮するようプラトンが訴えたことは、もっと最近になって全人類に訴えることがそうであったのと同じように、進歩に寄与した。

階級革命史を研究するなかでマルクスは、同じ拡大傾向に気づいた。以前優勢だった階級に取って代わる新しい階級はそれぞれ、ただその目的を達成できるようにするだけのために、その新しい階級の利害を、社会の全メンバーが共有する利害が理想的に表現されたものとして示すよう強いられる。新しい階級は、その階級の考えに普遍性という形式を与え、それを唯一合理的で、普遍的に妥当するものとして示す。したがって、すべての新しい階級が、以前の階級による支配よりも広い基盤の上でのみ、優勢を達成する。

マルクスの唯物史観を鑑みると、理性の働きが持つ本質的に拡大的な性質が彼の述べるプロセスにおいて重要な因果的役割を果たしているとは、彼は認めなかっただろう。むしろ彼はそれが、革命を起こす側の階級の利害関心を覆い隠すと考えた。だが、最終的な結果は同じだ。マルクス自身の理論は、可能な限り最も普遍的な形態の人間社会へと導く。というのも彼は共産主義を、階級にも国境にも分け隔てられない社会として思い描いていたからだ。マルクスが観念の持つ力に感銘を受けることはなかったが、普遍性という観念は、彼自身の思想に大きな影響を及ぼしていたのである。

ようやく倫理の拡大の合理的基盤について述べることができる。集団内の利害中立性は、純粋に利己的な推論の拒絶を伴う。倫理的に推論するには、私は自身の利害を、集団を構成する人々の多くの利害のうちの一つとして、他の利害よりも重要であることのない利害として見なければならない。したがって、集団に対して私の行為を正当化することで私は、私が私でありあなたがあなたである事実が重要ではないという観点をとるよう導かれる。集団内では同様にして、倫理的に重要ではない他の区別がある。誰かがあなたではなく私と血縁関係にあることや、私たちの共同体を構成する多くの村のうち私の村に住んでいることは、特別なえこひいきをすることの倫理的正当化とはならない。そのことによって、私が私の血縁者や村の仲間のために、あなたがあなたの血縁者や村の仲間のためにする以上のことをするのは許されない。どこの倫理体系でも、血縁者や隣人に対する特別な義務が認められてはいるが、それが認められるのは、偏りのない枠組みの内部においてである。その枠組みは、私の血縁者や隣人に対する私の義務が、倫理的観点からは、他人の血縁者や隣人に対するその他人の義務よりも重要ということはないとみなすよう、私に仕向けるのである。

自分自身や血縁者や隣人の利害が、倫理的観点からは、自身の社会の内部の他の人々の利害よりも重要ということはないと私がみなすようになったなら、次の段階では、なぜ私の社会の利害が他の社会の利害よりも重要であるべきなのかと問うことになる。もし可能な唯一の答えが、それが私の社会だからというものであるなら、倫理的推論はそれを拒絶するだろう。さもなければ、私たちは次の二つのことを同時に主張していることになる。すなわち、

（一）もし私が、私の行為が正しい一方であなたの行為は誤りだと主張するなら、私の行為が私（や私の血縁者や私の村）を利する一方であなたの行為はあなた（やあなたの血縁者やあなたの村）を利するという事実以外の何らかの理由を、私は挙げなければならない。それでも

（二）私は、私の行為が私の社会を利する一方であなたの行為はあなたの社会を利するというただそれだけの根拠で、私の行為が正しい

一方であなたの行為は誤りだと主張できる。

理性的生物はその理性を働かせる限り、自身の信念におけるこの種の対立を受け入れることはないだろう。私が、倫理的観点からは私は自身の社会に属する多数の人間のうちの一人にすぎず、私の利害は全体の観点からは、私の社会の内部の他の人々が持つ同様の利害よりも重要ということはないと理解したとしよう。このとき私は、次のことを理解する準備ができている。すなわち、さらに大きな観点からは私の社会は複数ある社会のうちの一つにすぎず、私の社会のメンバーの利害は、そのより大きな観点からすると、他の社会のメンバーの同様の利害よりも重要ということはない、と。倫理的推論はそれが始まれば最後、最初は限定的だった私たちの倫理的地平を押し開き、絶えず私たちをより普遍的な観点へと導くのである。

このプロセスはどこで終わるのだろうか。倫理的推論における偏りのなさという要素をその論理的結論へと至らしめることが意味するのは、第一に、私たちが全人類に対して平等に関心を持つべきことを受け入れる、ということだ。自由・平等とともに友愛すなわち「人類の兄弟愛」をその理念に含めることで、フランス革命の指導者たちは、私たちがふつうは血縁者にだけ感じる気遣いを全人類に拡大するという啓蒙思想を端的に表現した。人類の兄弟愛という理念は今では広く用いられる表現となったが、その理念を現実へと変えるのはまた別の話だ。一部の国が未曾有のぜいたくにおぼれながら他の国々が飢饉を防ごうと懸命になっているようでは、兄弟愛はありえない。よく知られている例を一つだけ挙げよう。米国人が消費する莫大な量の肉――穀物と大豆を餌にする動物から得られる肉――ゆえに、彼らは一人当たり年に平均二〇〇〇ポンド（約九〇〇kg）の穀物消費の原因となっている。インド人は年に四五〇ポンド（約二〇〇kg）の穀物しか消費しない。なぜなら彼らは穀物を直接食べるからだ。穀物を動物を通じて間接的に食べるプロセスによって、穀物の栄養価の九五％までが無駄になっている。自分の兄弟姉妹が飢えているときに食糧をここまで無駄にするとは、一体どういった兄弟だろうか。

利他性の輪は、家族や部族から国家や人種にまで広がってきたのであり、私たちは自身の義務が全人類にまで広がることを認識し始めている。このプロセスをそこで終わらせるべきではない。以前書いた『動物の解放』という本で私が示したのは、利害均等考慮の原理を私たち自身の種に限定するのは、それを私たち自身の人種に限定するのと同じくらい恣意的である、ということだ。利他性の拡大をやめるところとして唯一正当化可能なのは、私たちの行為により自身の幸福が影響を受けうるすべての者が、利他性の輪のなかに含まれるところである。これはつまり、快苦を感じる能力を持つすべての生物が含まれるべきである、ということだ。私たちは彼らの快を増やして苦を減らすことで、彼らの幸福を増進できる。

したがって道徳の輪の拡大は、その輪がほとんどの動物を含むところまで押し広げられるべきだ（私が「すべての」ではなく「ほとんど」と言ったのは、進化スケールを下がっていく――おそらくは牡蠣や、さらに原始的な生物へと――につれて、対象の生物が何かを感じることができるのかどうか、疑わしいところに至るからだ）。偏りのない観点からすると、非ヒト動物がホモ・サピエンスという種のメンバーでないからといって、その快苦が重要でないということにはならない。これは、人間とネズミが常に平等に扱われなければならないとか、それらの生命が等価であるとか、そういった意味ではない。人間は、ネズミには持つことのできない利害関心――アイデアへの、教育への、自身の将来の計画への――を持つ。人間とネズミの利害を等しく考慮することを利害均等考慮の原理が求めるのは、同様の利害関心――このうち、苦を避けることへの利害関心が最も重要な例である――を比較しているときだけである。

非ヒト動物への道徳の輪の拡大は、まだ始まったばかりである。それが言葉のうえでも知的にも受け入れられるにはまだ至っていないし、一般的に実践されるまでに至っていないのは言うまでもない。だが、エコロジー運動によって強調されてきたのは、私たちがこの惑星上の唯一の種であるわけではなく、人間に役立つかどうかですべての物事を評価すべきではないということだ。そして、動物の権利の擁護者たちが徐々に、家庭のペットに大きな配慮を払うが、あまり私たちの感情に訴えない動物にはほとんど配慮しない、旧来の動物福祉団体に取って代わりつつある。英語圏の哲学科では動物の道徳的地位が活発に議論されるようになったし、動物に対する現在の私たちの態度の見直しを求める人の数は増えている。動物に対する均等考慮という考えは多くの人々にとって奇妙なものと受け取られるが、おそらくそれは、黒人に対する均等考慮という考えが三百年前には奇妙に思えたのと変わらないだろう。私たちが目撃しているのは、私たちの道徳的思考における新しい重要な段階の、最初のさざ波である。

この新しい段階は、倫理の拡大の最終段階でもあるのだろうか。それとも最終的には動物も超えて植物を、あるいはおそらく、山、岩、川までをも含むようになるのだろうか。今日の啓蒙された思考は多くの場合、明日の偏狭な保守主義だと明らかになる――十八世紀に「兄弟愛」に訴えかけていたことに含まれる男性バイアスが、今では明白であることから証されるように――ので、非ヒト動物を含めることで、偏りのない理性の働きが最終的に求めるところまでやって来たのだと確言してしまうのは軽率だろう。動物の生命を超えていく主張はこれまで、人類の幸福のみを気にかける倫理からの揺り戻しの一部として提示されてきた。アルベルト・シュヴァイツァーは「生命への畏敬」の倫理を提案し、これは特に植物の生命を含んでいた。彼は次のように書く。「人が本当に倫理的であるのは、助けられるすべての生命を助けるようにという自身に課せられた制約に従うとき、そして、生あるものは何であれ害しないようにと心を砕くときだけである。この人は、あれやこれやの生命がそれ自体価値あるものとして共感にどれだけ値するだろうかとか、どれだけ感じることができるだろうかとか、問うたりはしない。この人にとっては、生命それ自体が神聖なものである」。初期のエコロジストであるアルド・レオポルドの考えがここではさらに重要だろう。なぜなら、私が論じてきたような形で倫理が拡大する一方で、この拡大が感覚を持つ生命を超えて継続するとレオポルドは考えていたからだ。以下は、レオポルドの著書『砂郡年鑑』（*A Sand County Almanac*）からの一節である。

神のごときオデュッセウスは、トロイアでの戦争から帰還したとき、彼の家の十二人の少女奴隷全員を一本の縄で絞首刑にした。彼の留守中に不品行があったことを疑ったのだ。

この絞首刑の是非が疑われることはなかった。少女たちは所有物だった。そうであれば所有物の処分は現在と同様、有用性の問題であって、善悪の問題ではなかったのだ。

オデュッセウスの時代のギリシアが善悪の概念を欠いていたわけではなかった。彼の黒い船首のガレー船が濃いワイン色の海を切り裂いて故郷へと帰るまでの長年にわたる彼の妻の貞節が、それを証している。当時の倫理的構造は妻たちも対象としていたが、所有物である人間にまではまだ拡大していなかった。以来経過した三千年間、倫理的基準は多くの領域の行為にまで拡大し、それに対応して、有用性だけで判断される領域は縮小してきた。……

人間の土地に対する関係、そこに育つ動物や植物に対する関係を扱う倫理はまだない。土地は、オデュッセウスの少女奴隷と同様、依然として所有物である。土地との関係は依然としてどこまでも経済的であり、特権は伴っているが義務は伴っていない。

人間環境におけるこの第三の要素へと倫理を拡大することは、もし私が証拠を正確に読み取っているのだとすれば、進化的可能性であり、生態学的必然性である。それは一連の出来事における第三段階である。最初の二つの段階はすでに踏まれている。エゼキエルやイザヤの時代から個人の思想家たちが、土地の搾取が不都合であるだけでなく、悪であると主張してきた。しかし社会はまだ、彼らの信念を認めるに至っていない。

すべての生物を気にかけるというシュヴァイツァーやレオポルドの考えに共感するのは簡単なことだ。すべての感覚ある生物へと倫理を拡大することが受け入れられさえすれば、これを植物、さらには土地や川や山といった生命を持たない自然物を取り込むところまで拡大するのは難しいことではない。

それでも、感覚の有無という境界——感覚があるということで私が意味しているのは、感じる能力、何かに苦しんだり何かを楽しんだりする能力だ——は、人種や種の境界が恣意的であるのと同じ意味で、道徳的に恣意的な境界ではないと私は考える。木が何も感じないのであれば、その木を切り倒すことがいかにしてその木にとって大事でありうるのか、理解するのはかなり難しい。同じことが、山から石を切り出すことにも言える。私自身が木や山の立場にあることを想像しても、なぜそれらを破壊することが悪いのか、私の理解の助けとならないのは確かだ。というのも、そのような想像は感覚の完全な欠落をもたらすからだ。多くの場合、山を砂利にすることが悪いのは、美的・レクリエーション的価値の喪失ゆえであったり、何千もの動物からその生息地を奪うからだったりするだろう。だがそれは、苦しんだり楽しんだりすることができる生物にもたらすこれらすべての結果とは別に、それ自体として悪くありうるだろうか。

おそらく私の無理解が証明するのは、私が以前の人類と同様に、自分自身の時代という限られた視野を打ち破ることができないということだけだろう。だが、感覚の有無という境界は、実際のところまったく境界ではないとも言える。というのも、自身の行為から影響を受ける人々の立場に自身がいることを想像するというテストを適用することで、感覚のない事物の場合に考慮すべきことは何もないことが示されるからだ。感覚のない事物を、わざわざ利害均等考慮の原理の範囲から除外する必要はない。それらの事物をこの原理の範囲内に含めることは、それらを除外するのと同じ結果しかもたらさない。なぜならそれらの事物は考慮されるべき好みを――それゆえ厳密に言うと、利害を――持たないからだ。私たちは、それらの事物にとって意味のある行為をすることができない。私たちが利害を持たない何かに対してどのような考慮をしようとも、そこには何も残らない。これこそが、もし倫理がすべての感覚ある生物の利害を考慮するようになったなら、私たちの道徳的地平の拡大は、その長く不安定な道のりをついに終えたことになるだろうと私が考える理由である。

第五章 理性と遺伝子

人間は理性を働かせる動物である。

——セネカ『ルキリウスへの手紙』（*Ad Lucilium*）

人間は合理的動物であり、理性の命令に従うよう求められるといつも癇癪を起こす。

——オスカー・ワイルド『芸術家としての批評家』（*The Critic as Artist*）

前章は高尚なトーンで締めくくった。ここで高みから地上に舞い戻らなければならない。私たちは理性を働かせることができる。だが私たちはまた、遺伝子にかかる選択圧の産物でもある。自身の利益を促進し、自身の血縁者の利益を促進する祖先の能力のおかげで私たちは存在する。このように進化してきた生物が、自身の偏狭な利益追求をやめて純粋理性の普遍的観点をとると、本当に期待できるだろうか。

一七三九年にデイヴィッド・ヒュームは『人間本性論』で、理性と欲求の戦いからは抜け出すことができない、という常識に疑問を呈した。ヒュームが断言したのは、理性は欲求に対抗できない、ということだった。なぜなら理性は、既存の欲求に方向性を与えることしかできないからだ。理性は私たちの既存の欲求に対して無力だし、新たな欲求をもたらすこともできない。私たちが理性と情念の対立とみなしているもの——たとえば、ロマンチックだがろくでもない愛人と、そこまで心躍らないがより深く充実した結婚との間の選択——は実際には、激しいが短期的な欲求と、もっと穏やかだがより持続的な欲求との間の対立である。理性は、私たちが自身の選択の結果を整理するのを助けてくれるかもしれないが、私たちが何を最も欲しているのかを教えてくれはしない。ヒュームはこう書いている。「理性は情念の奴隷であり、ただそうあるべきである」。

ヒュームが述べていることは、理性の本性に関する彼の見解から演繹された結論であって、観察や科学から導かれた結論ではない。だがそれは明らかに、人間行動に関する一部の社会生物学者たちの見解を先取りするものだ。彼らならヒュームをこう書き直すだろう。「理性は遺伝子の奴隷であり、ただそうあるべきである」。これに基づいて彼らは、理性が私たちを普遍的観点へと導くという考えを、哲学的空想として退けるだろう。

また、前章の結論に懐疑的なのは社会生物学者たちに限られないだろう。もっと前の章で私が述べたのは、ほとんど誰も、自身やその家族の利益ほどには見知らぬ人の利益を考慮しない、ということだった。だが、私たちのほとんどは、理性を働かせることができる。自身やその家族の利益を促進するのにどうするのが最善かを決めるとき、私たちはかなり理性を働かせている。このことから、理性は私たちの利己的欲求に資するように働くのであって、さらに広範な関心を私たちにもたらすよう働くのではない、とわかるのではないだろうか。理性は、私たちの根本的に利己的な関心を変えることはできないのではないか。

利己性

哲学者が存在し始めて以来、そして間違いなくそれ以前にも、ある人の行為はすべて究極的には利己的であると考える人たちがいた。哲学者はこの見解を「心理的利己主義」と呼ぶ。なぜならこの見解は心理的事実として、人々は利己主義的にふるまうと断言するからだ。今ではほぼすべての哲学者たちが、この主張を否定している。彼らが指摘するのは、心理的利己主義を主張する人は二つの「利己的」の解釈のうちいずれか一方を選ばなければならないということだ。第一の解釈では、利己的であることとは、他人の利害を考慮することで自分自身の欲しいものをより多く得られるときを除いて、どの他人の利害も考慮しないことだ。これはおおむね、誰かが利己的だと言うときに私たちがふつう言いたいことだが、誰もがいつもこの意味で利己的だと述べることが正しいかというと、かなり怪しいだろう。自国のために死ぬ愛国者から、見知らぬ人を助けるために一パイント（約五百ミリリットル）の献血をするボランティアに至るまで、見返りを求めずに他人のために何かをしようとする人々は実際にいる。それゆえ心理的利己主義者は多くの場合、「利己的」行動についてもっと広い見方をとる。利己主義者が言うには、もし愛国者たちが自爆攻撃作戦に志願するのだとすれば、そのことがまさに示しているのは、彼らが生き続けたい以上に自国のために死にたいということだ。そして、もし献血者たちが無償で見知らぬ人のために献血するのであれば、それはまさに、彼らが見知らぬ人を助けることから満足を得ているからだ。この「利己的」の第二の解釈に基づけば、誰もが常に利己的に行為するという主張に反論するのははるかに難しくなる——だがその主張は、「利己的」という言葉の意味をあまりにも根本的に変えてしまったので、最初はもっと理想主義的な人間本性の理論に対する大胆な挑戦であるにように思えたにもかかわらず、そうは思えなくなってしまった。この再定義されたバージョンの心理的利己主義をとりつつも、その用語の通常の意味で利己的な行動と、他人が苦しむのをただ見ているだけではなく他人を助けようとする人が利己的であるという、特殊な意味でのみ「利己的」な行動とを、区別することはできる。この「利己的」の第二の意味はあまりに包括的すぎて、一切有用な機能を果たさない。すべての行動がこの意味で利己的であると同時に、それらの行動の一部が第一のもっと狭い意味で利己的であるとしよう。このときには、ある行動と別の行動とを対比できる利点を持った、より狭い第一の意味にこの用語を限定したほうが、話がわかりやすいだろう。

　こうした心理的利己主義に対する反論はしばしばなされてきたし、それはまったく妥当なものだと私は考えるが、それでもこの主張は消え去りはしない。心理的利己主義は社会生物学者の著作のなかに再び姿をのぞかせる。これは、社会生物学を適切に理解すれば、心理的利己主義を拒絶する明確な理由が与えられることを考えると、皮肉な話である。

　自分自身の利害だけを考慮する生物は、自身の血縁者の利害も考慮に入れる生物よりも残す子孫が少ないだろう。そう社会生物学者たちの唱える進化理論は示す。それゆえ、私たちはみな自分の利益のためだけに行為しているのではないはずだ。動物個体の厳密に利己的な行動を促進する遺伝子は、そうでない遺伝子よりも存続する可能性が低いだろう。

社会生物学的アプローチが心理的利己主義と対立するのは、それだけではない。第二章で見たとおり、囚人のジレンマのような状況が現実に存在することで、利己主義者は協力が有利な状況で不利になる。こうした状況では、二人の真の利他主義者は二人の利己主義者よりも成功し、一人の利己主義者は、その利己主義が他人から見てとれる場合には、一人の利他主義者ほど成功することはできない。それゆえ、少なくとも個人的関係性の範囲内では、真の利他性が進化理論と整合的に生じえたのである。

これにもかかわらず、社会生物学者の言うことが心理的利己主義者であるかのように聞こえることは多い。『利己的な遺伝子』（*The Selfish Gene*）で、リチャード・ドーキンスはこう書いている。「もし自然選択が作用する仕方を見たのなら、自然選択により進化したものは何であれ、利己的であるように思えるだろう」。エドワード・ウィルソンは次のように述べている。「血縁者のネットワークを通じてDNAが自身を複製するメカニズムとして、利他性が想定されるとき、高潔な精神性は、ＤＮＡ複製を可能にするもう一つのダーウィン的装置にすぎなくなる」。だが、もしこれが利己性であるなら、奇妙な形の利己性である。社会生物学者にとっては、ある生物が利他的に行為するのは、自身の適応度を犠牲にして他個体の適応度を高める場合であり、利己的に行為するのは、他個体の適応度を犠牲にして自身の適応度を高める場合である。これは普通の用法のように見えるが、それは次のことに気づくまでの話である。すなわち、社会生物学者が「適応度」によって言おうとしているのは、私たちが最初に想像するような、個体自身の生存についての適応度ではないのである。そうではなく、社会生物学者が言おうとしているのは、生存する子孫の数により測定される適応度である。ここに、社会生物学的な利己性の捉え方の特殊性がある。メアリー・ミジリーは『獣と人』で、もしある人を五世紀後にどれだけ多くの子孫を残しているかしか考えない人として描写するなら、私たちはその人を利己的と言うよりは狂っていると言いたくなるだろうと述べている。ミジリーは正しいが、社会生物学者の言う「利己的」はもっと特殊な意味だ。というのもそれは、ある人が実際に五世紀後に子孫の数を最大化するよう行為しながらも、他人の幸福のことしか考えていない場合であっても、その人が利己的であることを意味しているからだ！　社会生物学者の著作では、「利己的」や「利他的」という言葉は動機とまったく関係ない。それらの言葉が言及しているのは個体の行動が実際にもたらした結果にすぎず、個体がその結果により動機づけられたのかどうかとか、その結果を認識していたのかどうかさえも関係ない。これこそが、ドーキンスが「利己的な遺伝子」について書いたり、ウィルソンが利他的な寄生生物について書いたりすることができた理由である。これらの用語をこのように使うことで、遺伝学や寄生生物研究はより理解しやすくなる。だが、「利己的」な遺伝子を持つ個体の動機がまったく矛盾なく完全に非利己的なものでありうるという注記なしに、この用法を人間行動の議論に持ち込むことは、かなり誤解を生みやすいだろう。

それゆえ、適切に理解された社会生物学は、私たちがどうしようもなく利己的であるという見解を、少なくともその用語の通常の意味では支持しない。だがそれでも社会生物学は、こう示唆するのではないか。私たちの利他性は、自身の血縁者か、必要なときに助けてくれる人か、あるいはせいぜい自身が属するある狭い集団のメンバーかに限定されることになる、と。ウィルソンはそう考えているようだ。彼はカルカッタの貧民と病人を世話するマザー・テレサの取り組みを、キリスト教への彼女の信仰と、来世での報いというその教義に言及して説明する。ギャレット・ハーディンもまた生物学的根拠に基づいて論じながら、利他性が存在しうるのは「小さな規模で、短期的に、特定の状況下で、関係が密な小集団内で」だと書いている。ドーキンスはこう述べている。「そうではないと私たちは信じたいかもしれないが、普遍的な愛や種全体としての幸福は、進化的にまったく意味のない概念だ」。

もしこれらの言説が普遍的利他性の可能性を否定することを意図しているなら、社会生物学理論が正当化できるところを超えているだろう（あとで見るとおり、ドーキンスは少なくとも、この可能性を否定することを意図してはいないだろう）。個体として私たちは、多くの進化的に意味のないことをする。一例として性行為を取り上げてみよう。人間の性欲が強く広範に見られる原因が、進化にあることは疑いえない。ほとんど性欲を持たない人間は、遺伝子を残す可能性が相対的に低かっただろう。この欲求の主要な進化的機能は繁殖である。他方で、女性が繁殖できないときですら人間は性行為をするという事実からは、性行為が他の進化的機能も持っていることが示唆される。おそらくそれは、長期にわたり依存する子どもを養うためには、男女の関係が持続的であることが望ましいことと関連する機能だろう。だがその機能は、繁殖が性欲の主要な進化的機能であることと対立するものではない。それでもかなり多くの人間が、自身の性行為が繁殖に結び付かないよう細心の注意を払う。これは全般的に見て、少数の子どもたちに多くの資源を割くことで、それらの子どもたちが確実に生存・繁殖できるようにするという進化的戦略をとっているから、ということではないだろう。十人の子どもたちを難なく育てられる富豪がそうすることはめったにない。子どもを一人も持たないことを選びさえするのである。

もっと多くの子どもたちを立派に育て上げることのできる人々による避妊

具の使用は「進化的意味」のないことだろうが、それがなくなる気配はない（人口爆発に直面して種の存続のために必要となるから、避妊具の使用に進化的な意味はある、などとは言わないでほしい――それは、遺伝子のレベルではなく種のレベルでの自然選択という誤った考えに訴えている）。避妊具の普及から導かれる教訓は、理性的生物は必ずしも進化的に意味のあることをするわけではない――社会生物学者たちが一般に認めはするが、さらに思索を進める際にはほとんど省みられない論点――というものだ。現代の避妊技術の発達は、進化してきた私たちの行動が通常もたらす結果を理性の使用が克服することを示す好例だ。それが示すのは、理性が私たちの遺伝子を飼い慣らすことができる、ということだ。

この結論に対する二つの反論を検討する必要がある。第一に、もし避妊具の使用が進化的原理に反するのであれば、それは長期的にはなくなってしまうだろう。避妊具を使用しない人の数が徐々にそれを使用する人の数を上回るようになり、最終的には使用する人に完全に取って代わるだろう。こうした暗い見通しは、避妊具を使用するかどうかに関する個人の決断が、その人の遺伝子によりおもに決定されているという、妥当でない前提に基づいている。育ちや教育が主要な役割を果たしている可能性のほうがはるかに高いように思える。人々が避妊具を使用することには理由があり、適切な状況においては、最低限の思考能力がある人は誰でも避妊が名案だと考えるようになるだろう。最低限の理性的能力がヒトという種から根絶する可能性は低いということには、十分な進化的理由があるので、避妊具の使用もまたなくなる可能性は低いだろう。

第二の反論はもっと深刻なものだ。この反論によれば、避妊具の開発と使用において理性を働かせることは私たちの遺伝子を飼い慣らすことではない。なぜならそれは完全に、遺伝的基盤を持つ私たちの性欲を満たすことへと向けられているからだ。この反論はさらにこう続ける。たしかに性行為の場合には、欲求の満足を、その欲求が元々持っている進化的機能から切り離すことができる。だがそれができるのは、性行為の場合には進化が間接的に働くからにほかならない。進化は、子どもを持つ欲求とはまったく別の欲求として、性欲を私たちに植え付ける。私たちは、子どもを持たずに性行為をする方法を編み出してきた。だがこれは、理性的能力だけで私たちの遺伝子を克服できたということではない。それは特に、私たちの利他行動を自身の血縁者や何らかの他の狭い範囲に限定する遺伝的傾向を、理性が克服できるとは示していない。というのもこの場合には、進化はもっと直接的に働き、見知らぬ人の幸福への欲求よりもはるかに強い、自身の家族や同胞の幸福への欲求を私たちに持たせるからだ。

この第二の反論からわかるのは、用心する必要がある、ということだ。進化が繁殖を促進する仕方に対抗できることが、そのまま進化が利他性に課する制限を容易に克服できることを示すとは、考えるべきではない。もしかすると、進化した衝動を克服できるのは、足掛かりとなる他の進化した衝動があるときだけかもしれないし、必ずしもそうではないかもしれない。私たちの生物学的本性を理解することの重要性を説明するなかで、ドーキンスはこう書いている。「私たち自身の遺伝子が何をしようとしているのか、理解することを試みよう。というのも私たちはそのとき少なくとも、遺伝子のねらいを覆す機会を得るかもしれないからだ。これは、どの他の種もこれまで望みすらしなかったことだ」。この言い方で思い出されるのは、倫理的進歩は進化プロセスと闘うことにかかっているというT・H・ハクスリーの見解だ。どの程度までこれができるのか、よくはわからないが、それでも私たちはそれについてハクスリーよりも多くのことを知っている。人間の利己性について言えるのは、私たちが常に自分の利益になることをすると信じる理由はない、ということだ。それはこの用語を、自身が欲するものをより多く得るという通常の意味で解そうとも、遺伝子の存続可能性を高めるという生物学的に拡張された意味で解そうとも、変わらない。したがって私たちは、理性を基盤とする利他性の可能性を、気兼ねなく検討し続けることができる。

非利己性

イギリスでは医療目的で必要な血液は、国民輸血サービス（National Blood Transfusion Service）にボランティアで献血した人々からしか得られない。献血者が謝礼を受け取ることはない。彼ら自身が血液を必要とするときに、優先的な処置を受けることはない。なぜなら国民保健サービス（National Health Service）は、イギリスで必要とするすべての人に無料で血液を提供するからである。また献血者は、その贈り物によって命を救われた患者からお返しを――感謝の笑みさえも――もらうことができない。献血者は、誰が自分の血液を受け取ったのかをけっして知ることはないし、患者は、誰が自分に血液をくれたのかをけっして知ることはない。

常識が教えてくれるのは、血液を提供する人々がそうするのは他人を助けるためであって、何か裏に隠された自分自身の利益のためではないということだ。リチャード・ティットマスは、数千人の献血者になぜ最初に献血したのかを尋ね、彼らの答えはこの常識的な見方を支持するものだった。たとえば「献血すれば健康になると信じている」のように、利己性がにじみ出た説明をする人は二％に満たなかった。利他的な動機づけを誇張しがちだという自然本性的な傾向を考慮しても、血液を得るためのこの制度が利他的な献血者に支えられているという結論は、依然として動かしがたいように思える。また、こうした贈り物を他から切り離された異常な出来事として退けることもできない。国民輸血サービスは、六千万人を超える人々の医療上の需要を満たしている。この制度ができてから三十年が経っており、毎年百万人を超える献血者に支えられている。

イギリス国民輸血サービスだけが特に珍しいわけではない。類似の制度はオーストラリア、オランダ、その他の国々にもある。これらの制度はまさに、利他性が存在しうるのは血縁者の間か、小集団内か、あるいは互恵的利他性を促進することで利益を得られる場合のみであるという主張に対する、動かぬ反証である。同じように利他的な行動の例は他にもあるが、与える側と受け取る側の間に接触がないことで、この例は他に見られないほど明白なものとなっている。いずれにしろ、お返ししてもらう見込みなしに他人を助ける人々がいることを示す広範に見られる活動が一つあれば十分である。見知らぬ人に向けられた非互恵的な真の利他性はたしかに存在するのだ。

こうした利他性の存在は、これまで検討してきた人間本性の理論に関して、どのような意味を持つだろうか。見知らぬ人に向けられた非互恵的利他性が存在しえないことを必然的に含意するどのような理論も、誤りであるはずだ。このことが意味するのは、この本の第一章で議論した利他性の起源に関する進化理論が誤りであるはずだ、ということだろうか。そのようにも思えるかもしれない。なぜならこれらの理論は、血縁利他性、互恵的利他性、そしておそらくは少しばかりの集団利他性が生じたことを説明してはいたが、お返しをできない見知らぬ人に対する利他性は説明できなかったからだ。だが、前章の議論を思い出してほしい。そこで私が示唆したのは、かつては自身の血縁者と自身の集団に限られていた利他的衝動が、より広範な輪へと拡大されるかもしれないということだった。この拡大は理性的生物たちによってなされ、彼らは、自身とその血縁者が他の集団と変わることのない一集団にすぎず、偏りのない観点からすれば他の集団より重要ということはないのだと理解できる。血縁選択、互恵性、集団選択を通じた利他性の進化に関する生物学的理論がこの種の利他性の輪の拡大を受け入れることができるなら、それらは、見知らぬ人に向けられた非互恵的利他性の存在と矛盾ないものでありうる。

たしかに、利他性の輪の拡大に関するこうした説明は、可能な唯一の説明というわけではない。二十世紀前半にエドワード・ウェスターマークは道徳の輪が拡大する傾向にあることに気づいたが、彼はその原因が私たちの理性的能力にあるのではなく、利他的感情の拡大にあると考えた。彼はそうした感情があらゆる道徳の基盤だと考えていた。彼は、私たちの共同体のサイズの増大——村から国家へ、そして今や世界全体へ——を、私たちの関心と共感に課されたもっと狭隘な境界が崩壊した要因として挙げていた。

私たちは、ウェスターマークのような説明ではなく、私が提示した説明を受け入れるべきなのだろうか。どちらかを選ばなければならないということではない。私たちは両方の説明を受け入れることができる。共同体の拡大は、利他性の拡大において一定の役割を果たしていたに違いない。おそらくは共同して狩猟採集を行ったり、物々交換をしたりして、ある集団が別の集団と交流を始めればすぐに、互恵的利他性から得られる利益は、各集団内だけではなく、集団間においても一定の役割を果たし始める。そうして、感謝、公正さ、そして、自身を害さない者を害さないこと、などの概念は集団を超えて拡大するかもしれない。しかしながら、道徳の輪の拡大に関するこうした説明が真である可能性が高いからといって、それは、理性が果たす役割を否定する根拠とはならない。なぜなら、その説明とは独立に、理性の働きがなお一層普遍的な倫理的観点をもたらすはずであるということは、真である可能性が高いからである。これが真である可能性は――私がすでに論じたように――理性の本性と、理性が狭い境界を超えて論理的に拡大していく仕方とを鑑みると、高い。それが真である可能性は、広くさまざまな文化における倫理的思考の発展について私たちが知っていることに照らしても、高い。
偏りのない倫理の基準という考えは、主要な倫理的・宗教的伝統の思想的指導者たちによって示されてきた。ユダヤ教におけるそうした規則とは、あなたは隣人をあなた自身のように愛せ、というものだ。この規則をイエスは、二つの主要な戒律のうちの一つの地位にまで高めた。同じ頃、ラビであるヒレル師[*1]は次のように言った。「あなたにとって嫌なことはあなたの隣人にもしてはならない。それがトーラー[*2]のすべてであり、残りはその注釈である」。イエスもまた、それを別の仕方で述べている。「汝らが人々にしてほしいことを人々にせよ」。一生涯の行為の指針となりうる一語を尋ねられたとき、孔子はこう答えた。「恕というのがそうした言葉ではなかろうか。自分がしてほしくないことを、他人にしてはならない」。インド思想では『マハーバーラタ』で次のように述べられている。

誰も自身にとって不快なことを他人にしてはならない。これが正しさの骨子である。あとはなすがままだ。快苦に関して、快いものと不快なものに関して、拒んだり与えたりするとき、人は状況を我が事のようにみなすことで、適切な規則を得る。

ローマ帝政期のストア派の哲学者で言えば、私たちが共通に持つ理性が私たちみなを同胞市民にするとマルクス・アウレリウスは論じたし、賢人はすべての理性的存在者の共同体を、自身が偶然に生を享けた特定の共同体よりもはるかに尊重するだろうとセネカは主張した。

この考えの進歩を現代までたどる必要はほぼないように思える。現代ではこの考えは、広い範囲にわたる哲学者たちの倫理的著作においてだけでなく、一般の道徳教育においても重要なものとなっている。自身が遇されたいように他

＊1　ラビとは、ユダヤ教における宗教指導者の呼び名である。
＊2　トーラーとは、ユダヤ教においてヘブライ語聖書の最初の五冊（モーセ五書）を指す。

人を遇するという考えが何度も繰り返されていることは、驚くにあたらない。驚くべきであるのは、この考えがさまざまな倫理的・文化的伝統において独立に出現し、それぞれのケースで、倫理的生活にとって何か根本的なものとして、他のすべてのものをそこから導出できる基盤として脚光を浴びる、その仕方である。というよりも、もし仮に理性が倫理において何の役割も果たしていなかったのなら、これは驚くべきことであっただろう。もし倫理がたんに、自身の血縁者、自身を助けてくれる人々、そしておそらくは自分自身が属する小集団を助けようとする、私たちの進化的傾向の産物にすぎないのであったなら、倫理の教師たちが何度も何度も、より高くより広い行為規範を独立に強調してきたという事実は、不可解なものであっただろう（注意してほしいのは、これらの倫理思想家たちが唱える互恵性とは、社会生物学者たちの言う「互恵的利他性」から私たちが期待するようなものではないということだ——それは、他人が自分にしたことを他人にもするよう勧めるものではなく、他人が自分にしてほしいと望むことを他人にもするよう勧めるものだ。また、他人が同じように応じる可能性が高いときにだけそうしろなどとは、まったく言われていない)。しかしながら、理性が倫理において役割を果たすことが認められさえすれば、この事実はまったく驚くにあたらない。その事実とは、文化的違いがきわめて大きいにもかかわらず、さまざまな時代と場所を代表する思想家たちが、より限定された形の利他性を超えて、偏りのない倫理という本質的に同一の基本原理を導き出した事実である。

子どもたちが成熟するにつれ、これと同じプロセスが個人レベルでも生じていることを提案する理論を、理性の働きと道徳の輪の拡大とのつながりに関するこれらの歴史的・通文化的証拠に加えることができる。ローレンス・コールバーグは、ジャン・ピアジェが唱えた発達心理学理論を支持して、子どもたちが発達するにつれ、一連の明確に区切られた道徳的思考段階を経ると主張する。大まかに言うとこれらの段階は、道徳が賞罰の問題とみなされる利己的なレベルから、集団規範に忠実な第二レベルを経て、利己心・集団規範のいずれからも独立した道徳原理を追求する第三のレベルへと至る。コールバーグの考えでは、この進行には論理的順序があり、各レベルがその直前のレベルよりも高次の論理構造を持つ。したがって、ある種の理性的スキル――たとえば、自身が他人の立場にあることを想像する能力――が、より高次のレベルへと移行するために必要となる。コールバーグも、よく理性を働かせる能力が最高の道徳レベルにあるための十分条件であるとは主張しておらず、それは必要条件である。彼がまた主張しているのは、道徳的推論と道徳的行為との間には実証可能な結び付きがあるということだ。これらの主張はすべて、利他性がその生物学的に予測できる範囲を超えて拡大した主要因を理性とみなす主張と、辻褄が合う。

独立に行われてきたいくつかの研究が、コールバーグの理論の一部を支持する。これまでに示されてきたのは、年長の子どもたちが年少の子どもたちよりも寛大であることが多く、また、ある所定の年齢集団内では、他人の役割を担う能力を測るテストの成績が良かった子どもたちが、これらのテストがそれほど良くなかった子どもたちよりも寛大であるということだ。よく理性を働かせられることが、他人の利害により多くの注意を向ける高次の道徳的段階のうちの一つにあるための、十分条件ではないにしても必要条件であるというコールバーグの主張を支持するデータがある。道徳的推論を道徳的行動と結び付ける証拠もある——たとえば、非行少年少女はコールバーグの道徳的推論尺度で他の子どもたちよりも下位に位置づけられる一方で、ピアジェが考案した道徳判断に関するテストで成績が良い子どもたちは、菓子を分け与えたり困難な課題を抱える他の子どもたちを助けたりすることが多いとわかっている。

しかしながらこれらの証拠は、それほどはっきりしたものでもない。いくつかの研究では、理性を働かせる能力と道徳レベルとの間、あるいは道徳レベルと利他的行為との間に、相関が見出されなかった。さらに、コールバーグ自身のデータが深刻な反論にさらされている。たとえば、人々が高次・低次の道徳発達段階にあることを評価する彼の方法は、すでにその内部に、より高い言語的・理性的能力を持つ人々に高い点数を付けるようなバイアスがある可能性がある。コールバーグの理論は、倫理における理性の役割について私が擁護している全体像と合致するものではあるが、現段階ではそれは、確立された事実というよりは興味深い推測に留まる。

　理性を働かせることが利他性の境界を押し広げることに貢献したという見解を支持する別の議論がある。その議論は、この見解に基づけば、次の問いに対する説得力ある答えを与えられると論じる。その問いとは、なぜ見知らぬ人に対する非互恵的な真の利他性が進化によって淘汰されなかったのか、というものだ。見知らぬ人に対する利他性が現れたのがいつであろうとも、なぜこのアイデアを持つ人々は生存闘争において敗れることなく、彼らの拡張された利他性を持ち続けることができたのか。

　これは利他性が抱えるおなじみの問題であり、社会生物学者たちはこれを解決しようとしてきた。だが彼らが解決できたのは、血縁者やお返しできる人々に対する利他性についてだけだった。もし私たちがウェスターマークが言ったように、利他性の領域の拡大が善意の感情の拡大の結果でしかなかったと言うなら、見知らぬ人に対する非互恵的な真の利他性の存在は謎に包まれたままだ。進化は、広範で非利己的な善意の感情のような割に合わない形質を淘汰してきたはずだった。しかし、もし利他性の領域の拡大が人間の理性的能力の結果だと私たちが言うなら、この謎の解決策が現れてくる。というのも、進化が理性的能力を淘汰しそうにはないからだ。食料を見つけるとき、危険を避けるとき、生活のあらゆる場面で、うまく理性を働かせる生物は、理性的能力が劣る同種の生物に対してきわめて有利だ。それゆえ、進化は高度の理性的能力を強力に選択すると予測できる（ヒトの脳が驚くべき速度で進化したことを私たちは知っている）。したがって、もし理性的能力を持つことで、自身の血縁者や友人に対して感じる気遣いを見知らぬ人たちへと拡大する理由を認識するようになるなら、進化はこうした倫理的基盤の合理的認識を淘汰しなかっただろう。その対価はきわめて大きかっただろうが、理性的能力の進化的利益は、ときに一定の損失を払って見知らぬ人を利することの不利益を上回っただろう。このようにして、真の利他性の存続は、それが感情のみに基づいていたなら説明できない一方で、その主要な要因となったのが感情ではなく理性である場合には、はるかに理解しやすくなるのだ。

もちろんこれは次のことを前提としている。すなわち、友人と血縁者の狭い輪を超えて気遣いを拡大する理由の妥当性を理解できるようになることは、高度の理性的能力と密接に結び付いているということだ。もしこの結び付きが容易に断ち切れるものだったなら、進化的な圧力がそれを断ち切っただろう。しかしながら、第四章で論じた理性の働きの描写が示唆するのは、理性的能力と、より広範な道徳的気遣いを持つべき理由を認識する能力とは、本質的に同じ能力だということだ。適切に理性を働かせることができる人であれば誰でも、ホッブズのように、エウクレイデスによる幾何学的定理の証明をたどることができる。それとちょうど同じように、理性的能力を持つ者であれば誰でも、自身の利益がどの他人の同じような利益よりも重要ではないという客観的観点を理解できる。現代の優れた道徳物語である『カサブランカ』[*3]でまさにハンフリー・ボガートがこう述べている。「ほら、私は気高くあるというのは得意じゃないが、この狂った世界でたった三人の問題に何の価値もないとわかるのは、それほど難しいことじゃない」。

二律背反

自身の問題が、多くいる人間のうちの一人にすぎない者の問題だとわかるのはそれほど難しいことではないかもしれない。だが、これがわかることと、それに基づいて行為することとは同じではない。客観的観点からすれば私の利益があなたの利益よりも重要であるということはないと私は受け入れることができ、同時に私はこの客観的観点を無視し、私自身の主観的観点から私自身の利益を優先することができる。『カサブランカ』でボガートは愛する女性を行かせて、その皮肉めいた外面の下ではじつは気高くあることが得意だと示している。とはいえ、仮にイングリッド・バーグマンの魅力のほうが客観的観点の洞

＊3　『カサブランカ』は一九四二年の米国映画。第二次世界大戦中、ナチス・ドイツ勢力下のフランス領モロッコの都市カサブランカを舞台に、ハンフリー・ボガート扮する米国人主人公とイングリッド・バーグマン扮するヒロインの、時代の波に翻弄される恋路の行方を描く。

察よりも抗しがたいとボガートが思ったとしても、映画ファンは誰も驚かなかっただろう。理性的能力にまったく欠けていない人であっても、その多くは、客観的観点から行為することがほとんど、あるいはまったくないのである。多くの人々がふだんは、あるいは常に、自身の利益を優先する。前に挙げた利他性の例に戻ると、イギリスでは多くの人々が見知らぬ人のために献血をする一方で、それよりもはるかに多くの人々——正確に言えば、九四％——が献血をしない。疑いなく、献血をしない人の多くが、献血をする人と同じくらい、あるいは彼らよりもよく、理性を働かせるだろう。よく知られているように、いかさま師、詐欺師、その他の犯罪者のなかには、その利己的な目的を達成するために素晴らしく理性を働かせる者がいる。これらの者たちは、利他性へと導く推論の筋道をたどる能力を持つが、そうすることはなく、あるいはそうしたとしても、自身が行為する際にはそれを無視する。

もし人々が客観的観点をとるべき理由を把握できるのであれば、多くの人々があたかもそうした理由が存在しないかのごとく行為する事実は、どのようにして説明できるだろうか。ここで私たちは本章の最初に見たヒュームの命題に立ち戻る。すなわち、理性は情念の奴隷である。仮にヒュームが正しいのであれば、見知らぬ人に対して利他的に行為する人がほとんどいないのは驚くにあたらない。たまたま見知らぬ人の幸福に寄与する利他的欲求を持つ者だけがこのように行為するだろうし、もはやおなじみの進化的理由から、こうした欲求を持つ者はほとんどいないと予測されるはずだ。

ヒュームは少なくとも部分的には正しかった。理性はそれだけで何の手助けもなければ、行為をもたらすことができない。何らかの欲求、何らかの好悪、何らかの肯定的・否定的感情がなければならず、理性はそれと合わさって初めて行為をもたらすことができる。ヒュームが正しかったのは、理性を人が望むものを得るための道具だとみなした点だ。人がただ自身の利益、あるいは自身の家族の利益を促進することだけを望むときには、理性はその人が望むものを得るためにしか役立たない。

他方で、ヒュームは完全に正しかったわけではない。道具は、それが使われる目的に影響を与えることができる。特に、その目的が一意専心の決意をもって追求されているのではない場合には、そうである。自動車は、A地点からB地点へと移動する手段として開発された。今では人々は「ドライブ」として知られるレクリエーションの形で日曜の午後を過ごす。彼らは一、二時間移動して、車を降りることなくそのまま家に帰る。外出の目的はドライブであって、どこかへ行くことではない。似たようなことが、理性という道具についても生じうる。

　私たちは移動するために車を作り、それからドライブ自体が楽しいことを発見した。倫理的推論の場合には、まず私たちは自身の行為を他人に対して正当化するために偏りなく理性を働かせ始める。それから、偏りない理性の働きがもたらす結論に従って行為するのが好ましいことを発見する。人種的不平等について米国の白人がとった態度に関するグンナー・ミュルダールの分析を思い出してほしい。ミュルダールが述べていた「道徳的価値判断のヒエラルキーの内部で論理的整合性が必要だという感覚」は、感覚かもしれないが、私たちの理性的能力——不整合を認識する私たちの能力はその一部である——に由来する感覚だ。不整合の認識がまず最初にあり、これを回避すべきだという感覚がそのあとに来る。

人間が不整合に居心地の悪さを感じることは容易に認められることであり、合理的に行動する能力が私たちの進化において果たしてきた決定的な役割に鑑みて説明できる。心理学者たちはこの現象に対して「認知的不協和」という印象的な呼び名を用いている。レオン・フェスティンガーは『認知的不協和の理論』（*A Theory of Cognitive Dissonance*）のなかで、それを次のようにまとめている。

> 簡単に言えば、私が提案しているのは、不協和すなわち認知間の不適合関係の存在がそれ自体、動機づけ因子であるということだ。認知という用語で……私が言おうとしているのは、環境や自己や自身の行動に関するあらゆる知識、意見、信念である。認知的不協和は、ちょうど空腹感が空腹感低減を目指す活動へと導くように、不協和低減を目指す活動へ

と導く先行条件とみなされうる。

これはもう少し平たく言えば、もし私たちが自身の信念において、あるいは自身の信念と行動の間で、不整合を感じ取ったなら、その不整合の感覚を取り除く何かをしようとするのであり、それは私たちが空腹を感じたときに空腹を取り除く何かをしようとするのと同じである、ということだ。ミュルダールが記し、フェスティンガーもまた指摘するとおり、不整合の感覚を取り除く方法はいくつかある。自身の信念と行為をともに真かつ整合的なものとするのは、それらの方法のうちの一つにすぎない。たとえば、自身の不整合な信念を調和させる点以外は妥当ではないような信念を受け入れることも、不整合の感覚を取り除く方法の一つである。あるいは、不整合が生じる領域への一切の興味関心をなくすこともできる。人間は、絶えず真理と整合性を追求していれば完全に合理的な生物になれるだろうが、そうはなれない。それでも、もし私たちが自身の信念と行為における不整合を取り除く欲求に動機づけられうるなら、理性はただの奴隷ではない。私たちは理性を自身の必要を満たすために使うのかもしれないが、それから理性はそれ自体の動機づけの力を発達させるのである。

客観的観点をとる能力を持つ特定の人々が、行為するときに実際にこの客観的観点を考慮するかどうかは、人前で理性を働かせる仕方と行為する仕方との間の不整合を回避しようとする欲求の強さ次第だろう。欲求の強さは相対的な問題であり、異なる方向へと引き合うそれぞれの欲求の強さ次第である。自身とその近親者の利益を促進しようとする私たちの欲求は、不整合を回避しようとする私たちの欲求よりも生物学的に古い。というのも、私たちの祖先は、不整合な信念を持てるところまで進化するずっと以前から、自身が生き残り、自身の子孫を生き残らせなければならなかったからだ。古い欲求は新しい欲求と対立する可能性があり、古いもののほうが強いと明らかになることも多い。「合理的」という言葉には、もし私たちが全体的に見て最も欲するものを手に入れるために行為するならば、私たちは合理的である、という意味がある。この言葉のこの意味で、人々は完璧に合理的でありながら、完璧に利己的でありうる。

　不整合を回避する欲求が、自己中心的な欲求に対抗するには十分でないかもしれない、また別の理由がある。私たちが扱っているのは、個人の信念とその人の行為との間の端的な不整合ではなく、個人の行為とその人が公に尊重しなければならない原理との間の衝突である。人は何の不整合もなく、私的にはある原理の集合を採用しつつ、公的には別の集合を採用することができる。ただ自己利益の追求を最優先原理にして、公的な場面では、真の行為指針としてではなく、他人に偏りのなさを印象づけるためだけに倫理的推論を用いればいい。これは偽善的ではあるが、こうした偽善は自身の利益を促進するための理にかなったもくろみの一部である。

　それでも私たちは、共同体において生育・教育され、その共同体に深い感情的絆で縛られる社会的生物であるので、偽善にのみ生きる人生は心地よいものではないだろう。人前では偽りの顔を見せること、心を開いて自然なままでいる代わりに絶えず用心していること、自身が従う真の原理について友人でさえもだますこと――これらすべてのことが、人生に不協和音をもたらす。公的原理と私的原理との間の不協和音を減らしたいという欲求は、信念と行為との間の端的な不整合を取り除く欲求とちょうど同じように、動機づけの力として働きうるだろう。理論的には、完全に利己的な態度をとり、公的立場を皮肉な軽蔑の目で見つつ、この不協和音を取り除く可能性もある。他方で実際には私たちのほとんどが、他人に対して自然な共感を十分に持ち、自身の共同体との感情的絆を十分に持っているので、こうした道はとらないのである。

完全に自己中心的な人生を選ばない理由がほかにもある。古代以来、哲学者たちは、自身の幸福を過度に追求するのは自滅的だと主張してきた。哲学者たちが「快楽主義のパラドックス」と呼んできたのは、自身の快楽を求める者はそれを見つけることがなく、それを求めない者はいずれにしろそれを見つける、というものだ。自己中心的な人生がもたらす快楽はいずれ魅力を失い、さらに高いレベルのぜいたくや享楽への衝動も、持続的な満足をもたらすことはけっしてない。真の充足はむしろ、何かほかの目的のために活動するなかで見出される可能性が高い。したがって、これらの哲学者たちの主張によれば、もし私たちが幸福な人生を送りたいのであれば、直接的に幸福を求めるべきではなく、私たち自身の外部にあるもっと大きな人生の目的を見つけるべきなのだ。

幸福を間接的に追求したほうがそれが見つかる可能性が高いという主張はもちろん心理の一般化であり、ほとんどのそうした一般化と同様に、すべての人にそれが当てはまるわけではない。だが、享楽におぼれることしかしない人の人生は、人間の自然本性が個人的快楽の純粋な追求にのみ適合していた場合に予想されるよりも、はるかに幸福でないことは確かだ。おそらくは、私たちは目的を持った生物として進化してきたので、自分の人生に意味と意義を与えてくれるより大きな目的を求めるよう、自然本性的に駆り立てられるだろう。おそらくは、自身の快楽を超えた目的を一切持たない者の多くに観察される、人生における退屈と関心の喪失とは、私たちの自然本性のこの側面を無視した結果だろう。もしこの推測が正しいのであれば、倫理的観点からの主張を矛盾なく拒絶できるという論理的可能性は、実際の選択肢としての魅力がはるかに色あせる。偏りのない倫理的立場は、自身の利害を気にかけるというところを超えて、より広い目的へと私たちを引き付けるという利点を持つ。このより広い目的において私たちは、より深い充足と、より意義深い人生とを見出すことができる。

これらの理由から、この倫理的観点を完全に退ける人はほとんどいない。だが、私たちの自己中心的欲求（自身の親族と親しい友人のための欲求を含む）は依然として強力である。その結果として現れるのが、これらの欲求と私たちの倫理的コミットメントとの間の緊張関係である。エドワード・ウィルソンは、集団選択の理論が「社会的生物の生き方として、二律背反を予測する」と言っていた。彼が考えていたのは、特に自己、家族、部族といった異なる自然選択のレベルに対して忠実であることがもたらす対立である。理性を働かせる社会的生物において、この二律背反は、自己中心的欲求と、集団のメンバーとして引き合いに出す公的正当化の基準に従って行為しようとする欲求との対立という形をとりうる。集合的レベルでは、理性的能力が利他性を拡大する合理的根拠をもたらす一方で、個体レベルでは、それは必ずしもそれをもたらさない。ウィルソンの発言は、哲学者たちが折に触れて言及してきた人間の自然本性における分断を、生物学者が要約したものである。哲学者たちとウィルソンの間の違いは、プラトンやカントのような哲学者たちは、この対立を理性と欲求の対立とみなしてきた一方で、ウィルソンは、それが、利己的欲求と共感・善意などの欲求との間の対立であるというヒュームの見解により近い点であり、理性は試合に介入できずにサイドラインの外で傍観している。私が提案してきたのは、理性は無力ではないということだ。集合的レベルでは、自身の行為を人前で正当化し始めたら最後、理性は自身の道徳的気遣いを発展・拡大するよう私たちを導き、客観的観点へと私たちを引き付ける。個体レベルでは、理性はそれほど力を持たない。理性は、自身の信念と行為の間の不整合、あるいは、公的に述べることと私的に行うこととの間の不整合を認識する助けとなる一方で、これらの不整合を回避する欲求は、必ずしも他の欲求を克服できるほど強力ではない。結果として理性は、客観的観点から正当化できるよりも狭い方向へと向けられうる。人間の倫理体系の形は、集合的な理性の働きと、人間個体の生物的本性に基づく欲求との間のこの緊張関係に対処しようとする、人間社会の試みの帰結である。

第六章

倫理の新しい理解

……徳の最も妥当な基準は、天使的な性質を持つ偏りのない観察者の立場に身を置き、自身を高みから眺め、自身の先入観に影響を受けないと仮定して、自身の隣人に固有の状況をどのように見積もるかを想定し、それに従って行為するというものだ。

——ウィリアム・ゴドウィン『政治的正義論』(*Enquiry Concerning Political Justice*)

私たちは、人をそれぞれ自身の私的な理性のストックに基づいて生活して取引するままにするのを恐れる。なぜなら、各人のこうしたストックは小さく、個人は、国家や時代全体の銀行・資本を利用したほうがもっとうまくやれるだろうと私たちは思うからだ。思索家たちの多くは、先入観全般の誤りを示す代わりに、洞察力を働かせてそれらの先入観に行き渡っている隠された知恵を発見しようとする。もし求めているものを見つけたのなら、そしてそれを見つけそこなうことはほとんどないのだが、先入観のコストを取り除いて生身の理性だけを残すよりも、理性を備えた先入観を継続するほうが賢いと彼らは考える。なぜなら理性を備えた先入観は、その理性に従って行為する動機と、その動機に永続性を与える感情とを持つからだ。先入観は、急を要する状況にすぐ適用できる。それは前もって心を知恵と徳の安定した軌道に乗せ、人が決断の瞬間に懐疑的になったり、戸惑ったり、決断しなかったりして、躊躇するままにはしておかない。先入観は、ある人の徳をその人の習慣とするのであり、一連の無軌道な行為とするのではない。正しい先入観を通じて、その人の義務はその人の本性の一部となる。

——エドマンド・バーク『フランス革命についての省察』（*Reflections on the Revolution in France*）

科学と道徳的直観

社会生物学者たちが提示する倫理の説明は、不完全であり、それゆえ誤解を招くものである。それでも社会生物学は、倫理の新しい理解のための基盤を与えてくれる。社会生物学のおかげで私たちは倫理を、人間が理性を働かせる様式の一つとして集団の文脈で発展したものであり、生物学的基盤を持つやや限定的な利他性に基礎を置くものだと理解できる。

それゆえ倫理は、それが持つ神秘的なオーラを失う。倫理的原理は天上で書き上げられた法則ではない。またそれは、直観によって知られる宇宙に関する絶対的真理でもない。倫理的原理は、社会的・理性的生物としての私たち自身の自然本性に由来する。同時に、進化理論に基礎を置く倫理の見方が、たんなる主観的感情や恣意的な選択の問題へと倫理を還元する必要はない。倫理的判断が外的な権威に指示されたものではないという事実があるからといって、倫理的判断の間で優劣がつかないということにはならない。倫理的推論は、倫理的判断を客観的観点から評価する道を指し示してくれる。

今日の倫理的問いに関する議論は、混乱して解決されないことが多い。なぜなら、その議論に参加する者たちが、倫理の基盤について混乱しているからだ。原理的には、倫理の新しい理解がこれらの混乱を払拭し、倫理においてもっと容易に合意に達することを可能にしてくれると私たちは期待するかもしれない。だが、もし生物学が倫理的前提を与えてくれないのなら、これはどのようにして起こるのだろうか。

事実と価値の間に裂け目が存在するのは、私たちがこの世界のあり方を選ばない一方で、これからどう行為するかを選ぶからだ。仮にこの選択が完全に主観的なものであったなら、事実と価値の間の裂け目は大きく開いたままだっただろう。しかしながら、倫理的選択における合理的要素を強調することで、事実と価値の間のこの裂け目は狭まる。倫理的選択を合理的に批判することが可能となり、事実はこの合理的プロセスにおいて意味を持つかもしれない。

だからと言ってこれは、最終的には生物学から倫理的原理を導出できる、ということではない。ある種の行動が生物学的基盤を持つことを発見するということは、その種の行動を正当化することではない。第三章で見たように、この発見の結果が正当化の真逆であることもある。自明な道徳規則と考えていたものに生物学的説明があると知ると、その道徳規則を受け入れることに疑いを持つようになるだろう。

生物学的・文化的説明が持つこうした倫理的原理の無根拠を暴く効果は、仮にすべての倫理的信念をこのように説明できたなら、可能ではなかっただろうと、第三章の終わりで私は示唆した。そのときにはすべての倫理的原理が対等に無根拠だということになる。それでも私たちはいかに行為すべきかを決断しなければならないので、ただある倫理的原理を抱くことについての生物学的説明を知っているからといって、その倫理的原理に対して懐疑的な態度をとることはできない。私が論じたのは、倫理に合理的要素が存在しさえすれば、道徳的原理の合理的要素を生物学的要素から区別するために生物学的説明を利用できるということだった。

もし第四章の議論が妥当なものであるなら、倫理には合理的要素が存在する。客観的観点をとることは、自身の利害がどの他人の同様の利害よりも重要ということはないとみなすことを伴う。このことから、すべての者の利害を均等に考慮するという原理が導き出される。もしこの原理が、そしてこの原理だけが、倫理の合理的要素であるなら、慣習的な倫理的信念のその他のあらゆる側面について、無根拠を暴く説明が――生物学的であれ文化的であれ――存在するはずだ。それは、嘘や盗みを禁じる陳腐な道徳規則から、正義や人権といった高貴な構成物に至るまでについて、存在するはずだ。もしそうなら、無根拠を暴かれた原理が精査を受け、その欠陥を見出され、除去されたとき、私たちに残されるのは、利害均等考慮の原理が持つ偏りのない合理性だけだろう。

そのように極端な慣習道徳の破壊が正しいものでありうるだろうか。あるいはそのことで倫理は、きわめて抽象的で、人間の自然本性からきわめて隔たっているがゆえに「肉体を持たない霊魂にとって理想的な状況」――ウィルソンがロールズについて述べたように――ではあるが、現実の人間にはまったく適用できないものになってしまうのだろうか。

偏りのなさをその論理的帰結まで推し進めようとした哲学者はほとんどいなかった。その少数の例外のうちの一人が、十八世紀の無政府主義者で『政治的正義論』の著者であるウィリアム・ゴドウィンである。ちなみに彼は、フェミニストのメアリー・ウルストンクラフトの夫であり、『フランケンシュタイン』（*Frankenstein*）の著者であるメアリー・シェリーの父である。『政治的正義論』で初めて取り上げられて以来議論され続けてきた例でゴドウィンは、こう想像するよう求める。当時高名な著述家であったカンブレー大司教のフェヌロンが近侍とともに燃え盛る建物の中に取り残されており、その近侍はあなたの父親である。残された時間ではどちらか一方しか救うことができない。どちらを救うべきだろうか。ゴドウィンによれば、あなたはフェヌロンを救うべきである。なぜなら、彼の書く本は幾千もの人々に知恵と喜びをもたらすからだ。それゆえ、彼の命は近侍の命よりも価値がある。そして、近侍があなたの父親であることは関係ない。ゴドウィンはこう述べる。「偏りのない真理の決定を覆すことを正当化する『私の』という代名詞に、一体どのような魔力があるというのか」。代わりにゴドウィンが「徳の最も妥当な基準」として提案するのは、自身の「先入観」に影響されることのない偏りのない観察者であれば下すであろう判断である。

ゴドウィンの徳の基準は、偏りのない理性という確固たる基礎の上に立っており、偏りのなさという同じ基準を本書の以前の章では擁護してきた。とはいえ、自身の父親に対する愛情を「先入観」と述べるのは、過度に抽象的に理性を働かせているようであり、人間生活の実際からかけ離れている。

ゴドウィン自身も「先入観」が誤った言葉遣いだったと認めるようになった。『政治的正義論』出版の数年後、その主張は聖職者であるサミュエル・パーにより厳しく非難された。パーに応じる形で、ゴドウィンはフェヌロンと近侍に関する自身の立場を改めた。彼によれば、大司教ではなく自身の父親を救った者を私たちが非難することはめったにないのは、「親への子の愛情……は、多くの善良で称賛すべき行為を宿す感情」であり、有徳で高潔な本性の証しであるからだ。こう述べることで、ゴドウィンはフェヌロンを救ったほうが善いという自身の見解を撤回しているわけではない。彼はただ、より善い行為を行わなかった者がなぜそれでも善い人でありうるのかを説明しているだけである。

個人の決断と社会規範

ゴドウィンの問題を――そして、偏りなく理性を働かせることで慣習的倫理基準と対立することになるという一般的問題を――次の二つの問いを区別することで明確にできる。すなわち、「私はどう行為すべきか」と「私たちの社会の倫理規範はどうあるべきか」という問いである。

自身の個人的行為について考えるとき、偏りのない理性に非の打ちどころはない。たしかに、私たちのほとんど誰も偏りのない理性に従って生きてはいないし、そう生きるのを願うことすらない。あるいは、前章の最終節で見たように、人々が自身とその家族の利益を見知らぬ人の利益よりも優先させることは不合理ではない。だが、私やその父、親族、友人、隣人の利害を本質的により重要だとみなす「私の」という代名詞に何の魔力もないのは、依然として真理である。それゆえ、どう行為するのが私にとって本当に最善――私自身の利益と欲求の観点から最善ではなく、客観的観点から最善――だろうかと私が自問するとき、その答えは、偏りなく考慮されたすべての者の利害に一致するよう私は行為すべきである、というものであるに違いない。これはつまり、もしフェヌロンの将来の著作が本当に何千もの人に知恵と喜びをもたらす一方で、私の父親の命は彼と私以外の誰にとっても重要でないのであれば、私はフェヌロンを救うべきであるということだ。おそらく日常生活にもっと関係ある仕方で言えば、偏りのなさの基準が意味するのは、私はチャドやカンボジアの人々の利害を、自身の家族や隣人の利害と同じくらい重視すべきであるということだ。そしてこれが意味するのは、もしそれらの国々の人々が飢餓に苦しんでいて、私のお金が彼らの助けとなりうるのであれば、私は寄付をすべきである し、私とその家族の犠牲が私の寄付から得られる受け手の利益と釣り合うまで寄付し続けるべきである、ということだ。間違いなく要求の高い基準ではあるが、もし客観的観点をとる心構えがあるのであれば、極度の要求に応える用意もなければならない。

個人として決断するときには、私は自身の選択の責任をとらなければならない。もし私が自身の利己性を擁護して、自身の遺伝子と、自身のように進化した生物の避けがたい自己中心的自然本性とに訴えるのであれば、これは実存主義の哲学者たちが「自己欺瞞」と呼ぶものではないかという疑いを私が受けるのも正当なことだろう。私自身の行為の責めを私の遺伝子に帰することは、私が自身の行動を制御していないことを含意する。だが、利己的な行動は、アルコール依存症患者や窃盗症患者の衝動的な行動ではない。

しかしながら、私たちの社会の倫理規範をどうすべきかと問う場面では、私たちは自身の行為を扱っているのではなく、人々一般の行為を扱っている。人間行動を統計的に予測するのに、個人の責任をうやむやにする必要はない。この観点からすると、ゴドウィンの基準のような偏りのない基準は、抽象的に理性を働かせることに頼りすぎており、人間の自然本性の現実に無関心すぎる。

また別の文脈で、抽象的に理性を働かせることに頼りすぎる危険について検討してみよう。二十世紀の前半頃に都市計画業という新しい職業が現れ始めた。最初の頃の都市計画業者たちは既存の都市のあり方を見て、それらが無秩序に発展してきたものであり、全体設計や合理的計画を欠いていると考えた。住宅、小売、商業、工業地区がすべて混ぜこぜになっていた。道路は渋滞していた。全般的にごちゃごちゃしていた。そこで都市計画業者たちは政治家たちを説得し、地域一帯を取り壊してまた一から建て直すことにした。彼らは高層マンションを建て、周りを青々とした芝地で囲んだ。彼らは広々とした複合商業施設、幅広い大通り、近代的な高速道路を建設した。彼らは住宅地区を商業地区から分けた。それから彼らは一歩下がってこう言った。「お楽しみあれ」。彼らの驚いたことに、美しい緑の芝地はおもに犬が使うことになった。さもなければ、人々はそこを横断して近道にし続けて、芝は剥げて泥道になった。広々とした商業施設と大通りは歩くのを億劫にし、歩いて行ける街角の店はもはや存在しなかった。誰もが自動車を必要とし、新しい高速道路は古い道路がそうであったように、すぐに渋滞した。夕方になると商業地区は閑散とし物騒だった。緑地があるにもかかわらず、新しく計画された都市には生き物がいなかった。徐々に都市計画業者たちは、無計画に思える都市の発展の仕方にも結局のところ、どこか良いところがあったのだと気づき始めた。都市が全体として機能する有機的なものであること、合理的計画によって何もないところから創造することはできないものであることを、彼らは理解し始めた。都市計画業者の第二世代は、地区を一掃することについてはあまり語らなくなり、再生や保存についてより多くを語るようになった。

都市計画業者たちが抽象的に理性を働かせたパターンが都市生活に合致しなかったのとまったく同じように、人間の倫理規範は偏りのない理性の抽象的命令に合致しないだろう。都市生活に有機的本性があると認められさえすれば、都市計画への真に合理的なアプローチは、すべてを取り壊してまた一から始めるものではなく、改善へと向かう既存の傾向を助長するものであるとわかるだろう。合理的倫理規範もまた、人間の自然本性にすでにある傾向を利用しなければならない。私たちは、偏りのない観点から望ましい傾向を助長し、そうでない傾向の影響を抑制するよう試みることができる。だが、人間の自然本性は流動的であるので、道徳教育者たちは彼らが望む場面でどこでもそれを発露させることができるなどとは、考えてはならない。

これはどちらかというと、ゴドウィンの論敵であるエドマンド・バークの保守主義のように聞こえる。バークの『フランス革命についての省察』は、合理的青写真に基づいて新しい社会をデザインすることなどできないという考えに基づいている。バークの考えでは、有効な社会改革は長期にわたる実践的経験から生じるものであるはずなのだ。

たしかに、本章の冒頭で引用した一節でバークが示唆するように、「先入観」は――元々持っていた意見やバイアスということの言葉の文字通りの意味で使うと――必ずしも悪いものではない。もし理性を働かせることだけではゴドウィンが求める偏りのない観点をとるのに不十分であるのなら、自然本性的バイアスと慣習の力によって、それらがなかったときよりも――すべての人の利害を偏りなく考慮するというゴドウィン自身の基準に従って――もっとよく行為できるかもしれない。他方でバークは、十分長期間存在する慣習には「隠された知恵」があると前提することに、ためらいがなさすぎた。けっしてすべての人の善のためにならない慣習もあれば、かつてはそうであったが今では時代遅れとなってしまった慣習もあるのは明らかだ。

社会生物学が、バークから今日に至るまでの保守主義者たちが持つ想定のうちの一つを裏づけることもまた確かだ。その想定とはすなわち、人間生活の問題のいくつかは、社会の不健全な影響よりも人間の自然本性にその根がある、というものである。この真理は、ゴドウィンとバークの中間に横たわっているのかもしれない。偏りのない観察者の観点が何が正しいかの究極的基準であるとはいえ、これを唯一の実践的基準として、他のすべての慣習とバイアスを一掃してしまうのは賢くない。人間の自然本性は自由に流れるわけではないが、その流路が永遠に固定されているわけでもない。その流れに丘を上らせることはできないが、もし私たちがその本質的特徴に対抗するのではなく、それを利用するのであれば、その方向を変えることはできる。

規則の必要性

デイヴィッド・ヒュームはこう述べる。

一般に、人類愛、すなわち、個人的性質・貢献・私たち自身との関係のいずれとも無関係の、たんなる人類そのものへの愛のような情念は、人間の心に存在しないと認められるだろう。

ヒュームは言いすぎている。他人を助けるために無償で献血した何百万もの人々はおそらく、「たんなる人類そのものへの愛」に動機づけられていただろう。なぜなら彼らは、その贈り物を受け取る見知らぬ人たちの個人的性質について一切知らなかったからだ。だがヒュームの見解にも真理があり、もし私たちがすべての人のための倫理的規範を求めるならば、それを無視するのは賢くない。善意と共感という私たちの感情がより容易に喚起されるのは、個々人が目立たない大集団によってではなく、特定の人間によってである。老いた隣人の生活保護手当を盗むという考えにゾッとするだろう人も、自身の所得税をごまかすことには何の良心の呵責も感じない。けっして子どもの顔面を殴りつけたりはしないだろう男も、数百の子どもたちの上に爆弾を落とす。私たちの政府は――私たちに支持されて――閉じ込められた鉱山労働者を救出するのに何百万ドルも費やすが、同じ額を使って何年かにわたってもっと多くの命を救うだろう信号機を設置することはしないだろう。カルカッタの貧民のための献身がすべての人のためのきわめて普遍的な愛を体現しているかのように見えるマザー・テレサでさえ、他人に対する自身の愛が一連の個人それぞれに対する愛であると述べており、それは「たんなる人類そのものへの愛」ではない。

仮に私たちがもっと合理的であったならば、私たちはもっと違っていただろう。私たちはそのリソースを可能な限り多くの命を救うのに使うだろうし、交通事故の犠牲者数を減らしてそうするのか、特定の命を救ってそうするのかというのは関係ない話だ。そして私たちは、面と向かって子どもたちを殺すのをためらうのと同じくらい、はるか上空から子どもたちを殺すのをためらうだろう。しかし、偏りのない合理性に訴えることだけに依存する倫理に従うことができるのは、偏りのない合理性を持つ人だけだろう。人間の倫理は、人間をあるがままに、あるいは人間がなりうる可能性がある者として、捉えるものでなければならない。もし血縁者や自身を助けてくれた人に対する感情が、同胞人類全般に対する感情よりも強いものとなるよう私たちが進化してきたのであれば、すべての人の善のために役立つよう私たち個々人に求める倫理は、人間の自然本性に逆らうものとなるだろう。すべての人の幸福を最大化するという目標は、私たちの傾向を受け入れ、全体として見てシステムがすべての人の利益に貢献するよう、その傾向を役立てる倫理によって、より十全に達成されるのかもしれない。

こうして私たちは、生物学が倫理とどう関わるのかを理解しようとして、ぐるっと一周して元の地点に戻ってきた。倫理的原理が生物学的基盤を持つと理解しても、その原理を支持することにはならない。どちらかというとそうした理解は、その原理をそこなうことになる。というのもそうした理解は、倫理的原理の広範な受容が、その原理が何らかの絶対的な道徳的真理であることの証拠にはまったくならないと示すことになるからだ。これらの生物学的基盤を持つ原理を一掃したときに私たちに残されるのは、偏りなく理性を働かせるという立場であり、利害均等考慮の原理である。だが、利害均等考慮の原理のようにきわめて広範かつ抽象的な原理に頼った結果としてもたらされるのは、普通の人間には適合せず、普通の人間が従うことのないような道徳だろう。それゆえ、善悪に関する究極の理想的試金石としての客観的観点を放棄することなしに、私たちは生物学へと立ち戻り、普通の人間の倫理規範としてどれが有効でどれが有効でないのかのガイドとして、人間の自然本性に関する私たちの知識を利用しなければならない。

この私たちの生物学的本性にこそ、偏りなく考慮されたすべての人の利益を促進することをただ全般的に命じるのではなく、道徳規則の体系を私たちが持っている理由がある。抽象的に考えれば、単一の命令がより合理的に思える。ある道徳規則に従うことは、すべての人の利益を最も促進することを行うよう私たちを導く――この場合、この規則が基本原理に付け加えることは何もない――か、すべての人の利益を最も促進するのではないことを行うよう私たちに強制するかの、いずれかである。そして後者の場合、なぜ私たちはこの規則に従うべきなのだろうか。もし道徳規則が生物学的本性と慣習から自然にもたらされるものであって、神の命令や何か他の種類の永遠で普遍的な真理でないのだとしたら、何らかのさらなる正当化なしに規則に従うことは、自由で合理的な主体としての私たちの役割を無思慮に放棄することにほかならないように思える。しかし、もっと抽象的でない物事の見方をとれば、規則をもっと好ましく見ることができる。私たちはあるがままの人間の自然本性から始めなければならず、規則は私たちの自然本性が持つ傾向を全体の善のために利用できる。家族の絆を大事にするということは、子どもたち、病人たち、老人たちが、非人格的な官僚制度から受けるよりも、あるいは見知らぬ人たちの広い利他的衝動に頼らなければならない場合よりも、十分な世話を受けるということである。互恵性を促進して裏切りを抑止する規則は、自身になされた善や悪に報いるという人間の自然本性的傾向の上に成り立つものである。こうした規則は、他人を助けてそのお返しに助けてもらうことを通じて、私たちが得られる利益を高めるのに役立つ。

規則で構成される倫理は全体の善を促進できるが、その倫理の内部で悪い行為は典型的には、人類全体に対する悪い行為ではなく、個人に対する悪い行為とみなされる。もし私が子を世話しない親であれば、苦しむのは私の子どもたちである。もし私の隣人がある朝、私の車のエンジンがかからないときに助けてくれるなら、私にはいつか別の機会にその隣人に親切にする義務がある。もし私が盗みをするなら、私は何であれ自分が取ったものの所有者から盗んでいる（この所有者が政府や大企業であるときは、もちろん個人性は消え失せるが、同時に盗みへの嫌悪感もいくほどか失せてしまう）。このように、規則で構成される倫理は、すべての人に対する非人格的な気遣いの上にではなく、個人としての他人に対する私たちの感情の上に成り立っている。

規則で構成される倫理はまた、私たちがなすべき義務を限定する。すべての人に対する偏りのない気遣いという考えを真剣に受け止めることは、不可能に近いくらい大変なことだろう。誰か他の人を少し幸せにするために私にできることは、常にある。もちろん、他人のために働くことで私自身が失う幸福は、私がもたらす幸福と比較衡量されなければならないだろう。だが、たとえそうだとしても、私の助けによって得られる利益のほうがそのことで私が被る損失よりも大きい他人がいる限り、すべての人の幸福を直接的にであれ間接的にであれ目指すよう私たちに命じる倫理は、次のことを道徳的に疑わしいものとする。すなわち、幸福を最大化するさらなる働きができるよう回復するのに必要な最低限を超えた、私の余暇とわがままのすべてである。これは、聖人のための倫理である。そのほかの罪人たちは、厳格すぎる倫理的基準を満たすことに絶望しながら、こうした倫理的主張のすべてが理想主義的なお説教で、現実に生きる人間が真面目に取り合う必要のないものだと退けることだろう。社会生物学が示すのは、私たちのなかに聖人はほとんどいないということだ。自身とその血縁者の利害を、偏りのない観点を採用した場合よりも高く順位づけることは、進化した生物が持つ普通の形質である（もしこれが罪であるなら、社会生物学は罪の起源をイヴがリンゴを食べたよりもはるか前に置いている）。それゆえ普通の人間のための倫理は、その要求を限定するのが賢明だろう――いずれにしろ人々が行う傾向にあるにすぎない範囲にではなく、その倫理が設定する基準を、多くの人がそれを満たすという現実的な望みをもって人々に推奨できるように。規則で構成される倫理にはこれができる。なぜなら規則は、その遵守が難しすぎないように定めることができるからである。

禁止は一般に、広範な積極的命令よりも遵守が容易である。これは、多くの規則が「……をしなさい」ではなく「……をしてはならない」で終わることの説明の一部であるに違いない。「無辜の人間を殺してはならない」を「無辜の人間の命を守りなさい」と比べてみてほしい。後者のほうがより良い規則であるように思えるかもしれない。というのも、すべての人が無辜の人間の死を防ごうとするほうが、すべての人が殺すことだけを控えて、病気・事故・飢饉による犠牲については放っておくよりも、無辜の人間の死者数が少ないからである。問題なのは、「無辜の人間を殺してはならない」が、普通ののんびりした生活の仕方と両立する一方で、「無辜の人間の命を守りなさい」が――たとえば飢饉のときには――他人の命を救うためにすべてを投げ出して四六時中努力するよう求めることだ。さらに、他人への積極的援助の倫理が、間違いなく社会の一部のメンバーの寿命を伸ばす一方で、それは社会自体の存続にとって絶対に不可欠というわけではない。「無辜の人間を殺してはならない」――より厳密には「私たちの社会の無辜のメンバーを殺してはならない」――は、絶対

に不可欠だ。これが疑いなく、A・H・クラフの詩の一節、

汝殺すなかれ、だが、努力する必要はない
おせっかいにも生かし続けるために

が、慣習道徳をあまりにも正確に記述しているがゆえに、この一節が取られた詩の風刺的意図に気づかない著述家たちによって道徳的知恵としてしばしば厳かに引用される、その理由だ。

人間の倫理がどこに行っても規則の体系であることには、他の理由がある。私たちの遺伝子は、血縁関係や互恵性といった人間倫理の広範に見られる特徴に大きく関わっているかもしれないが、それを適用するにあたっての詳細は学習されなければならない。すべての人に対する偏りのない気遣いという原理は、具体性に欠け、特定の状況においてどう行為すべきかを教えてはくれない。この原理は、計算と長期的思考の能力を前提にしており、幼い子どもたち

——と一部の老人たち——はこれを持たない。他方で規則は、簡潔かつ単純なものにすることができる。たとえば、「無辜の人間を殺してはならない」、「嘘をついてはならない」、「誰か他の人に属するものを取ってはならない」等である。これらの規則が私たちにやらせようとしていることはふつうは明確であり、それらを教えたり、それらに従う者を称賛したり、従わない者を非難したりすることには、何の困難もない。ボーダーラインとなる事例や規則間の対立は問題を引き起こすかもしれないが、規則の体系は十分うまく機能し、おそらくは、すべての人への偏りのない気遣いから行為するよう全員に教え込もうとするよりも、うまく機能するだろう。

規則を持つべき別の理由は、たとえば、本当と嘘のどちらを言うとすべての人の利害が最大化されるのかを見出すのに必要な、長く複雑な計算がいつもできるわけではないからである。私たちは必要な時間と情報を欠いている。また私たちが計算途中で意識的にか無意識的にか、自身の利益と合致するように理性を捻じ曲げて働かせる危険もある。私たちが下す倫理的決断においてしばしばそうであるように、自身の利害が関係するときには、偏りなく理性を働かせることは困難である。情動が喚起されて私たちの事実認識を歪めるときには、それは不可能でさえあるかもしれない。歴史的な例を一つ見てみよう。米国がキューバのピッグズ湾に侵攻することを企てたすぐあと、ケネディ政権の国務次官であったチェスター・ボウルズは、日記にこう書いている。

公衆道徳の善悪に強い確信を持つ公人は誰でも、国内と国外の両方で、緊張状態にある時期に非常に有利である。なぜなら、どう行為すべきかに関するその人の本能は明確で迅速だからだ。そのような道徳的確信の骨格を欠くと……その人はどんな問題についてもプラスとマイナスを数え上げてから結論に至ることになる。その人が疲れたり神経質になったりしていない通常の状況下では、この現実的なアプローチは問題に正しく対応する方向へと彼をうまく連れていってくれるはずだ。

私が懸念するのは、そうした個人が、疲れたり怒ったり神経質になったり感情的になったりしているときに到達するかもしれない結論についてである。キューバでの失敗が示すのは、ケネディほど聡明で善意ある人間が、基本的な道徳的基準点を欠いていると、どれほど道を踏み外してしまうのかということだ。

ケネディの誤った判断に関するボウルズの回顧は、先入観は「心を知恵と徳の安定した軌道に乗せる」がゆえに「急を要する状況にすぐ適用できる」というバークの意見を支持する。単純な道徳規則の趣旨は歪曲や誤解のしようがなく、私たちはその規則に執着することで、判断に適した状態にないときに判断しなければならないという重荷から解放される。

公衆道徳が規則へのコミットメントを教え込むべき、もっと見えにくい理由もある。本当のことを言うことへのコミットメントがなく、すべての人の利益を偏りなく促進するよう行為することへのコミットメントだけがあることを想像してみてほしい。このとき次のような多くの状況で、与えられた情報に頼ることができなくなるだろう。患者が検査手術から目覚め、悪性腫瘍が見つかったかどうかを知りたがる。老女が無神論者の家族に、宗教的な葬式をしてくれるかどうか尋ねる。落ち込んでいる学生が、自身のレポートで驚くほどの高評価を受ける。これらすべてのケースで、本当のことを言うことへのコミットメントがなければ、その情報や約束や評価が与えられたのは与えられる側を幸せにするためであるという可能性が、その情報が本当だったりその約束や評価を与える側の本当の意図や判断を反映していたりするからであるという可能性と、同じくらいあるだろう。この患者や老女や学生がこれに気づいたなら、そのコミュニケーションはそれが達成すると意図された目的を、それが与えられる側を幸せにすることであれ、正直に伝えることであれ、達成できないだろう。これは、嘘をつくことはけっして正当化されないということを言っているのではない。特定のケースでは、無駄な不幸を避けるために嘘をつくべき非常に強力な理由が存在しうる。だがこうした嘘が効果的でありうるのは、人々が正直であるという前提が背景にあるときだけである。医師の言うことを信じる根拠を持たない患者の不安を、医師が鎮めることはできない。稀有で困難なケースで医師がどう行為すべきだと人々が私的には考えていようが、公的な倫理規範は、嘘をついてはいけないという規則を支持しなければならない。

それゆえ、人間倫理の本性に関する新しい理解により、客観的観点からの偏りのない合理性以外のすべての道徳規則を一掃するよう導かれるはずはない。社会的倫理規範は、いくつかの理由により道徳規則を必要とする。それは、私たちの義務を限定するためであり、義務をもっと個人的なものとするためであり、若者を教育するためであり、利益・損失の複雑な計算が必要ないようにするためであり、自分に有利なように倫理的計算を捻じ曲げようとする誘惑をコントロールするためであり、コミュニケーションに不可欠な誠実さへのコミットメントを築くためである。これらの規則なしには、おそらくほとんどの人間の倫理的行動は現状よりも、偏りなく考慮されるすべての人の善を促進するところからかけ離れてしまうだろう。

こうしたことの何も、あらゆる場面で道徳規則に従うべきであるという見解を支持しはしない。道徳規則を永遠の真理とみなす人々はしばしば、その規則の例外を排除しようとする。行為の有用な指針として役立つのに十分なだけの簡潔さがある規則は、私たちが直面しうるすべてのケースをカバーすることはできないので、この試みは最初から成功するはずがなく、それを試みれば試みるほど、結果は滑稽なものとなる。良い例であるのが、嘘をついてはいけないという規則だ。聖アウグスティヌスはすべての嘘が罪深いと書いたので、後世のキリスト教著述家たちは、この規則に例外があることを否定しなければいけないと感じるようになった。だが明らかなのは、誰かをだますことが最悪の事態を避ける唯一の道であることもあるということだ。そこでキリスト教著述家たちは、曖昧だったり誤解を招いたりするような言い回しを用いることは、話の相手が自分の言ったことについて誤った印象を受けることをたとえ知っていたとしても、嘘とはみなされない、と主張するようになった。この主張は、嘘をついてはならないという絶対的規則の悪影響を多くの場面で減じるものだった。だが、ただ曖昧であることでは足りない場面もあり、こうした場合に嘘を絶対的に禁止することがもたらす帰結を避けるために、一部の著述家たちはさらに押し進めて「心裡留保」という主張を編み出した。この主張について、十六世紀のスペイン人イエズス会士であるトマス・サンチェスは次のように述べている。

人は実際には何かをしたにもかかわらず、それをしていないと誓うことができる。それは、ある特定の日や生まれる前にそれをしなかったと心のうちで理解することによってであるか、あるいは、何か他の類似の状況を示唆しながらも、これを伝えられる意味を持たない言い回しを用いることによってである。そしてこれは多くの場面で非常に都合が良く、健康や名誉や財産のために必要だったり有用だったりするときには、常にきわめて正当なことである。

この種の論法によって「イエズス会士のような（jesuitical）」が罵倒語になっ

たとはいえ、それは、嘘を禁じる規則の厳格さからの非常に魅力的な言い逃れであるので、ローマ・カトリックの観点から書かれた1967年出版の教科書であるチャールズ・マクファドンの『医療倫理学』（*Medical Ethics*）で今でも推奨されている。マクファドンは医師と看護師に、患者をだます必要があると考えるときには心裡留保法を使うよう助言する。たとえば、もし熱のある患者が自身の体温を尋ね、その患者はそれを知らないほうがいいと医師が考えるなら、その医師には、「今日はあなたの体温は正常です」と述べつつ、その体温はまさにその患者の身体状態にある者にとっては正常だという心裡留保を付すよう、助言が与えられる。

この種の不正直なナンセンスを回避する方法はもちろん、道徳規則が例外なき真理だと主張するのをやめることだ。道徳規則が社会的産物であり、ふつうは有用で遵守されるべきものだが、すべての者への偏りのない気遣いという立場からの批判的吟味に常に究極的にはさらされているのだと理解しさえすれば、道徳規則に関するイエズス会士的論法の必要性は消え失せる。

以上のことから、道徳を気遣う個人はどう行為すべきことになるのだろうか。すでに述べたのは、すべての人への偏りのない気遣いという基準には、個人に関する限り非の打ちどころがないということだった。こう言いながらも同時に、この基準に届かない社会規範を一般には支持すべきであると主張するのは、矛盾しているように思えるかもしれない。だがこれは、特定のケースで個人はどう行為すべきかと問うことと、行為の公的基準はどうあるべきかを問うこととを区別することから、当然導かれる結論である。ヘンリー・シジウィックはこの点を、功利主義について議論するなかで次のように述べている。

……人前で主張するのは正しくないだろうことを、特定の状況下で行い、私的には推奨するということは、正しいのかもしれない。ある人たちに説くのは誤りであるだろう教えを、別の人たちの前で説くのは正しいのかもしれない。ある程度秘密裡に行うことができるのであれば、世界が見ている前で行うのは誤りであろうことを行うのも、ことによると正しいのかもしれない。それどころか、完全に秘密裡に行うことが合理的に期待できるのであれば、私的な助言や模範により推奨することが誤りであろうことを行うのも、ことによると正しいのかもしれない。

シジウィックは例を挙げていないが、私たちの以前の議論からその例を提供することができる。学生が自身の課題の出来について非常に落ち込んでいて、一つ評価を下げると研究を完全に投げ出してしまう一方で、もしこの学生が元気を取り戻せば満足いく水準に到達できるだろうという理由で、教授がその学生に本来その成果が値するよりも高い評価を与えるのは、正しいのかもしれない。しかしながら、教授がこのことを公言するのは正しくないだろう。なぜならそうすると、この学生は高い評価が不相応なものであったと知ってしまう——他の学生たちも落ち込んでいるふりをするようになってしまうのはさておき——からであり、自身が高い評価に値するとその学生が信じているからこそ、その評価がその学生を力づけるからである。

公の倫理規範では批判されるのが正しいことも、個人が秘密裡に行うのは正しいかもしれないというのは、パラドックスであるような感じがする。このパラドックスは、その主張そのもののパラドックスではなく、それを述べようと試みることのパラドックスである。というのも、この見解を述べることとは、それを公に述べることであり、そのことでその同じ主張が支持すべきだと言っている公の倫理規範を覆すことになるからだ。（たとえば、この本は公の目に触れる文書であり、私はその職務にレポートを評価することを含む教授であるので、私が前の段落でやったことは、まさにその段落で私がやるべきでないと言っていることだ。だが、私が書いた内容は――私がそれを書いたという事実とは別のことであるので――それでも正しいのかもしれない。）あるいは、シジウィックは次のように述べている。「行為が秘密であることで、さもなければ正しくないだろう行為を正しくするかもしれないという意見は、それ自体ある程度秘密にされるべきである」。

倫理の規則は、道徳的に絶対のものであったり、変えることのできない直観であったりはしない。それらの規則には、私たちの進化史・文化史の遺物にすぎず、コストなしに捨て去ることができるものもある。また別の規則は、人間の自然本性の流れを偏りのない立場から裏づけられる水路へと向ける、有益な試みである。これら後者の規則でさえ、あらゆる人の本性やあらゆる状況に、完璧に適合しているわけではない。完璧に適合させるには、人間の自然本性と人間生活は複雑すぎる。一部の人々は、倫理規範が要求する限界を超えていくことができる。彼らは他人をただ殺さないだけではなく、他人を生かしておくよう努力する。偏りのない観点からすれば彼らは正しいが、その基準は、広範に受け入れられる道徳規範の一部となるには、あまりに厳格すぎる。いくつかの普通でない状況では、私たちは倫理的規則を破るべきである。だが、私たちがそれをやるのは自分自身の責任においてである。本質的な倫理的規則は公に支持されなければならず、それを破る者を非難することは、その規則を支持する重要なやり方の一つだ。患者が無駄な苦痛を感じないように嘘をつく医師が、嘘をつくのは正しいのかもしれない。それでも、その医師の同僚がその医師を非難して、誠実さの基準を保とうとするのは正しいのかもしれない。倫理的規則はそれ自体、究極的権威を持つものではないとはいえ、私たちがそれなしにはやっていけないような倫理的規則も存在するのである。

生物学を超えて?

この本の始めに、倫理学は科学と違って進歩がないという不満について見た。倫理は私たちが横切らなければならない沼地のように思えるが、横切ろうとすると身動きが取れずどうしようもなくなってしまう。今やわかったのは、倫理は沼地だが、境界線と説明可能な形を持つ沼地だということだ。対立と混乱は、いくつかの仕方で倫理へと組み込まれる。すなわち、生物としての私たちの自然本性と、偏りのない理性の働きに従う私たちの能力との区別において。個人的観点と社会的観点との衝突において。そして、破られるべきときが稀にある倫理的規則を擁護する必要性において。

私たちが抱える問題を理解することは、それらを解決するための第一歩である。倫理について私たちが得た洞察の場合には、それは重要な一歩だが、まだ長きにわたる行程の始まりにすぎない。知識だけでは倫理に組み込まれた対立は解決しないだろう。なぜならこれらの対立の根は、私たちの自然本性と社会生活の本性とにあるからだ。だが知識は、倫理にまつわる混乱を取り除いて、前に進む道をおぼろげながら見えるようにしてくれるかもしれない。

社会の倫理的前進は、進化のプロセスを模倣することや、そこから逃れることにではなく、それと闘うことにかかっているとT・H・ハクスリーが書いた当時、進化が生じるメカニズムについてはほとんど知られていなかった。ダーウィンは『種の起源』で「遺伝を支配する法則はほぼ知られていない」と書いている。実際のところ、ダーウィンがこう書いたときには、グレゴール・メンデルという無名のオーストリア人修道士がこれらの法則を発見しつつあったが、彼も自分が見つけたものが何なのか、よくわかっていなかった。メンデルの法則の意義が認められたのは一九〇〇年になってからであり、そのころにはダーウィンもメンデルも死んでいた。遺伝子がどう機能するのかについて、もっと詳細に知ることができるようになったのは、ＤＮＡ分子がきわめて詳細な遺伝的「メッセージ」をどのようにして運ぶことができるのか、フランシス・クリックとジェームズ・ワトソンが一九五三年に発見したときだった。これらの発見は、集団内で遺伝子がいかにして広まるのかという問いへの高等数学的手法の適用と合わせて、進化がどのように働くのかに関する真の理解を初めてもたらしてくれた。

どのような闘いにおいても、敵について知れば知るほど、勝利する確率は上がっていく。二十世紀に入る前には、進化と闘うことについて語っていた人々は、自分が何と闘っているのかわかっていなかった。私たちが今でもなお知るべきことは多い。しかし、私たちが今知りつつあることは史上初めて、自身の遺伝子が持つ傾向の進む方向を意図的にそらす可能性をもたらしてくれる。遺伝子が私たちにどのような影響を及ぼしているのかを理解することは、その影響に盾突くことを可能にするのだ。

このように盾突くことを可能にする基盤は、私たちの理性的能力にあるはずだ。共感やその他の非理性的本能に基づいて遺伝子に盾突こうと試みても、遺伝子が私たちをつないでいる鎖を長くすることはできるかもしれないが、結局それらの本能自体が遺伝的基盤を持つので、その鎖を断ち切ることはけっしてできないだろう。理性は違う。たしかに理性的能力は私たちの他の形質と同じ生物学的理由で進化したが、理性は論証が示す客観的基準に従う可能性——多くの場合実現しないのは確かだが、それでも常にそこにある可能性——をもたらす。その可能性は、それが次世代の遺伝子を増加させるかどうかとは関係なくもたらされる。それゆえ理性を働かせる生物は、SF物語で自身の創造者たちに反抗するコンピュータの立場にある。進化が持つ盲目の力は、眼を持つ生物を生み出した。彼らは見る能力を持つことで、この同じ盲目の力が彼らを連れていこうとする方向を好まない場合には、針路を変えることができる。最初は、自分の行きたいところへと舵を切る方法がわからないかもしれない。強く吹く風に抗して舵を切るにはそれを習得する必要があり、経験の浅い者は失敗するだろう。習得する前に座礁するかもしれないが、そのような不幸な運命が、進化の針路を変えようとすることに不可避の帰結だと信じる理由はまったくない。進化はゆっくりと働き、私たちはおそらくそれをやがてコントロールして、破滅的な誤りを回避する術を習得するだろう。

盲目の進化に対して理性をもって盾突くことの目的は、偏りのない立場から要請されるものであるはずだ。すなわち、偏りなく考慮されるすべての人の利益を促進する、というものだ。私たちが見てきたのは、少なくとも一般に受け入れられた道徳的基準というレベルでは、この目的へと前進してきたということだ。利他性の領域は家族と部族から国家へ、人種へ、そして今では全人類へと広がってきた。このプロセスは、やはり私たちが見てきたように、いかなる種であれ利害を持つすべての生物を含むよう拡大されるべきである。だが、ただこれを究極的な倫理的基準として提案し、誰もがそれに従って行為するよう期待するだけで済ますことはできない。重要かつ相対的に永続的な人間の欲求を阻むことなしにさらに広範な気遣いを促すよう、私たちの文化をデザインし始めなければならない。

人間の性欲がもたらす自然な帰結を回避しようとする先例から、私たちは学ぶことができる。道徳的理想として独身生活を送るよう説くことは、少数の人に訴えかけることはあるかもしれないが、人口増加を十分抑えることはできないだろう。なぜならそれは、重要な人間の欲求を抑制することを伴うからだ。避妊具は、この欲求を満足できるようにしつつもその自然な帰結を防ぐことで、より大きな成功を収めてきた。

これをどのようにして他の問題に当てはめることができるだろうか。一例を挙げてみよう。遠く離れた国々の飢餓救済と開発計画のために募金するよう訴えても、それは少数の人にしか届かず、多くの人々はこうした援助は匿名性が高すぎると考える。彼らは個人的な訴えかけがあるときには少額を寄付するかもしれない。だが私たちのほとんどにとって、誰が助けられるのかをまったく知ることなく多額の募金をすることには心理的障壁がある。貧しい子どもたちの里親となるよう勧誘するスキームは、この障壁を回避する方法の一つだ。これらのスキームでは、里親は援助している子どもの写真を受け取り、個人的な交流は手紙でなされる。おそらく長期的に見て、最も必要な場所に援助を送って、個人の援助よりも共同体の発展に取り組むときほど、費用対効果は良くないだろう。それでもこの里親制度は、少なくとも一人の困窮する子どもが個人的庇護下にあると考えるよう里親に促すことで、血縁利他的な欲求を引き出して、それをより広い領域へと適用するのである。このようにして、多くの人々をまとめて助けようという訴えかけでは到達できない利他性の源泉を利用することで、里親制度は提供される援助の総量を増やしている。

たしかに、このように血縁利他性と結び付く欲求の向きをより広範な領域へとそらすことは、より広範な利他性に関する長期的な遺伝的帰結には何も貢献しない。里子たちを育てるために多額の寄付をする人々は、自身の本当の血縁者をそこなうことになり、そのことで自身の、おそらくはより寛大であるだろう遺伝子が、将来の世代において拡散する可能性を低めているのではないだろうか。言い換えれば、そのような寛大さは長期的には自らを滅ぼすのではないだろうか。

しかしながら、こうした人間進化のモデルはあまりに単純すぎる。一つには、この種の寛大さに関する「単一の遺伝子」というものはないということがある。その遺伝子は他の形質とも関わっており、それらの形質は有利なものかもしれない。もしそうであれば、その遺伝子は簡単には淘汰されないだろう。第二に、比較的裕福な国々の中産階級市民が現在到達している富裕さのレベルでは、収入に十分な余裕があり、将来世代に自身の遺伝子を伝える可能性をまったくそこなうことなく、他人に施すことができる。私が何枚かのお気に入りのレコードやハワイ旅行に使えるはずのお金を寄付することを考えてみてほしい。これは私の遺伝子の存続に何の影響もない。仮に人々が育てられる余裕のある限界の数まで子どもを持ったなら、その場合にのみ、より寛大な人々は遺伝的競争で不利になる。裕福な人々の間ではここしばらくの間、こうしたことは起こっていない。

最後に、そして最も重要なことであるが、人間の文化は多くの場合、そのままだと利己的行動が遺伝的に有利となりかねない事態を無効化したり、覆したりすることができる。その明らかな事例であるのが、私たちが持つ制裁・処罰の仕組みである。安全な妊娠中絶の方法がある以前は、レイプは自身の遺伝子を拡散する良い方法であったように思え、それゆえ何世代も経て人間集団におけるレイプ犯の数は増加すると予測できる。だが、もし社会がレイプ犯を殺したり追放したり去勢したり投獄したりすれば、彼らは他の者たちよりも繁殖機会が少なくなり、レイプ犯の増加を抑えることができる。これは、女性をレイプしていた男たちが自身の遺伝子の拡散を意図していて、もしレイプが遺伝的利益を生まないのであれば、それをしないようになるからということでは、もちろんない。処罰されることへの恐れはもちろんレイプ犯を抑止するだろうが、この抑止効果とはまったく別に、さまざまな処罰が、将来世代における特定の遺伝子——レイプをする傾向をもたらすものを含む——の存続可能性に影響を与える。

この論点は広く応用が利く。人間社会の制度は、人間進化の方向に影響を与えることができる。気候、食料供給、捕食者その他の自然選択の力が私たちの自然本性を形作ったのとまったく同じように、私たちの文化もそれを形作ることができる。自然の力は文化よりもはるかに長く作用してきた。だが、私たちの行動の遺伝的基盤が比較的迅速に変化する可能性があることを、ウィルソン自身が指摘していた。「キラーエイプ」仮説——私たちは攻撃性が生活に必須だった狩猟者から進化したという理論——を検討するなかでウィルソンは、これが本当だったとしてもそのことだけから、私たちが遺伝的攻撃傾向を持つということにはならないだろうと述べている。というのも、農耕社会が始まった五千年以上前から、私たちが狩猟者だったころに持っていた遺伝的傾向を、反対方向の選択圧が変えてしまうだけの時間はあったからである。

過去に私たちの文化は、攻撃的・利己的行為が持つ遺伝的利益に対抗するよう作用したかもしれず、そのとき、文化がそうした効果を持つことに誰も気づいていなかったかもしれない。将来私たちは、自身の実践がもたらす遺伝的帰結をもっと意識するだろうし、慎重に段階を踏んで、私たちの文化が現在の世代において倫理的行為を促すだけでなく、次世代において倫理的行為をもっと広めるよう、計らうことができるだろう。現在のところ、私たちがこれをやるにはヒトの遺伝に関する知識が足らず、やろうとしても非常に粗野で害をもたらしかねないやり方でしかできないだろう。もっと多くの知識を得たとき、私たちはもはや自身の遺伝子の奴隷ではないのだと、心から主張できるようになるだろう。

引用文献に関する注

第一章　利他性の起源

.026
エピグラフは、Mary Midgley, *Beast and Man* (Ithaca, N.Y.: Cornell University Press, 1978) の p.xiii からの引用である。

.029
Sociobiology: The New Synthesis〔邦訳：エドワード・O・ウィルソン『社会生物学　合本版』伊藤嘉昭監修、坂上昭一ほか訳、新思索社、一九九九年〕は The Belknap Press of Harvard University Press から出版されている。社会生物学の定義は p.595 で述べられている。

.032
ストッティングの説明は、R. D. Estes and J. Goddard, "Prey Selection and Hunting Behavior of the African Wild Dog," *Journal of Wildlife Management*, 31(1) pp.52-70 から引用した。これは *Sociobiology* の p.124 でもウィルソンにより引用されている。利他性のさらなる事例に関する資料は、Sociobiology, especially pp.122-9, 475, 495 にも記載されている。オオカミについては、Konrad Lorenz, *King Solomon's Ring* (London: Methuen, 1964; New York: T. Y. Crowell,1952)〔邦訳：コンラート・ローレンツ『ソロモンの指環——動物行動学入門』日高敏隆訳、ハヤカワ文庫、一九九八年〕, pp.186-9 を参照のこと。

.038
利他性に関する、種の存続の観点からの誤った説明の一例は、Peter Kropotkin, *Mutual Aid: A Factor of Evolution* (first published, 1902; republished London: Allen Lane, 1972)〔邦訳：ピョートル・クロポトキン『相互扶助論　〈新装〉増補修訂版』大杉栄訳、同時代社、二〇一七年〕, pp.81-2, 246 に見出される。

.048
シマウマとヌーの違いが血縁選択により最もよく説明されることは、David Barash, *Sociobiology and Behavior* (New York: Elsevier,1977), p.99 により示唆されている。ラングールの行動に関する最も詳細な説明は、Sarah Hrdy, The Langurs of Abu (Cambridge, Mass.: Harvard University Press, 1977) である。ライオン間での類似した行動については、G. B. Schaller, *The Serengeti Lion: A Study of Predator-Prey Relations* (Chicago: University of Chicago Press, 1972)〔邦訳：G・シャラー『セレンゲティライオン　上・下』小原秀雄訳、思索社、一九八二年〕、および B. C. R. Bertram, "Kin Selection in Lions and in Evolution," in P. P. Bateson and R. A. Hinde (eds.), *Growing Points in Ethology* (Cambridge, Mass.: Cambridge University Press, 1976) を参照のこと。

.050
ロバート・トリヴァースがその画期的論文 "The Evolution of Reciprocal Altruism," *The Quarterly Review of Biology*, 46 (1971), pp.35-57 で最初に、おぼれる人を救うというモデルを使用した。

.053
血縁のない動物における食料の分け与えについては、B. C. R. Bertram, "Living in Groups: Predators and Prey," in J. R. Krebs and N. B. Davies (eds.), Behavioral Ecology (Oxford: Blackwell, 1978)〔第1版邦訳：J・R・クレブス、N・B・デイビス『行動生態学（原書第2版）』山岸哲・巖佐庸訳、蒼樹書房、一九九一

年］, p.92 を参照のこと。

.054
「裏切者たち」と「恨む者たち」の議論は、Richard Dawkins, *The Selfish Gene* (Oxford: Oxford University Press, 1976)［四十周年記念版邦訳：リチャード・ドーキンス『利己的な遺伝子 40周年記念版』日高敏隆ほか訳、紀伊國屋書店、二〇一八年］から借用した。

.060
ここで用いたある種の集団選択を擁護する議論は、J. L. Mackie, "The Law of the Jungle," *Philosophy*, 53 (1978), pp.455-64 から借用した。ウィルソンは、利他性へと向かう集団の傾向を説明するような「遺伝的浮動」は、互いに隔離された集団において「間違いなくありうる」と示唆する。*Sociobiology*, p.121 を参照のこと。

第二章　倫理の生物学的基盤

.065
戦争が人類の自然状態であるというホッブズの主張は、彼の *Leviathan*［邦訳：トマス・ホッブズ『リヴァイアサン　上・下』加藤節訳、ちくま学芸文庫、二〇二二年］の Ch.13 からのものである。イク族がホッブズの言う自然状態の人間を体現したものであるというギャレット・ハーディンの主張は、*The Limits of Altruism* (Bloomington: Indiana University Press, 1977)［邦訳：ガレット・ハーディン『サバイバル・ストラテジー』竹内靖雄訳、思索社、一九八三年］, pp.130-1 におけるものである。イク族が価値を欠いているというコリン・ターンブル自身の主張については、*The Mountain People* (New York: Sinon and

Schuster, 1972)〔邦訳：コリン・ターンブル『ブリンジ・ヌガグ――食うものをくれ』幾野宏訳、筑摩書房、一九七四年〕, pp.289-90, 294 を参照のこと。*The Mountain People* に対する痛烈な批判は、*Current Anthropology*, 15 (1974), pp.99-103, and 16 (1975), pp.343-58 に掲載された。

.071
死の収容所においても価値が保たれたことについては、Terrence Des Pres, *The Survivor: An Anatomy of Life in the Death Camps* (New York: Oxford University Press,1976), especially p.142 を参照のこと。

.074
人間社会間の差異に関するウィルソンの記述は、*On Human Nature* (Cambridge, Mass.: Harvard University Press, 1978)〔邦訳：エドワード・O・ウィルソン『人間の本性について』岸由二訳、思索社、一九八〇年〕, p.48 に記載されている。

.076
ウェスターマークによる善意の義務の順序については、*The Origin and Development of the Moral Ideas* (London: Macmillan, 1908), Ch.23 を参照のこと。マーシャル・サーリンズの見解は、*The Use and Abuse of Biology* (Ann Arbor: University of Michigan Press, 1976), p.18 から引用した。

.082
プラトンが共同生活を唱えたのは、*Republic*〔邦訳：プラトン『国家　上・下』藤澤令夫訳、岩波文庫、一九七九年〕, V, 464 においてである。イスラエルのキブツの実態に関するタルモンの記述は、*Family and Community in the Kibbutz* (Cambridge, Mass.: Harvard University Press, 1972) の pp.3-34 から引用した。

.089

互恵性に関するウェスターマークのコメントは、*The Origin and Development of the Moral Ideas*, Vol. II, p.155 からのもの、グールドナーのコメントは、“The Norm of Reciprocity,” *American Sociological Review*, 25 (1960), p.171 からのものである。

.093

ポリュビオスの一節は、彼の*History*〔邦訳：ポリュビオス『歴史　1-4』城江良和訳、京都大学学術出版会、二〇〇四-二〇一三年〕, VI, 6 からのものであり、ウェスターマークの *The Origin and Development of the Moral Ideas*, Vol.I, p.42 で引用されている。部族社会における互恵性の精緻な儀式については、Marcel Mauss, *The Gift* (London: Routledge & Kegan Paul, 1954)〔邦訳：マルセル・モース『贈与論　他二篇』森山工訳、岩波文庫、二〇一四年〕を参照のこと。コリン・ターンブルは、イク族がすぐにお返しをして、長期的な義務から逃れようとすることを記している（*The Mountain People*, p.146）。シジウィックは、まったく同じ現象がヴィクトリア朝イングランドにもあることを記している（*The Methods of Ethics*, 7th ed., p.260）。感謝の重要性に関するキケロの主張は、*de Officiis*〔邦訳：キケロー『義務について』泉井久之助訳、岩波文庫、一九六一年〕, I, 15, par. 47 からのものである。イエスのコメントは、マタイ 五：四三またはルカ六：三五に見出される。

.101

私たちが利他的動機を好むことについてのロバート・トリヴァースの説明は、“The Evolution of Reciprocal Altruism,” *The Quarterly Review of Biology*, 46 (1971), pp.48-9 にある。彼はまた、他人から利他行動を引き出す利他性の効果に関する心理学的データを示す参考文献について記載している。引用した文献レビューは、D. Krebs, “Altruism-An Examination of the Concept and a Review of the Literature,”

Psychological Bulletin, 73, pp.258-302 である。

.114
忠誠心に関するデータの調査については、ウェスターマークの *The Origin and Development of the Moral Ideas*, Vol II, p.169 を参照のこと。忠誠心を称えるキケロの賛辞は、*de Officiis*, I, 17, par. 57 に記されている。

第三章　進化から倫理へ?

.122
アインシュタインから引用したエピグラフは、*Out of My Later Years* (New York: Philosophical Library, 1950)［邦訳：A・アインシュタイン『科学者と世界平和』井上健訳、講談社学術文庫、二〇一八年］の p.114 からのものである。対照をなす見解は、*On Human Nature*, p.5 からのものである。

.128
エドワード・ウィルソンによる性の生物学の議論は、*On Human Nature*, Ch.6 にある。

.133
ダーウィンの手紙（チャールズ・ライエル宛）は、*The Life and Letters of Charles Darwin*, edited by Francis Darwin (London: Murray, 1887), Vol.2, p.262 に公開されている。私のこの引用は、Robert Bannister, *Social Darwinism: Science and Myth in Anglo-American Social Thought* (Philadelphia: Temple University Press, 1979), p.14 に負っている。

.136
「より高い」と「より低い」の使用を戒めるダーウィンのメモ書きは、*More Letters of Charles Darwin*, edited by F. Darwin and A. C. Seward (London: Murray, 1903), Vol.1, p.114n に記されている。J・D・フッカーへの手紙（一八五八年十二月三十日）も参照のこと。T・H・ハクスリーの講義『進化と倫理』は、J. S. and T. H. Huxley, *Evolution and Ethics* (London: Pilot Press, 1947)［邦訳：ジェームズ・パラディス、ジョージ・C・ウィリアムズ『進化と倫理――トマス・ハクスリーの進化思想』小林傳司ほか訳、産業図書、一九九五年］に再掲されている。引用した一節は p.82 にある。

.140
「人間の生物学的本性に内在的な倫理的前提」への言及は、*On human Nature* の p.5 にある。

.143
ロールズの倫理学的理論は、彼の著書 *A Theory of Justice* (Cambridge, Mass.: Harvard University Press, 1972)［邦訳：ジョン・ロールズ『正義論　改訂版』川本隆史ほか訳、紀伊國屋書店、二〇一〇年］に提示されている。ロールズの見解の要約については、Sec.11 を参照のこと。ロールズの平等の原理に関するウィルソンの誤解は、*On Human Nature* の p.5 に見られる。

.146
けっして嘘をついてはならないというカントの主張は、彼の論文 "On a Supposed Right to Tell Lies from Benevolent Motives"［邦訳：カント「人間愛からの嘘」谷田信一訳、『カント全集　13　批判期論集』（坂部恵ほか編、岩波書店、二〇〇二年）所収］の主題であり、これは、T. Abbott の *Kant's Critique of Practical Reason and Other Works on the Theory of Ethics* (London: Longmans, Green & Co., 1909) に再掲さ

れている。ノージックの *Anarchy, State and Utopia*〔邦訳：ロバート・ノージック『アナーキー・国家・ユートピア――国家の正当性とその限界』嶋津格訳、木鐸社、一九九四年〕は Basic Books (New York, 1974) から出版された。

.156
人間の生命の神聖さという西洋に共通する見解がユダヤ＝キリスト教の教義に基づき、その教義を否定するとその見解を維持できないという主張は、拙著 *Practical Ethics* (Cambridge, Mass.: Cambridge University Press, 1979)〔邦訳：ピーター・シンガー『実践の倫理』山内友三郎・塚崎智監訳、昭和堂、一九九一年〕, Ch.4 で述べられている。

.158
「である」と「べし」の区別に関するデイヴィッド・ヒュームの見解は、彼の *A Treatise on Human Nature*〔邦訳：デイヴィッド・ヒューム『人間本性論　第1巻-第3巻』木曾好能ほか訳、法政大学出版局、二〇一九年〕の Book III の Part 1 の Section 1 の終わりに記載されている。

.160
引用したこの一節は、*On Human Nature* の p.197 にある。

.169
どう行為すべきかは実際にどう行為するかとはまったく別の問題であるというカントの言葉は、彼の *Fundamental Principles of the Metaphysic of Morals*〔邦訳：カント『道徳形而上学の基礎づけ』中山元訳、光文社古典新訳文庫、二〇一二年〕の第二章の冒頭の一節にある。

第四章　理性

.186

二つ目のエピグラフの引用は、Benjamin Jowett 訳のプラトンの *Apology*［邦訳：プラトン『ソクラテスの弁明』納富信留訳、光文社古典新訳文庫、二〇一二年］の p.38 からのものである。

.189

エウクレイデスに関するホッブズの発見の説明は、John Aubrey の *Brief Lives*［邦訳：オーブリー『名士小伝』橋口稔・小池銈訳、富山房百科文庫、一九七九年］, ed. A. Clark (Oxford: Oxford University Press, 1898), Vol.1, p.332 に依拠している。

.197

ヒュームの一節は、*An Enquiry Concerning the Principles of Morals*［デイヴィッド・ヒューム『道徳原理の研究』渡部峻明訳、哲書房、一九九三年］, Sec.IX, Pt.1 から引用した。

.203

ソクラテスが慣習的な正義の概念に疑問を呈するところから、プラトンの *Republic* は始まる。

.206

異なる国々の慣習の多様性に関するギリシア人たちの認識については、K. J. Dover により *Greek Popular Morality in the Time of Plato and Aristotle* (Berkeley and Los Angeles: University of California Press,1974), pp.75, 86-7 で論じられている。

.208
L. Kohlberg and R. Kramer, "Continuities and Discontinuities in Childhood and Adult Moral Development," *Human Development*, 12, pp.93-120 (1969) を参照のこと。

.211
普遍化可能性に関するR・M・ヘアの議論については、彼の *Freedom and Reason* (Oxford: Oxford University Press, 1963)〔邦訳：R・M・ヘア『自由と理性』山内友三郎訳、理想社、一九八二年〕を、より近年の発言については、"Ethical Theory and Utilitarianism," in H. D. Lewis (ed.), *Contemporary British Philosophy*, fourth series (London: Allen & Unwin,1976) を参照のこと。自身の決断により影響を受ける各人の人生を自身が生きることを想像するというC・I・ルイスの考えは、*An Analysis of Knowledge and Valuation* (La Salle, Ill.: Open Court, 1946) の p.547 に述べられている。私自身の議論は、ヘアに多くを負っている。

.222
客観的価値の奇妙さに関するJ・L・マッキーの論点は、彼の *Ethics: Inventing Right and Wrong* (Harmondsworth: Penguin Books,1977)〔邦訳：J・L・マッキー『倫理学——道徳を創造する』加藤尚武監訳、哲書房、一九九〇年〕の Ch.1, Sec.9 からの引用である。

.231
同胞ヘブライ人の奴隷化を禁じるヘブライの規則は、レビ記 二五：三九 - 四六からのものである。

.232
ギリシアの碑文は、Kenneth Dover, *Greek Popular Morality in the Time of Plato and Aristotle*, p.280 からの引用である。この道徳の進歩に関するプラトンの提案は、*Republic*, V, 469-71 で述べられている。アリストテレスの *Politics*［邦訳：アリストテレス『政治学　上・下』三浦洋訳、光文社古典新訳文庫、二〇二三年］, I, 6 も参照のこと。他の文化からの多くの事例については、ウェスターマークの *The Origin and Development of the Moral Ideas*, Vol.I, pp.331-3 も参照のこと。

.235
外国人の相続に関する法律については、Westermarck, *The Origin and Development of the Moral Ideas*, Vol. II, p.49 を参照のこと。

.236
グンナー・ミュルダールの *An American Dilemma* は、一九四四年に Harper & Bros., New York により出版された。引用した一節は、Appendix 1 からのものである。

.241
マルクスからの引用は、*The German Ideology* (New York: International Publishers, 1966)［邦訳：マルクス／エンゲルス『ドイツ・イデオロギー　新編輯版』廣松渉編訳・小林昌人補訳、岩波文庫、二〇〇二年］, pp.40-1 からのものである。

.246
西洋的な肉中心の食事に伴う穀物の無駄については、Francis Moore Lappe, *Diet for a Small Planet* (New York: Ballantine, 1971)［邦訳：フランシス・ムア・ラッペ『小さな惑星の緑の食卓——現代人のライフ・

スタイルをかえる新食物読本』奥沢喜久栄訳、講談社、一九八二年〕を参照のこと。*Animal Liberation*〔邦訳：ピーター・シンガー『動物の解放』戸田清訳、技術と人間、一九八八年〕は一九七五年にThe New York Review から出版され、一九七七年に Avon Books, New York から再版された。

.250
生命への畏敬に関するアルベルト・シュヴァイツァーの見解は、元々は彼の *Civilisation and Ethics* (London: A. C. Black, 1929)〔邦訳：アルベルト・シュヴァイツァー『シュヴァイツァー著作集　第七巻　文化と倫理（文化哲学第二部）』氷上英広訳、白水社、一九五七年〕として公刊され、Tom Regan and Peter Singer (eds.), *Animal Rights and Human Obligations* (Englewood Cliffs, N.J.: Prentice-Hall, 1976), pp.133-8 に再掲されている。

.250
アルド・レオポルドの *Sand County Almanac*〔邦訳：アルド・レオポルド『野生のうたが聞こえる』新島義昭訳、講談社学術文庫、一九九七年〕は、一九四九年に Oxford University Press, New York から出版された。引用した一節は、pp.201-3 からのものである。

第五章　理性と遺伝子

.256
オスカー・ワイルドの "The Critic as Artist"〔邦訳：オスカー・ワイルド「芸術家としての批評家」西村孝次訳、『オスカー・ワイルド全集　4』（青土社、一九八九年）所収〕からの引用は、彼の *Intentions* (London: Methuen, 1909), p.182 からのものである。

.257
理性は情念の奴隷であるとヒュームが書いたのは、*Treatise of Human Nature* の Book II, Pt.3, Sec.iii においてである。

.262
引用文は、Richard Dawkins, *The Selfish Gene*, p.4 からのものと、Edward O. Wilson, *Sociobiology*, p.120 からのものである。「適応度」の定義については *Sociobiology*, pp.117-18 を、それに対するミジリーのコメントについては Mary Midgley, *Beast and Man*, p.129n をそれぞれ参照のこと。

.265
マザー・テレサが貧民を世話することについてのウィルソンの説明は、*On Human Nature* の p.165 にある。ギャレット・ハーディンの主張については、*The Limits of Altruism*, p.26 を参照のこと。ドーキンスについては、*The Selfish Gene*, pp.2-3 を参照のこと。

.265
引用文は *The Selfish Gene*, p.3 からのものである。

.271
イギリスの献血者に関するリチャード・ティットマスの研究は、*The Gift Relationship* (London: Allen & Unwin,1970; New York: Pantheon Books, 1970) に公刊されている。

.274

道徳の拡大に関するエドワード・ウェスターマークの考えは、*Ethical Relativity* (New York: Harcourt Brace, 1932), Ch.7 で最も詳細に説明されている。

.276

偏りのない倫理的基準としていくつか挙げた例の引用元は以下のとおりである。ユダヤ教：レビ記一九：一八、および Babylonian Talmud, Order Mo'ed, Tractate Sabbath［邦訳：『タルムード　モエードの巻　シャバット篇』長窪専三翻訳監修、三貴、二〇一二年］, Sec.31a におけるラビのヒレル師の言述。キリスト教：マタイ 二二：三九、ルカ 六：三一、マタイ 七：一二。孔子：Lun Yü［邦訳：『論語』金谷治訳注、岩波文庫、一九九九年］XV:23およびXII:2（Westermarck, *The Origin and Development of the Moral Ideas*, Vol.I, p.102 より引用）。インド：Mahabharata ［邦訳：『マハーバーラタ　第1巻-第9巻』山際素雄訳、三一書房、一九九一-九八年］XXIII: 5571（Westermarck より引用）。ストア派：Marcus Aurelius, *Commentaries*［マルクス・アウレーリウス『自省録』神谷美恵子訳、岩波文庫、二〇〇七年］, IV, 4 および Seneca, *de Otio*［邦訳：セネカ「閑暇について」大西英文訳、『セネカ哲学全集　1　倫理論集Ⅰ』（大西英文ほか編、岩波書店、二〇〇六年）所収］, IV, 1（どちらもWestermarck, *Ethical Relativity*, p.204 より引用）。

.279

コールバーグの理論の概説については、彼の論文　"Stage and Sequence: The Cognitive-Developmental Approach to Socialization," in D. A. Goslin (ed.), *Handbook of Socialization Theory and Research* (Chicago: Rand McNally, 1969) を読まれたい。道徳的推論と道徳的行為の結び付きについては、L. Kohlberg and R. Mayer, "Development as the Aim of Education," *Harvard Educational Review*, 42 (1971), p.491 を参照のこと。コールバーグの理論を独立に評価した有用な研究として、J. P. Rushton, "Socialization and the Altruistic Behavior of Children," *Psychological Bulletin*, 83 (1976), pp.898-913、E. L. Simpson, "Moral Development Research: A Case Study of Scientific Cultural Bias," *Human Development*, 17 (1974), pp.81-106 および W. D. Boyce and L. C. Jensen, *Moral Reasoning: A Psychological-Philosophical Integration* (Lincoln, Neb.: University of Nebraska Press, 1978), especially pp.110-16 and 154-8 がある。

.283
道徳における合理的要素の存在が、なぜ進化が道徳的行動を淘汰してこなかったのかを説明するということは、Colin McGinn により "Evolution, Animals and the Basis of Morality," *Inquiry*, 22 (1979), p.91 で指摘されている。自身の利害が他人の利害よりも重要ということはないと認識できる観点へと理性により導かれるという考えについては、Tom Nagel, *The Possibility of Altruism* (Oxford: Oxford University Press,1970) を参照のこと。

.289
Leon Festinger, *A Theory of Cognitive Dissonance* (Stanford: Stanford University Press, 1957)［邦訳：フェスティンガー『認知的不協和の理論——社会心理学序説』末永俊郎監訳、誠信書房、一九六五年］, Ch.I を参照のこと。

.290
倫理的観点を選択する理由に関するさらなる議論については、私の *Practical Ethics* の最終章を参照のこと。

第六章　倫理の新しい理解

.300
先入観を称えるバークの賛辞は、*Reflections on the Revolution in France*〔邦訳：エドマンド・バーク『フランス革命についての省察』二木麻里訳、光文社古典新訳文庫、二〇二〇年〕の Penguin (1968) 版の p.183 にある。

.306
大司教と自身の父親のどちらを救うかというゴドウィンの例は、彼の *Enquiry Concerning Political Justice* (Oxford: Clarendon Press, 1971)〔邦訳：ゴッドウィン『世界大思想全集　17　政治的正義』加藤一夫訳、春秋社、一九三〇年〕, p.71 からのものである。彼のパーに対する応答は、同じ本の p.325 にある。

.311
行きすぎた計画の例として都市計画業を取り上げたのは、Jane Jacobs, *The Death and Life of Great American* Cities (New York: Random House,1961) から着想を得たものである。

.315
この引用は、ヒュームの *Treatise of Human Nature* の Book Ill, Part 2, Sec.i からの引用である。J. L. Mackie, *Ethics*, p.130 も参照のこと。

.317
マザー・テレサの引用は、Malcolm Muggeridge, *Something Beautiful for God: Mother Teresa of Calcutta* (New

York: Harper & Row, 1971), p.118 からのものである。

·324
A・H・クラフの風刺詩 "The Latest Decalogue" の全文は、*The New Oxford Book of Verse*, edited by Helen Gardner (Oxford: Oxford University Press, 1978) に掲載されている。

·326
チェスター・ボウルズの日記は、David Halberstam により *The Best and the Brightest* (New York: Random House, 1969), p.69 で引用されている。

·331
嘘をつくことに関するトマス・サンチェスの主張は、パスカルの *The Provincial Letters*, translated by A. J. Krailsheimer (Harmondsworth: Penguin, 1967), pp.140-1 から引用した。この引用は——そしてマクファドンの *Medical Ethics* からの引用も—— Sissela Bok, *Lying* (New York: Pantheon, 1978), p.31 に負っている。

·333
シジウィックは「秘密の」道徳という考えを、*The Methods of Ethics*, 7th ed. (London: Macmillan,1907) の pp.489-90 で擁護している。

·335
倫理における規則の地位に関する私の議論は、R・M・ヘアの著作に負うものである。特に彼の論文 "Principles," *Proceedings of the Aristotelian Society*, 13 (1972-3) を参照のこと。シジウィックの *The Methods of Ethics*, Book IV, Ch.III-V は、この主題に関するきわめて注意深い議論を含む。

346

ウィルソンは、"Competitive and Aggressive Behavior," in J. F. Eisenberg and Wilton Dillon (eds.), *Man and Beast: Comparative Social Behavior* (Washington, D.C.: Smithsonian Institution Press, 1971), p.208 で、私たちの行動の遺伝的基盤が比較的速く変化する可能性を受け入れている。

二〇一一年版へのあとがき

科学はじっと立ち止まっているものではなく、それは哲学も同じだが、後者はぐるぐると堂々巡りをする傾向にある。この言い方はフェアではないかもしれない。哲学も実際進歩するのだ。いや、おそらくはこう言ったほうが良いだろう。哲学は、昔馴染みの場所を再訪して、古き良き時代に見出されたものに何か価値あるものを見出すことを好むのだ、と。とはいえ、まずは科学の話から始めよう。この三十年間の科学研究は、倫理の起源と本性に関する私たちの知識に何を付け加えただろうか。

第一に、私たちの倫理について、その文化的基盤というよりは生物学的基盤を裏づける論拠が、いくつかの異なる研究方法により補強されてきた。フランス・ドゥ・ヴァールは、オランダで研究を始めて現在はアトランタのエモリー大学に所属する。彼は四十年間にわたって霊長類を観察してきた。彼によれば、霊長類の行動がいくつかの仕方で示唆するのは、霊長類は公正さと正義の感覚を持っているか、あるいは少なくともそうした感覚の先駆けとなるものを持っているということだ。たとえば、ドゥ・ヴァールはチンパンジーの集団を観察するなかで次のことに気づいた。ラウトというチンパンジーがニッキーという別のチンパンジーに攻撃されたとき、パウストという第3のチンパンジーがラウトの助太刀に来て、ニッキーを撃退するのを助けた。あとになって、ニッキーはパウストを攻撃した。パウストはラウトに合図した。おそらくはニッキーとの争いに助勢するようラウトに求めているようだったが、ラウトは何もしなかった。ニッキーからの攻撃がやむと、パウストは怒り狂ってラウトを攻撃し始めた。ドゥ・ヴァールはこうコメントしている。「もし彼女の怒りが実際に、彼女がラウトを助けたあとにラウトが彼女を助けなかったことの結果であるのなら、このことは、チンパンジー間の互恵性がヒト間と同じ、道徳的正しさ・正義の感覚に支配されていることを示唆するだろう」。ドゥ・ヴァールがまた示したのは、オマキザルがどうやら「同一労働同一賃金」のような原理に基づいて動いているということだ。オマキザルを訓練して報酬のために、通常は餌のペレットのために課題をこなすよう仕込むのは、簡単なことだ。だが、隣のオマキザルが同じ課題をこなし、もっと良い報酬——たとえばブドウ——をもらっているのを見て、それから普通の餌のペレットを提示されると、オマキザルたちは怒り、多くの場合その提示を拒絶する。不公正に扱われるくらいなら報酬は一切受け取りたくないと彼らは思っているようである。[*1]

ヒト乳幼児の反応に関する新しい研究方法は、ジグムント・フロイト、ジャン・ピアジェ、ローレンス・コールバーグら心理学界の偉人たちと結び付けられる先人の知恵を揺るがしてきた。その知恵とはすなわち、人間の道徳的発達は養育と文化の産物である、というものである。代わりにエール大学のカイ

*1　Frans de Waal, *Chimpanzee Politics* (London: Jonathan Cape, 1982)〔邦訳：フランス・ドゥ・ヴァール『チンパンジーの政治学——猿の権力と性』西田利貞訳、産経新聞出版、二〇〇六年〕, pp.205-7 と *Primates and Philosophers* (Princeton, NJ: Princeton University Press, 2006), pp.44-49 を参照のこと。

リー・ハムリン、カレン・ウィン、ポール・ブルームの研究が示したのは、助けてくれる人を好み、邪魔をする人を憎む素質を持って私たちはこの世に生を享ける、ということだ。生後五か月ほどの赤ん坊でさえ、そうした好みを示すことができる。エール大学の研究で赤ん坊たちが見る人形劇では、人形が他の人形のところにボールを転がし、ある人形はボールを持ち主に返すが、別の人形はボールを持ち去ってしまう。どちらかの人形を選ぶ選択肢を提示されると、赤ん坊たちはボールを返した人形を選ぼうとする。なお一層驚くべきであるのは、生後八か月の赤ん坊たちが、助ける人形と邪魔をする人形とが別の人形から褒賞されたり処罰されたりするのを見ると、助ける人形についてはそれを処罰する人形よりも褒賞する人形を好み、邪魔をする人形についてはそれを褒賞する人形よりも処罰する人形を好んだ、という事実である。このことは、赤ん坊たちが驚くほど早い時期から、助ける者は処罰ではなく褒賞を受けるべきであり、邪魔をする者は褒賞ではなく処罰を受けるべきであるという感覚を持っていることを示唆する。これらの研究について書くなかでポール・ブルームが慎重にも指摘しているのは、赤ん坊たちが私たちと同じような道徳を持つとはブルームらは示していないということだ。むしろ彼らが示したのは、道徳判断の「情動基盤」を赤ん坊たちが持つということである。道徳判断に到達するにはもっと複雑で意図的な思考プロセスを経るものだと、私たちはどちらかと言うと考えるだろう。[*ii]

ヴァージニア大学の心理学者であるジョナサン・ハイトもまた、道徳判断、特にその直観的基盤に関する私たちの知識を蓄積するのに貢献してきた。彼の研究のうちの一つは、近親相姦に関する私たちの判断に光を当てるものだ。彼は、人々に以下の話を読んで問いに答えるよう求めた。

*ii　Paul Bloom, "The Moral Life of Babies," *New York Times Magazine*, May 3, 2010; Paul Bloom, *Descartes' Baby* (Cambridge, Mass.: Basic Books, 2004)［邦訳：ポール・ブルーム『赤ちゃんはどこまで人間なのか——心の理解の起源』春日井晶子訳、ランダムハウス講談社、二〇〇六年］, especially chs.4 and 5.

ジュリーとマークは姉弟だ。彼らは大学の夏休みに一緒にフランス旅行に出かけている。ある夜、彼らは彼らだけで海岸近くのキャビンに泊まっている。彼らは二人で愛を営むときっと楽しいだろうと考えた。少なくともそれは二人のどちらにとっても新しい経験になるだろう。ジュリーは避妊ピルを飲んだけれども、念のためマークもコンドームを使う。彼らは二人とも愛の営みを楽しんだけれども、もう二度とそれをしないことに決める。彼らはその夜のことを二人だけの特別な秘密とし、そのことで互いがさらに親密になったように感じる。彼らが愛を営むのは問題なかったかどうか、あなたはどう考えますか。

ジュリーとマークは間違いを犯したと、ほとんどの人が素早く判断する一方で、その判断の理由を聞かれると彼らは詰まってしまう。奇形児が産まれるリスクを挙げる人も多いが、そのときにはジュリーとマークが二種の避妊をしていたことを思い出すように言われる。別の人たちは、ジュリーとマークは感情的に傷ついたり、関係性をそこなったりする可能性が高いと言う。だが、ジュリーとマークは傷ついておらず、以後彼らの関係性は以前よりもさらに親密になったと、与えられた情報は明確に述べていた。最終的に、多くの人々がこういうようなことを言う。「わからない、説明できない、ただそれが間違いだと知っているだけだ」。[*iii] ハイトはこの現象を「道徳的唖然」と呼ぶ――人々は道徳判断に到達するが、それを正当化するように求められると、唖然としてしまう。彼の説明によれば、道徳判断は理性が働くプロセスの結果ではなく、即座に経験される直観――別の言葉で言えば、私たちが「肉体レベルでの反応(gut reaction)」と呼ぶもの――である。自身の判断について最初に提示した理由が今まさに判断しているケースに当てはまらないと受け入れざるをえなくな

*iii Fredrik Björklund, Jonathan Haidt, and Scott Murphy, "Moral Dumbfounding: When Intuition Finds No Reason," *Lund Psychological Reports* 2 (2000): 1-23; さらなる議論については、Jonathan Haidt, "The Emotional Dog and Its Rational Tail: A Social Intuitionist Approach to Moral Judgment," *Psychological Review* 108 (2001): 814-34 を参照のこと。

り、もっと良い理由を思いつくこともできなかったとしても、人々は自身の直観的判断に固執する。

この事例は、次の見解を支持するためにハイトが収集した証拠の一部である。すなわち、さまざまな領域における道徳判断は、典型的には、迅速でほぼ自動的な直観的反応の帰結である。意識的な理性の働きが道徳判断で一定の役割を果たしうるとハイトは認めてはいる。だがそれでも大半のケースでは、意識的な理性の働きは直観的反応のあとに生じるのであり、直観的反応の基礎となるのではなく、その反応を合理化するものであると彼は考えている[*iv]。

ポール・ブルームは、合理的基盤を持った道徳的進歩という考えに対して、ハイトよりも柔軟な姿勢をとる。こうした道徳的進歩の例の一つは、人種差別に対抗する形でなされてきた進歩である。赤ん坊たちは生後三か月になる頃には、自身にとって最も馴染みのある人種の人の顔を好むようになるとブルームは述べる。これは、言葉の文字どおりの意味で先入観である。というのもそれは、子どもが判断を下せるようになる以前から存在するからだ。それは、子どもたちが成長しても強力なまま残る。だが今日ではどこでも人々は、アパルトヘイト下の南アフリカや市民権運動以前の米国南部に存在していたような人種差別は悪いことだと受け入れている。これは、人種的偏見が消え去ったということではなく、人々がそうした偏見に基づいて行為しないことと、そうした行為を禁止する法律を支持することとを、意識的に選択するということである。ブルームは自身の議論を展開するなかで本書に言及しており、この発達初期の偏見を克服し、そのことで私たちの道徳的気遣いの輪を拡大するプロセスは、私たちの理性的能力を必要とするものであるはずだと示唆している。[*v]

本書の中心命題のうちの一つに関する新しい証拠は、三十年前には存在すらしなかった研究方法から得られる。機能的磁気共鳴画像法（ｆＭＲＩ）を用いて、人々がさまざまな課題に取り組んでいるときに脳のどの部分が活発である

＊iv　Haidt, "The Emotional Dog and Its Rational Tail."

＊v　Paul Bloom, "How Do Morals Change?" *Nature* 464 (March 25, 2010): 490.

のかを見ることができる。ハーバード大学・プリンストン大学のジョシュア・グリーンらが考案した実験は、哲学文献で「トローリー（路面電車）問題[*vi]」として知られる状況に人々がどう反応するのかに光を当てる。標準的なトローリー問題では、あなたは線路脇に立っている。そこであなたは、誰も乗っていない暴走トローリーが線路を疾走してきて、五人のグループへと向かっていることに気づく。もしトローリーが今の線路上を走り続ければ、五人は全員轢き殺されるだろう。五人の死を防ぐためにあなたにできる唯一のことは、転轍機を動かしてトローリーを分岐線へと引き込むことであり、その場合にはトローリーが轢き殺すのは一人だけである。この状況でどうすべきかを尋ねられたとき、ほとんどの人は、トローリーを分岐線へと引き込み、正味四人の命を救うべきであると述べる。

この問題の別のバージョンでは、トローリーは同じように五人を轢き殺そうとしている。だが今回は、あなたは線路脇に立っているのではなく、線路上にかかる跨線橋の上にいて、トローリーの行き先を変えることができない。あなたは跨線橋からトローリーの前方に飛び降りて、自分を犠牲にして五人を救うことも考えてみるが、トローリーを止めるには自分の体重が軽すぎるとわかっている。ところが、あなたの隣には、重いリュックサックを背負った見知らぬ人が立っている。五人がトローリーに轢き殺されるのを防ぐことができる唯一の方法は、この見知らぬ人を跨線橋からトローリーの前方に突き落とすことだ。もしこの人を突き落とせば、彼は死んでしまうだろうが、あなたは別の五人の命を救うことになる。この状況でどうすべきかを尋ねられたとき、ほとんどの人は、その見知らぬ人を跨線橋から突き落とすべきではないと述べる。

＊vi　この問題を論じた最初の哲学者はフィリッパ・フットのようであり、それは彼女の論文 "The Problem of Abortion and the Doctrine of the Double Effect," *Oxford Review* 5 (1967): 5-15; reprinted in James Rachels (ed.), *Moral Problems: A Collection of Philosophical Essays* (New York: Harper & Row, 1971), pp. 28-41 においてである。他方で、この主題に関する古典的論文となっているのは Judith Jarvis Thomson, "Killing, Letting Die, and the Trolley Problem," *Monist* 59 (1976): 204-17 である。グリーンの研究は、「トローリー学（trolleyology）」への新たな関心の波を呼び起こした。

グリーンが研究を始める以前には、トローリー問題に関心を持つ哲学者たちは、この問題を次のように見ていた。すなわち、「転轍機」と「跨線橋」のどちらのケースでも、あなたは五人を救うために一人の死をもたらしているが、そうすることは前者のケースでは正しく、後者のケースでは誤りである。これら二つのケースの道徳的な違いは、いったい何に基づいているのか。問題に対してこのようにアプローチするなかで、哲学者たちは私たちの道徳的直観が正しいものであると解して、その直観を正当化することを模索した。しかしながら、妥当であるように思えるどの正当化原理についても、元々の二つのケースに別のパターンが加えられ、結果としてその提案された原理が私たちの直観的反応を正当化できないことが示された。たとえば、一部の哲学者たちの提案では、標準的なトローリーのケースと跨線橋のケースとの違いは、後者のケースで見知らぬ人が五人を救うための手段として用いられている点だ（あなたは彼を人間車止めにしようとしている）。これは、他人をたんなる手段として用いてはけっしてならないというカントの有名な「定言命法」に反している。他方で、転轍機を動かしても、他の人たちを救うための手段として分岐線上の人を用いることにはならない。分岐線上の人の死は、五人を救うことに伴う不幸な副産物であるにすぎない。これはもっともらしく聞こえるが、それも、次のケースについて考えてみるまでの話である。すなわち、転轍機はトローリーをまったく別の線路へと引き込むのではなく、ぐるっと一周してトローリーに轢き殺されそうな五人のところに戻ってくるループへと引き込むというケースである。このループ上では、重いリュックサックを背負った見知らぬ人が昼寝をしている。彼の身体とリュックサックはトローリーを止めるだろうが、同時に彼を轢き殺すだろう。トローリーをこのループへと引き込むことはまさに、他の五人を救うための手段としてその見知らぬ人を用いることであり、それゆえカントの定言命法に反するが、ほとんどの人がそうすることが正しいだろうと考える。つまり、この転轍機‐ループのケースのほうが、見知らぬ人を跨線橋から突き落とすケースよりも、転轍機を動かす標準ケースに近いと、ほとんどの人は判断するのである。

二つの状況に関して私たちが下す判断の違いの根にあるのは、転轍機を動かすことで見知らぬ人の死を引き起こすという考えと、誰かを突き落として死に至らしめるという考えとに対する、私たちの情動反応の違いだとグリーンは考えた。転轍機を動かすのは比較的対人性の薄い行為であり、私たちはそれについて強い感情を持たないので、転轍機を動かしたり動かさなかったりすることで生じる危害を見て、私たちは危害最小化原理に基づいて行為する。これに対して、見知らぬ人を跨線橋から突き落とすことは、非常に否定的な情動反応を即座に喚起するので、そうすることが全体の危害を最小化するという事実を考慮することすらなく、私たちはそれを誤りだと判断する。

グリーンはｆＭＲＩ画像を用いてこの仮説をテストした。見知らぬ人を跨線橋から突き落とすような「対人的」な侵害について道徳判断を下すよう人々が求められた場合には、転轍機を動かすような比較的「非対人的」な侵害についての判断を下すよう求められた場合と比較して、情動と関連する脳領域の活動が増加すると彼は予測した。この予測は確証された。見知らぬ人を跨線橋から突き落とすのが正しいと述べた少数派の被験者の脳活動をもう少し詳しく調べたところ、それが誤りだと述べた被験者の脳よりも、認知活動と関連する脳部位の活動が活発であることをグリーンは見出した。この分野はまだ比較的新しく、これらの結果の妥当性についても疑問が呈されてはいるが、さまざまな実験方法によって、グリーンの仮説全体を支持するさらなる証拠がもたらされている。[*vii][*1] これらの発見は、本書で私が擁護した見解を裏づける。すなわち、道徳的直観が進化的基盤を持つと示しても、多くの場合その直観を正当化することにはならず、むしろその無根拠を暴露するのに資することになる、という見解である。[*viii] というのも、転轍機と跨線橋のケースに対する私たちの直観的反応の違いが、クローズアップされた対人的な仕方で誰かの死をもたらす状況と、距離を置いた比較的非対人的な仕方で同じ人の死をもたらす状況、それぞれの状況の持つ情動的影響の違いによるものであるという、グリーンの説が正しいとしよう。このとき、これらの異なる直観的反応を正当化する何かがあると、信じる理由がどこにあるだろうか。グリーンはこの哲学パズルを説明しただけでなく、その焦点をずらしてしまった。間違いないのは、グリーンのデータだけでは、何らかの規範的見解が正しいか誤っているかを証明することはできないということだ。そのためには、規範的前提からの論証が必要になるだろう。だが少なくとも、この場合に私たちの直観を「自明の真理」と想定することには疑問が呈されてきたのであり、論証責任は、より多くの命が失われることを許容する者へと移ってきたのである。

もしまだこのことがよくわからないようであれば、本書の前半でまとめた道徳の起源に関するもっと広い進化的見方に、グリーンの発見がどれほどよく当てはまるかを検討すると、もっとはっきりしてくるかもしれない。私たちの進化史のほとんどにおいて、ヒトになる前の霊長類や社会的哺乳動物の祖先がそうであったように、人間は小集団で生活してきた。これらの集団で暴力は、近接した対人的な仕方で――殴ったり、突き飛ばしたり、首を絞めたり、枝や石をこん棒として使ったりすることで――しか振るうことができなかった。こうした状況に対応して私たちは、他人との近接した対人的相互作用を伴う問題に対し、情動に基づく即座の反応を進化させてきた。跨線橋から見知らぬ人を突き落とすと考えることは、こうした情動に基づく反応を引き出す。誰かにぶつかりそうな電車の進路を変える転轍機を動かすことは、私たちとその祖先が生きた環境で生じてきた可能性のある物事と、似ても似つかない。それゆえ、転

＊vii Joshua D. Greene, R. Brian Sommerville, Leigh E. Nystrom, John M. Darley, and Jonathan D. Cohen, "An fMRI Investigation of Emotional Engagement in Moral Judgment," *Science* 293 (2001): 2105-8; Joshua Greene and Jonathan Haidt, "How (and Where) Does Moral Judgment Work?" *Trends in Cognitive Sciences* 6 (2002): 517-23. もう少し詳細に述べると、対人的な道徳的ジレンマでは、内側前頭皮質、後帯状皮質、角回／上側頭溝が活発である。非対人的な道徳的ジレンマでは、背外側前頭前皮質と頭頂葉における活動が増加している。批判については、Selim Berker, "The Normative Insignificance of Neuroscience," *Philosophy & Public Affairs* 31 (2009): 293-329 を参照のこと。グリーンは近日出版予定の著書 *The Moral Brain and How to Use It* (New York: Penguin, 2011) で自身の立場を支持する証拠をまとめている。

＊1 原注で述べられているグリーンの出版予定の著書は、Joshua Greene, *Moral Tribes: Emotion, Reason, and the Gap between Us and Them* (New York: Penguin Press, 2013)［邦訳：ジョシュア・グリーン『モラル・トライブズ――共存の道徳哲学へ　上・下』竹田円訳、岩波書店、二〇一五年］を指すものと推察される。

＊viii 本書一五四 - 一五五頁を参照のこと。

轍機を動かすと考えても、誰かを橋から突き落とすときと同じ情動反応を引き出しはしない。それゆえ、二つのケースに関する私たちの直観的判断の違いを説明する顕著な特徴は次のとおりである。跨線橋のケースは、私たちが進化してきた長い年月の間に生じうる状況だった。他方で、標準的なトローリーのケースは、誰かの死をもたらすやり方として過去一、二世紀で初めて可能になったものについて述べており、一、二世紀というのは、私たちの遺伝的な情動反応パターンに何らかの影響を及ぼすにはあまりにも短すぎる。だが、私が誰かを殺して、それがたかだか二百年前に可能になったやり方ではなく、百万年前に可能だったやり方だったという事実に、いったいどのような道徳的重要性があると言うのだろうか。

規範倫理学は私たちの道徳的直観を無視すべきだという提案があるといつも、直観なしに規範倫理学を行うことはけっしてできないという反論がなされる。[*ix] 何世紀にもわたって、倫理の第一原理を証明しようとする多くの試みがあったが、それらの試みはすべて失敗に終わったと、ほとんどの哲学者たちは考えている。功利主義のような革新的な倫理学理論ですら、善とは何かに関する基礎的な直観に依拠しなければならない。それゆえ私たちに残されたのは自身の直観であり、それを超えるものは何もない。もし直観をすべて否定してしまったなら、私たちは倫理的な懐疑論者かニヒリストになるしかないのである。

ハイトの行動研究やグリーンの脳画像研究は、また別の可能性を示唆する。すなわち、私たちの情動に基づく即座の反応と合理的基盤を持つ他の反応とを区別できるかもしれない、という可能性である。すでに見たように、私たちの理性の働きは多くの場合、自身の直観的反応の合理化にすぎないとハイトは考えている――彼の言い方では、情動的なイヌがその合理的なしっぽを振っているのである。だが、一部の人においては理性の働きが初期の情動に基づく反応を克服できると、グリーンの研究は示唆する――跨線橋の事例において、ト

*ix　たとえば、Neil Levy, "Cognitive Scientific Challenges to Morality," *Philosophical Psychology* 19 (2006): 567-87; Berker, "The Normative Insignificance of Neuroscience" を参照のこと。

ローリーの前に見知らぬ人を突き落とすことが正当化されると結論づけた人がそうであったように。すでに述べたとおり、こうした反応は、見知らぬ人を突き落とすのが誤りだと述べた人と比較して、認知プロセスに関与する脳部位の活動増加と関連づけられる。さらに、見知らぬ人を突き落とすのが正しいという被験者の答えはたしかに、合理的生物であればそう答えるであろう答えである。私たちは無辜の生命の損失を、そうしない何らかの妥当な理由がない限り、最小化すべきであるのだ。

もし見知らぬ人を跨線橋から突き落とすことが五人を助ける唯一の道であるのなら、私が論じてきたように、そうすることが正しいと考えるべきだ。それでも、見知らぬ人を突き落として死に至らしめることへの直観的嫌悪感が善いものであると考え続け、その嫌悪感を持ったりそれに基づいて行為したりするのを望むこともできる。というのも、跨線橋のケースと似たような状況に私たちが出くわすことはめったにないからだ。ヘンリー・シジウィックが『倫理学の方法』で指摘していたように、ある行為の功利性と、その行為を称賛したり非難したりすることの功利性とを区別することが肝要だ。見知らぬ人を高所から突き落とせる人を称賛することを、私たちは望まないかもしれない。というのもその人が別の機会に、失われるよりも多くの命を救うわけでもないのにそうするのではないかと恐れるからだ。[*x] それでも私たちは、それが何人かの無辜の人間の命を救う唯一の道であるときには、そうするのが正しいことだと考えるべきである。

こう言われるかもしれない。「より理性を働かせた」と私が呼んできた応答が依然として、五人の死が一人の死よりも悪いという直観に基づいている、と。だが、もしこれが直観であるのなら、それはハイトやグリーンの言う直観とは異なるものである。この直観がいかにして私たちの進化的過去の産物であり、道徳的推論の助けを借りないものでありうるのか、理解するのは難しい。

*x　Henry Sidgwick, *The Methods of Ethics*, 7th ed. (London: Macmillan, 1907), pp. 428-29.

デイヴィッド・ヒュームが述べたように「たんなる人類そのものへの愛のような情念は、人間の心に存在しない」のであり、これがなぜそうであるのかについて、十分な進化的理由がある（それは第一章で論じた、何かが「種の善のため」であるという事実が進化において役割を果たしうることを疑う理由と、同じ理由である）。それゆえ、一人の死が五人の死ほどの悲劇ではないという「直観」は、転轍機は動かしてもよいが見知らぬ人を突き落としてはいけないという直観と同じではない。

私たちの進化史・文化史に負う道徳判断を、合理的基盤を持つ道徳判断から切り離そうと試みることもできるかもしれない。だがいずれにしろ、どのような意味で道徳判断が合理的基盤を持つと言えるのだろうか。私は以前書いた文章を読み直すなかで、倫理が客観的に真であり、かつ、合理的基盤を持つという考えにまつわる二律背反に、自分がどれだけ囚われていたかを見て取ることができた。私は理性が道徳の進歩をもたらすと書いたし、理性の課題は、慣習が権威の源泉であることを否定するという消極的なものに限られないと主張した（本書二〇九頁‐二一一頁）。これとは反対に、「自身の利害は多くの利害の集合のうちの一つであって、他人が持つ同様の利害よりも重要ということはない」という原理を理性はもたらすと私は論じた（本書二二〇頁‐二二一頁）。さらに私が述べたのは、この真理は「永遠で普遍的であり、それは好みを持った人間や他の生物の存在に依存しない」が、仮にそのような生物がいなければその原理が適用されることもない、ということだった。だがさらに私は続けて――J・L・マッキーが提示した論証に依拠しながら――こう述べた。「客観的価値」や「客観的な道徳的実在」という考えはあまりに「奇妙」で問題に満ちている。それゆえ、自身の利害が他人の利害よりも重要ということはないことを鑑みると、正しい行為とはその影響を受けるすべての人の好みを最大限に満たす行為である、という見解の代替案を支持するために、それらの奇妙な考えを使うことはできない、と。それゆえ私は、こうした代替案――たとえば、無辜の人を殺すのは、その人を殺すのを控えることで他にどれだけ多くの無辜の人が死のうとも、常に誤りであるという見解――は、それを支持する人の主観的好みとみなされるべきだと主張した。そうした代替案を支持する場合にはもちろん、影響を受けるすべての人の好みを最大限満たすのがどの行為かを決めるときに、それらの代替案を考慮に入れることができる。だが、あくまで、好みの満足の最大化を求める者によって——すなわち、選好功利主義者によって——定められた条件に基づいて、それらは考慮に入れられる。

私は今では、この論証が成功しているとは考えていない。「自身の利害は多くの利害の集合のうちの一つである」という判断を、この世界における私たちの状況に関する記述的主張として受け入れることはできるが、自身の利害が「他人が持つ同様の利害よりも重要ということはない」と付け加えると、それは規範的主張をしていることになる。もし私が規範的主張が真または偽でありうることを否定するのであれば、そのときこの主張が真であると私が断言することはできない。この主張もまた、数ある好みのなかの一つにすぎないものとして扱われるのかもしれない——今となっては、好みの満足を最大化すべきであると述べることにも何の根拠もないことを除いては。さらに、自身の利害が他人の利害よりも重要ということはないと他の人たちが受け入れるとしても、これは、すべての人の好みを最大限可能な範囲で満たすべきであるという結論を正当化するのに十分ではない。見知らぬ人を突き落として死に至らしめるのは、その人を突き落とさないことでどれだけ多くの命が失われることになろうとも——そして、失われる命のうちの一つが私自身のものであろうとも——常に誤りであると、私は主張することもできる。こう述べることで私は、私自身の利害が他人の利害よりも重要であると主張しているわけではなく、また、道徳判断は普遍化可能でなければならないという広く受け入れられた要件に反しているわけでもない。[*xi] このように、倫理における客観的真理の否定は、私がかつて論じたような、形而上学的に問題のない初期設定の一種としての選好功利主義をもたらすのではなく、私たちがどう行為すべきかについて、そもそも何らかの意味ある結論には到達できないのではないかという懐疑論をもたらす。私たちが到達できる結論は、自身の欲求や好みに基づく主観的なものでしかなく、それゆえ、異なる欲求や好みを持つ他人が受け入れる理由を一切持たないものである。一九八一年の時点で私は、こうした懐疑論的・主観主義的見解を受け入れる気にはなれず、現在に至るまでの間に気が変わることもなかった。

それでは、何が代替案となるだろうか。『倫理学の方法』でシジウィックは、倫理的直観・原理を広く調べ上げて、それらを三つの「真の判明性と確実性を持つ直観的命題」へと選り分けた。ここで私たちが関心を持つのは、どちらかと言えばこれらの公理の地位——すなわち、それらの公理がはたしてシジウィックが考えていたとおりの道徳的真理でありうるのかどうか——についてであって、その内容についてではないだろう。とはいえ、それらの公理についてここで簡単に述べて、道徳的真理とはどのようなものでありうるのかの例として役立てることは有益だろう。

・公正または衡平の公理：「もし私にとって正しい（または誤っている）ある種の行為が、誰か他の人にとって正しくない（または誤っていない）のであれば、それは、私とその人が別の人間であるという事実以外の、二つのケースの間の何らかの違いという根拠に基づくはずである」。

・慎慮の公理：私たちは「意識がある自身の生のあらゆる部分に対して偏りのない気遣い」を持つべきであり「……将来のことはそれ自体、今現在のことより高くも低くも見積もられるべきではない」。

＊xi

よく知られているようにカントによれば、自身の行為原則が普遍的自然法則であることを意志できるよう私に求める定言命法の定式化に、道徳判断は従わなければならない。R・M・ヘアはこの概念を洗練させ、それを「普遍化可能性」と呼んだ。だが後年になって――"Ethical Theory and Utilitarianism" (in H. D. Lewis, ed., *Contemporary British Philosophy*, vol. 4, London: Allen and Unwin, 1976) の出版以降――彼がまた論じたのは、普遍化可能性という論理的概念が適切に理解されれば、それは一種の功利主義へと導くということだった。私は長年にわたって――"Reasoning towards Utilitarianism" (in D. Seanor and N. Fotion, eds., *Hare and Critics*, Oxford: Clarendon Press, 1988, pp.147-59) から、"The Groundwork of Utilitarian Morals: Reconsidering Hare's Argument for Utilitarianism" (a paper presented to the New York University Department of Philosophy Conference on Issues in Modern Philosophy, November 6-7, 2009) に至るまで――ある種のこの論証を擁護しようと試みてきたが、今ではそれは擁護できないと考えている。

・普遍的善の公理：「各人が、どの他人の善も自身の善と同じくらい重視するよう道徳的に拘束されている。ただし、偏りなく見て他人の善を自身の善よりも劣る、あるいは、自身の善ほどには他人の善を確実に知ったり達成したりできないと、各人が判断する場合を除く[*xii]」。

これらの公理すなわち「合理的直観」は、数学の公理が真理であるのとまったく同じ仕方で真理であるとシジウィックは論じた。倫理にこの種の真理が存在しうるという見解は当時広く主張されており、G・E・ムーアやW・D・ロスらシジウィック以降の哲学者たちによって、引き続き受け入れられた。しかしながら、一九三〇年代に英語圏の哲学では論理実証主義が支配的になり、論理実証主義者たちにとっては、真理はトートロジーすなわち語の意味ゆえに真であるか、あるいは、真理は経験的であるかの、いずれかでなければならなかった。実証主義者たちによれば、数学的真理はトートロジーである。トートロジーは、使われている語の意味を明確にするか、あるいはおそらくそれ自体では真でも偽でもない何らかの公理の意味を明確にする。だが、真に指針となるものを提示する倫理的公理は、トートロジーではありえない。また倫理的公理は、本書の第三章で挙げたおなじみの理由から、経験的真理でもありえない。そしていずれにしろ論理実証主義者たちにとっては、もし真理が経験的であるなら、それを検証する方法がなければならない。もしある命題がトートロジーではなく、原理的にすらそれを検証する方法がないのであれば、論理実証主義はそれが無意味だと主張する。シジウィックの公理はこの範疇に収まる。

論理実証主義の時代は過ぎ去ったが、トートロジーでも経験的でもない真理という考えは依然として不可解なように思える。しかしながら最近、デレ

*xii シジウィックは自身の公理のさまざまな定式化を提示している。私が選んだのは、道徳的真理の地位を占める候補として最も見込みがありそうに思えたものである。*The Methods of Ethics*, pp.379-82 を参照のこと。

ク・パーフィットが規範的真理を強力に擁護する本を書いた[xiii]。その本『重要なことについて』(*On What Matters*)――道徳哲学への大きな貢献であり、その幅広さ、そのきめ細かな論証において『倫理学の方法』の跡を継ぐにふさわしい本――で彼はこう論じる。知識に関する懐疑論に陥り、同様にして倫理に関する懐疑論に陥るのでない限り、信じる理由がある物事に関する規範的真理があり、同様にして、欲する理由、行う理由がある物事に関する規範的真理があることを、私たちは受け入れなければならない。たとえば、次の言明を検討してみてほしい。「ある論証が妥当であり、真なる前提を持つと私たちが知るとき、この論証の結論を受け入れる決定的理由が私たちにはある」(vol. 2, p. 492)。この言明はトートロジーでもなければ経験的真理でもないと、パーフィットは論じる。この言明は、信じる理由がある物事に関する真なる規範言明である。

本書の第四章で私はマッキーに同意して、「追求されるべき性」や「行われるべきでない性」が物事の性質自体に組み込まれる可能性に疑念を呈した。

ここでのマッキーの問題は、次のことを理解するのが難しい点にあるとパーフィットは指摘する。すなわち、この世界に関する信念が、それを信じる人がどのような欲求を持つのであれ、その人をどうやって必然的に動機づけうるのか、ということである。これは私の問題でもあった。恵まれない人たちのため、自身の生活に大きく影響しないであろう金額をオックスファム[*2]に寄付することで、私は十人の子どもたちの命を救い、彼らとその家族の苦しみを大きく和らげることができると、私は信じるかもしれない。だがこの信念は、寄付するよう私を動機づけないかもしれない。なぜなら私は、見知らぬ人の子どもたちのことなど気にかけないかもしれないからだ。これはそのとおりだとパーフィットは認める。他方で彼が否定するのは、何かをする理由があるというこ

＊xiii　Derek Parfit, *On What Matters* (Oxford: Oxford University Press, 2011)［邦訳：デレク・パーフィット『重要なことについて　第1巻・第2巻』森村進訳、勁草書房、二〇二二年］を参照のこと。

＊2　オックスファム（Oxfam）は、一九四二年にイギリスで飢餓民救済を目的に設立された国際的な慈善団体。

とが、それをするよう動機づけられることを意味するということである。彼によれば、ある信念が何かをする理由を私たちに与えるかどうかは、規範的問いであり、その信念がそれをするよう私たちを動機づけるかどうかは、心理的問いである。

この例に対してこう応える人もいるかもしれない。もしオックスファムが援助している人々を私が気にかけないのであれば、私にはオックスファムに寄付する理由がないのだ、と。そこで、私がしたいとは思わないことをする理由が私にあるということを否定するのがより難しい、別の例を検討してみよう。私は一か月を離島で過ごそうとしている。そこに歯医者はいないが、歯の痛む兆候があることを私は薄々察知している。過去の経験に基づいて、私はこう信じる。もし今日歯医者に行かなければ、次の一か月間ずっと、激しい歯痛に苦しめられる可能性が高い。そのことで私は、リラックスして島の自然の美しさを楽しめたはずの絶好の機会を楽しめなくなるだろう。もし今日歯医者に行くのなら、一時間に満たない時間、私は軽度の不快感に苦しむことになるだろう。

歯医者に行かなければ、次の一か月間ずっと、激しい歯痛に苦しめられるだろうという私の知識は、今日歯医者に行く理由を私に与える。歯医者に行かなければ味わうことになる苦痛を私が無視するのは不合理だろう。これは、シジウィックの慎慮の公理と合致する。その公理によれば、意識がある自身の生のあらゆる部分に対して偏りのない気遣いを持たないのは不合理である。とはいえ、比較的遠い将来についてはやや低く見積もることを許容する、この公理のもっと弱い形でさえ、今日歯医者に行かないのであれば私は不合理だと判断する十分な根拠となるだろう。だが注意してほしいのは、私の現在の欲求については何も言われていない点である。おそらく私は、明日や来週に自分の身に起こることよりも、今現在や数時間後に起こることのほうに影響を受けやすい人間であるのかもしれない。それゆえちょうど今、かかりつけの歯科医院の前に立っているとき、私が最も望むのは、ちょっと不快なことでさえも今日のところは避けることである。来週、苦痛のなか離島への逗留が台無しになろうとしているとき、私はこの決断を後悔するだろうと、頭ではわかっている。だが現時点では、この知識は私の欲求に何の影響も及ぼさない。しかしながら、来週の苦痛がそれを回避する対策をとるよう私を動機づけないという事実は、そうした対策をとる理由が私にはあるという主張を覆しはしない[*xiv]。

何かをする理由が十分にあると認める人でさえも、その理由によって必然的に動機づけられることはないと容認するとしよう。もしそう容認することでしか、行為の客観的理由が存在するという主張が受け入れられないのであれば、私たちはピュロスの勝利[*3]を得たにすぎないのだろうか。オックスファムに寄付する理由があなたにはあると述べることはできるが、もし寄付するようあなたを動機づけることができないのであれば、貧しい人たちの暮らし向きが良くなることはないだろう。それでも、もし客観的な規範的真理という考えを受け入れることができるなら、日常の道徳的直観に頼るのに代わる代替案を私たちは持つことになる。そうした直観は、現在の最良の科学的理解によれば、私たちの進化史のある時点においては適応的だったとわかっている、情動に基づく反応である。客観的な道徳的真理の存在によって、これらの直観的反応と、感覚のある合理的な生物でありさえすれば、たとえ私たち自身の環境とは非常に異なる環境において進化したものだとしても持つであろう、行為の理由とを区別できると、私たちは希望を持つことができる。[*xv]

*xiv この例は、毎週火曜日に自身に何が起こるかに無関心な人というパーフィットが挙げている例と似ているが、それよりも現実的である。Derek Parfit, *Reasons and Persons* (Oxford: Oxford University Press, 1984), p.124、さらなる議論については *On What Matters*, vol.1, p.56 を参照のこと。この例に対する反応については、Sharon Street, "In Defense of Future Tuesday Indifference: Ideally Coherent Eccentrics and the Contingency of What Matters," *Philosophical Issues* 19 (2009): 273-98 を参照のこと。

*3 ピュロスの勝利（Pyrrhic victory）とは、古代ギリシアの王ピュロスの故事に由来する比喩で、払われた犠牲に見合わない勝利のことを言う。

*xv このあとがきの一部は、私の論文 "Ethics and Intuitions," *Journal of Ethics* 9 (2005): 331-52 に依拠している。

訳者解説

本書は、Peter Singer, *The Expanding Circle: Ethics, Evolution, and Moral Progress*, Princeton University Press, 2011の全訳である。この本は当初は一九八一年に*The Expanding Circle: Ethics and Sociobiology*というタイトルで出版されたが、新たに書き下ろされた「まえがき」と「あとがき」を加えて二〇一一年に再版された。本書に引用された文献で邦訳があるものについては、読者の参考のために邦訳（複数ある場合には代表的と思われるもの）の書誌情報を付したが、本書の引用文はすべて、著者の英文から訳者が翻訳したものである。

まず、著者であるピーター・シンガーを簡単に紹介したい。彼は一九四六年メルボルン生まれのオーストラリア人であり、メルボルン大学で学士号と修士号、英国オックスフォード大学でBPhil（大学での哲学教育に携われるレベルの哲学学位）を取得したのち、メルボルン近郊のモナシュ大学などで教鞭を執り、一九九九年から二〇二三年まで米国プリンストン大学人間的価値センターのアイラ・W・ドゥキャンプ生命倫理学教授を務めて、現在は同名誉教授である。専門は応用倫理学であり、現代最も名高い哲学者の一人である。規範倫理学的には功利主義者として知られ、その立場から著した『動物の解放』（一九七五年）は、現在も盛んに議論されている動物倫理の基礎をなす最重要文献の一つとなっている。そのほかにも多数の著書があり、その多くが邦訳されている。特に近年は、利他主義に実効性を持たせることを主張する効果的利他主義（effective altruism）の旗手として注目を浴びている。

次に、本書の歴史的背景について簡単に触れたい。『動物の解放』が出版されたのと同じ一九七五年、米国ハーバード大学の生物学者エドワード・O・ウィルソンは大著『社会生物学』を出版し、「社会生物学論争」と呼ばれる一大論争を巻き起こした。この論争の最大の争点は、生物学的進化理論をヒトという動物に適用することの是非だった（本書一〇頁-一一頁）。米ギャラップ社の調査によれば、米国では一九七五年の時点で九割近くの人がクリスチャンを自認しており、一九七六年の調査で「神を信じる」と回答した人は九四％、「聖書は神の言葉をそのまま伝える」と回答した人は三八％に上っていた。[*1] こうした宗教的背景のもと、人間とその倫理・道徳を生物学的進化の産物として理解しようとする社会生物学が、旧約聖書『創世記』の記述——神はその似像として人を造った——と直接対立するものとして大きな反感を買ったのは、当然の結果と言えるだろう。

社会生物学に対するこうした宗教的なアレルギー反応とは別に、生物学が人文社会科学を包摂するというウィルソンの主張は、包摂されるとされた側の学術界からも白い目で見られた。「倫理学の生物学化」というウィルソンの野心的主張に対する哲学者たちの冷淡な反応については、本書のまえがきでも語られている（一二頁、二〇頁-二一頁）。

だがなかには、社会生物学の主張を真剣に受け止め、肯定的であれ否定的であれ、進化理論に言及することが不可避であると考えた哲学者たちもいた。たとえばマイケル・ルース[*2]やフィリップ・キッチャー[*3]がそうであり、なかでも本書の著者であるピーター・シンガーは、自身も本書の冒頭で述べているとおり、倫理・道徳への社会生物学的アプローチに一冊の本で応答を試みた最初の哲学者だった（九頁）。この点において本書はまさに、『社会生物学』出版に端を発する現代進化倫理学研究の嚆矢であったと言えるだろう。

＊＊＊

以下、本書各章の内容を要約しよう。

本書「二〇一一年版へのまえがき」でシンガーがまず強調するのは、生物学が倫理学を併呑しようとする試み（「テイクオーバー・ビッド」）に無理がある点だ。シンガーがこの点を強

＊1　Gallup, "In Depth: Topics A to Z（Religion）"（https://news.gallup.com/poll/1690/Religion.aspx 二〇二四年三月二六日閲覧）

＊2　Michael Ruse, *Sociobiology: Sense or Nonsense?*（Boston: D. Reidel Pub. Co., 1979）; *Taking Darwin Seriously: A Naturalistic Approach to Philosophy*（Oxford: Blackwell, 1986）.

＊3　Philip Kitcher, *Vaulting Ambition: Sociobiology and the Quest for Human Nature*（Cambridge, Mass.: MIT Press, 1985）.

調するのは、本書第三章で原理的に誤っていることが示されたはずのこうした試みが、本書出版から三十年近く経っても繰り返されているからである。他方でシンガーは、科学は倫理の理解に貢献するとも述べる。ウィルソンの主張には誤りもあったが、進化理論は間違いなく私たちが倫理を理解する助けになるというのが、一九八一年から一貫しているシンガーの立場だ。一九八一年版への「まえがき」でも同様に、「倫理への社会生物学的アプローチ」が誤りを含む一方で、それが「倫理について何か重要なこと」を教えてくれるとシンガーは述べる。そして彼によれば、その「何か重要なこと」を示し、それを妥当な「哲学的倫理学理論」と組み合わせる可能性を示すことが、本書の目的である（本書九頁－一二三頁）。

第一章「利他性の起源」でまずシンガーは、倫理を理解するにあたって、非ヒト社会性動物における利他性を理解することが役立つと述べる。なぜなら、私たち人間の倫理はおそらく、これら動物と共有される利他性に根ざすものであるからだ。だが利他性の存在は、社会生物学にとってきわめて大きな理論的問題を提示する。というのも、自然選択理論から予測されるのは、自身を犠牲にして他個体を助けるような利他的個体は、他個体を助けるコストを払わない個体よりも生存闘争において不利であり、淘汰されるということだからだ。だが、実際に社会性動物においては利他性が観察されるのであり、これは自然選択理論に対する反証となりうる。社会生物学は利他性の存在を自然選択理論と整合的に説明する必要に迫られる（二六頁－三六頁）。

「種の保存のために」利他性が進化したのだという――いつまで経っても拭い切れない呪縛のような――誤解をしないよう読者に釘を刺し、自然選択の単位があくまで遺伝子であることに注意するよう促したあと、シンガーは、社会生物学において非ヒト動物の利他性が三つの利他性として説明されることを紹介する。すなわち、血縁利他性、互恵的利他性、集団利他性である（三六頁-四二頁）。

まず血縁利他性は、血縁選択理論により進化すると予測される利他性である。シンガーは引用していないが、血縁選択は進化生物学者のウィリアム・ハミルトンによる一九六四年の難解な論文[*4]で詳説された画期的理論だ。まずシンガーは、遺伝子とは特定の個体が持つ特定のDNA断片ではなく、多くの個体がそれぞれ持っているDNA断片が共有する「DNAのタイプ」であることを説明する。この意味での遺伝子が、自然選択の単位となる遺伝子だ。そして、ある個体がその遺伝子を次世代以降にも存続させる方法としてまずあるのが、自ら繁殖して子孫を残すというものである。だが、やり方は他にもある。というのも、血縁関係にある親族――子どもたちや兄弟姉妹、おじやおば、いとこ――は、血縁のない赤の他人よりも、同じ祖先に由来する遺伝子を共有している確率が高い。だとすると、血縁者を助け

＊4　William D. Hamilton, "The Genetical Evolution of Social Behaviour I–II," *Journal of Theoretical Biology* 7 (1964): 1–52.

る遺伝子を持つ個体は、血縁者の生存・繁殖を助けることで、その同じ遺伝子を残す確率を高めることができる。結果として、血縁者を助ける遺伝子は、血縁者を助けない遺伝子よりも生存闘争において有利となり、血縁利他性が進化する。血縁利他性は、ハヌマンラングールのオスが自分の子どもだけに優しいことに典型的に見られるように、基本的に血縁者にのみ向けられるよう進化した利他性である（四二頁-五〇頁）。

血縁利他性が血縁者に限定された利他性であるのに対し、互恵的利他性は非血縁者に向けられうる。一九七一年に進化生物学者のロバート・トリヴァースにより提唱されたこの理論によれば、利他行動を交換する個体同士――たとえば、おぼれたときに助け合う個体同士――は、そのことによって互いに遺伝的利益を得ることができる。それゆえこうした互恵的利他性は自然選択により進化しうるのであり、非血縁者間の利他行動を説明できる。だが、なぜ互恵性進化の初期段階の利他的個体が他個体から利他行動を返してもらえずに搾取され、淘汰されることにならなかったのか、謎は残る（五〇頁-五五頁）。

この互恵的利他性の確立に関する謎の答えを、シンガーは集団利他性に求める。集団を自然選択の単位と見る集団選択理論は、上で述べた「種の保存のために」という誤解と相まって――種も一つの集団とみなせるので――進化生物学者一般からの評判が芳しくない。だがシンガーは、個体群全体の小集団への分割・隔離という特殊な条件下で集団利他性は進化可能だと述べて、それが互恵的利他性拡大の足掛かりとなった可能性を示唆する。[*5] しかし、集団利他性が維持されるには、少数の利己的個体の出現に対処する方法がなければならない。そしてそれはまさに、人間の社会制度が実現しているものである（五五頁–六一頁）。

こうして第二章「倫理の生物学的基盤」では、人間における利他性の進化へと目が向けられる。まずシンガーが確認するのは、倫理に生物学的基盤があり、それが人間の自然本性に根差している点である。かつては倫理規範を欠いた人間社会の存在が主張されたこともあったが、実際にはどのような過酷な状況にあっても倫理規範が人間社会から失われないことを、ターンブルの人類学的研究やナチス・ドイツのユダヤ人強制収容所の例を出しながら、シンガーは裏づける。では、なぜそれでも倫理が自然本性に根差すことを否定する人がいるのだろうか。一つには、人間が本能で動く動物とは一線を画する存在だと思いたいという、私たちの欲求がある。だが、人間がある種の本能を持つのは明らかだとシンガーは言う。倫理に生物学的基盤があることを否定するまた別の理由として、倫理の文化相対性・多様性が挙げられる。これに対してシンガーは、倫理の多様性という事実自体に疑いはないが、その多様性の基礎に共通して見られる要素があり、それは第一章で見た「人間以外の社会性動物

＊5　たとえば哲学者のエリオット・ソーバーと進化生物学者のデイヴィッド・S・ウィルソンも、こうした限定的な条件下での集団選択によって利他性が進化したことを主張している。Elliot Sober and David Sloan Wilson, *Unto Others: The Evolution and Psychology of Unselfish Behavior*（Cambridge, Mass.: Harvard University Press, 1998）を参照のこと。

において観察される形態の利他性」と「かなり近似している」と述べる。そこでシンガーは、人間の倫理に見られる血縁利他性、互恵的利他性、集団利他性をそれぞれ検討していく（六四頁－七六頁）。

人間の倫理における血縁利他性は、通文化的・普遍的に認められる。私たちの誰もが、赤の他人よりも近親者の利害を優先しようとする。こうした血縁者びいきは、社会の存続という観点からは必ずしも望ましいものではない。それゆえ、イスラエルのキブツのように、社会が危機的状況にさらされているときには、血縁者びいきを抑制する社会施策はある程度成功しうる。だが、平時には血縁利他的な自然本性が再び頭をもたげてくるのであり、それを抑えることは困難だとシンガーは述べる。実際のところ、ほとんどの人間社会で血縁利他性は「道徳的美徳とみなされる」。これは、血縁利他性が社会全体に利益をもたらすからだとシンガーは考える（七六頁－八九頁）。

血縁利他性と同じくらい、互恵的利他性も人間の倫理において普遍的に見られる。実際、「公正さ、裏切り、感謝、報復の観念を含む私たちの道徳的是認・否認の態度の多く」が、私たち人間において進化した互恵的利他性の産物であるように思われる。だが問題なのは、「互恵的利他性の実践」は純粋に利己的な動機づけから可能である点だ。というのも、そのような利己的な動機づけからの行為に対して、通常私たちは道徳的是認を手放しでは与えないからだ。そうではなく、私たちが道徳的称賛を与えるのは、他人を気遣う利他的な動機づけからの行為であるはずだ。実際にそうした利他的な動機づけを持つこと自体に、そして、利他的な動機づけを持つ者を見抜いてパートナーとして選択することに進化的利益があることを、囚人のジレンマや剣歯虎との遭遇の例を用いてシンガーは詳細に説明する（八九頁-一一一頁）。

人間における集団利他性の証拠は、非ヒト動物におけるそれよりもはるかに強力だ。集団利他性には（一）自集団の個々のメンバーに向けられるものと、（二）自集団自体に向けられるものの二種類があり、特に後者は自集団が母国である場合には「愛国心」と呼ばれるとシンガーは言う。古代から愛国心に対する批判はあったが、それでも依然としてそれが美徳とみなされるのは、それに生物学的基盤が――文化的要因とともに――あるからかもしれない。だが、たとえ倫理に生物学的基盤があるとしても、そこから直ちに何らかの倫理規範が導かれるわけではない（一一二頁-一一九頁）。

第三章「進化から倫理へ？」でおもに検討されるのは、まさにこうしたウィルソンの主張、生物学が倫理学に対して「テイクオーバー・ビッド（TOB）」を仕掛けてそれを傘下に収め、倫理規範の導出という倫理学の役割を引き継ぐ、という主張である。シンガーの整理では、ウィルソンは生物学が次の三つの仕方で倫理と関わると考えている。すなわち、（一）生物学は行為の結果に関する新たな事実を教えてくれる、（二）生物学は既存の倫理的原理に根拠がないことを明らかにする、[*6]（三）生物学は倫理的原理の新たな正当化を与えてくれる（一二二頁-一四〇頁）。

まずシンガーが確認するのは、事実と価値の伝統的区分だ。前者は科学、後者は倫理の領域である。そして、生物学が右の（一）の仕方で倫理と関わるのであれば、それは伝統的な区分に従っているのであり、何の問題もない。生物学によって何らかの新たな事実が明らかになるとしても、倫理学理論そのものには影響を与えない。行為の結果を考慮する理論であれば、その事実を考慮することにはなるが、理論自体は何の影響も受けない。他方、行為の結果を考慮しない理論であれば、そもそも行為の結果に関する新たな事実を考慮する必要すらない。シンガー自身は功利主義者として、「十分根拠のある生物学理論が倫理的決定に関わるときには、それを考慮に入れるべきだ」と述べる（一四〇頁－一四九頁）。

既存の倫理的原理の根拠を打ち崩すという生物学の（二）の役割について、それがある種の「自然法的倫理体系」に影響力を持つのは明らかだ。というのも、ある行為が「不自然」だから悪いと主張するような倫理的原理は、その「不自然」がじつは「自然」なのだと生物学が示すことで、その根拠を失うからである。だがシンガーによれば、倫理的原理の無根拠を暴く効果は、こうした「自然法的倫理体系」に留まらず、もっと広範に及ぶ。私たちはある種の倫理的原理を自明の真理だと考えている。それはたとえば、その原理が「ほぼ普遍的に受け入れられている」からかもしれない。だが、もしその原理が進化的に獲得された直観にすぎず、その普遍性が生物進化の結果にすぎないものとして説明されるのであれば、もはや私たちは、その原理を自明の真理とみなすことができず、「その原理を受け入れる理由について、もう一度考え直さざるをえなくなる」のである。倫理的原理の無根拠を暴くこうした効果を、生物学的説明だけでなく文化的説明も持っている。だが問題なのは、これは突き詰めればすべての倫理的原理に根拠がないということになってしまわないか、という点である（一五〇頁－一五七頁）。

　ウィルソンにしてみれば、たとえすべての倫理的原理の無根拠が暴かれたとしても、心配はいらないのかもしれない。なぜならそのときは、生物学が倫理的原理に新たな正当化を与えてくれるからだ。この意味で、生物学の倫理との関わり方のなかでは、この（三）の仕方が最も重要だと言える。生物学的事実から倫理的原理を正当化できるというウィルソンの主張が、事実（「である（is）」）の前提のみからは価値（「べし（ought）」）の結論を論理的に導出できないという論理規則（「ヒュームの法則（Hume's law）」）に反していることを、シンガーは指摘する。仮にウィルソンが倫理的原理を結論として導くときに、事実前提のみならず価値前提をも持ち込んでおり、それゆえ論証が妥当なのだとしても、ウィルソンは持ち込まれた価値前提が真であることを示しておらず、結論は必ずしも真とはならない。社会生物学は

＊6　ここでシンガーが述べているのは、現在では進化論的暴露論法（evolutionary debunking arguments）として知られている論法を倫理に適用したものである。以下の論文をきっかけとして、進化論的暴露論法に関する研究は近年の哲学界の大きなトレンドの一つとなった。Sharon Street, "A Darwinian Dilemma for Realist Theories of Value," *Philosophical Studies: An International Journal for Philosophy in the Analytic Tradition* 127（2006）: 109–66.

「倫理の説明」をしてはくれるが、倫理学のように「いかに行為すべきか」を教えてはくれない。生物学は「観察者の立場」から行為の選択を説明・予測することはできるが、実際に「参加者の立場」から行為を選択するのは、あくまで私たち自身である（一五八頁―一七九頁）。
以上のシンガーの整理から、生物学が倫理と関わる三つの仕方のうち、（一）と（二）についてはウィルソンの言うとおりだが、（三）について、ウィルソンは誤っていると言える。そしてこのことが意味するのは、生物学的説明（と文化的説明）がすべての倫理的原理の無根拠を暴くこととなり、生物学が倫理的原理に新たな正当化を与えない以上、私たちは「極度の道徳的主観主義へと陥ることになる」ということである。シンガーの比喩で言えば、どの倫理的原理を採用するのかは「ミルクティーではなくレモンティーを飲むのと同じくらい」個人的な好みの問題となる。シンガー自身は、こうした主観主義に落ち着くことを是とはせず、ウィルソンが見逃していた「人間倫理の発展における理性の役割」を追究することで、主観主義から脱して恣意的でない倫理の合理的基盤を見出そうと試みる（一七九頁―一八四頁）。

第三章までは社会生物学と倫理の関わりの整理・解説だったが、これを受けて第四章「理性」では、シンガー自身の進化倫理学的理論が展開される。論理を駆使する能力である理性は、タイピング能力などの他の能力とは異なる特殊な能力だ。なぜなら、他の能力を働かせた結果は予測できるが、理性を働かせた結果は予測できないからだ。シンガーはそれを、どこにたどり着くのかわからないエスカレーターに例えている。一つ二つと物を数え上げることから始まった数学は、理性のエスカレーターに乗って高等数学へと発展してきた。この数学の発展と同じような説明を倫理についてしようというのが、シンガーの本章での試みだ（一八六頁−一九二頁）。

倫理の発展の初期段階としてシンガーが設定するのはもちろん、私たちが非ヒト社会性動物と共有する血縁利他性、互恵的利他性、そしてそれらよりも弱い集団利他性だ。これらの利他性に加えて、どの他の生物よりも優れた理性が私たち人間において進化してきた。この初期段階からの第一のステップは、社会的な慣習道徳への発展だ。慣習に従うのは、理性を働かせるのとは真逆の思考停止状態のように思えるかもしれないが、そうではないとシンガーは言う。慣習的道徳規則に従うには、物事を一般規則の下に置いて捉える高度な理性的能力が必要となる。慣習道徳の成立がまず、私たち人間を動物と分け隔てる倫理の発展の第一歩である（一九三頁−二〇二頁）。

理性が次にもたらす倫理の発展段階は、慣習道徳に対する懐疑である。これはまさにソクラテスの人生が体現していたものだ。自身の慣習が唯一のものではなく、この世界には多様な慣習が存在するという相対的な視点によって、歴史的にこうした懐疑がもたらされてきたのかもしれないと、シンガーは示唆する（二〇三頁−二一〇頁）。

他方で彼は、「倫理における理性の働きは、慣習が倫理的権威の源泉であることを否定するという消極的な課題に限られるものではない」と述べる。ここでいよいよ、シンガー自身の倫理学理論の核心部分が語られる。理性的存在として私たちは、自身の行為を社会全体に対して正当化する必要に迫られる。このとき、社会に受け入れられる正当化とは、利害中立的な観点からの正当化、すなわち、自身の利害がどの他人の利害よりも重要ということはないという偏りのない観点からの正当化である。そして、こうした正当化を可能にする倫理的原理──「倫理の合理的基盤」──としてあるのが、シンガーの唱える「利害均等考慮の原理（the principle of equal consideration of interests）」である。彼が著書『実践の倫理』で導入したこの原理は、オックスフォードでの師であるR・M・ヘアからシンガーが受け継いだ選好功利主義（preference utilitarianism）の立場から導かれる。この原理によれば、影響を受けるすべての人の利害──好み（preference）[*7]──を等しく考慮したうえで、「より多くの好みを満たす」行為が倫理的に正当化されることになる（二一〇頁-二一三頁）。

ただ、倫理の合理的基盤の候補となる利害中立的な倫理的原理は、利害均等考慮の原理だけではない。他の利害中立的原理として、利己主義と慣習的道徳規則の二つをシンガーは検討する。いずれの原理についてもそれらを支持する理由として挙げられるのは、それらの原理が（一）「すべての人の利益を促進する」か、あるいは（二）「たんにそれらがそれら自体として正しい」かである。だが、もし（一）であるのなら、実際の究極的基盤は利害均等考慮の原理であり、利己主義や慣習的道徳規則に従うことは、利害均等考慮の原理が示す目的を達成するための手段にすぎない。他方で、（二）が主張されるのであれば、それはJ・L・マッキーが指摘したような「非常に奇妙な種類」の道徳的実在を想定し、その実在に支えられて何らかの原理が真であることになる。そして、倫理の進化的説明がそうした奇妙な道徳的実在の想定を不要にした以上、それでもなおその原理をそれ自体正しいと主張することは「たんなる主観的好み」でしかなくなる。こうして最終的には、その主観的好みはそれ自体が、利害均等考慮の原理の俎上に載せられることになる。以上の理由から、利害均等考慮の原理の代案となるすべての利害中立的原理は退けられ、当面は利害均等考慮の原理のみが進化的説明と整合的な倫理の合理的基盤とみなされる（二一三頁-二三〇頁）。

利害均等考慮の原理が前提する利害中立性は、上で述べたとおり、自身の行為を社会全体に対して正当化する必要性から出てきたものだった。だが、自身の社会に対して正当化する必要性からは、自身の社会のメンバーに対する均等考慮しか出てこないはずだ。古代のイスラエルやギリシアから比較的近年の黒人奴隷やオーストラリア原住民に至るまで、人類史を振り返るとたしかに私たち人間は、自集団の外側の人間に対して利害中立的ではなかったようだ。だがそれでも、「理性の働きの自律性」ゆえに、自集団を超えて全人類に対して利害中立的に振る舞うよう私たちは導かれてきたと、フランス革命期の相続法やミュルダールの例を引きながらシンガーは主張する。彼によれば、自身の利害が他人の利害よりも重要とい

＊7　専門用語としての“preference”は「選好」と訳されることが多いが、本書では非専門家の読みやすさを重視して「好み」と訳した。

うことはないという信念を私たちが抱くようになると、私たちの理性はこの信念と、自集団の利害が他集団の利害よりも重要であるという信念との間に、論理的不整合を見出すことになる。結果として倫理的推論はこうした不整合を解消する方向に進み、「最初は限定的だった私たちの倫理的地平を押し開き、絶えず私たちをより普遍的な観点へと導くのである」（二三〇頁－二四五頁）。

　では、こうした「道徳の輪の拡大」はどこで終わるのだろうか。全人類に対する均等考慮が一つの到達点であるのは間違いない。だがそれは、終着点ではない。輪の広がりのゴールだとシンガーが考えるのは、動物など「すべての感覚ある生物の利害を考慮する」ところである。「感覚ある」ということでシンガーが意味しているのは、快苦を感じるということだ。そして快苦を感じるということは、私たちの行為の影響を受ける利害関心を持つということである。それはつまり、動物を含むすべての感覚ある生物が、理論的には、利害均等考慮の原理において考慮される利害を持つということだ。逆に言えば、感覚のない植物や無機物は利害を持たず、それゆえその原理は適用されない。仮にそれらの感覚のない事物に利害均等考慮の原理を適用したとしても、それらが利害を持たない以上「そこには何も残らない」。こうしてシンガーは、道徳の輪の拡大の限界を「感覚の有無」というところに見定める（二四五頁－二五四頁）。

　理性の働きによって、利害均等考慮の原理が倫理の合理的基盤として与えられ、さらにその対象は歴史的に全人類へと拡大してきたという第四章の主張を受けて、第五章「理性と遺伝子」ではまず、これに対して「利己性」の観点から想定される反論が検討される。「行為はすべて究極的には利己的である」という「心理的利己主義」の信奉者は昔からいた。だがそれは、「利己的」という言葉の一般的な意味――自分の利益だけを考慮して、他人の利益を一切考慮しない――に従えば、事実の説明として間違っている。この意味で利己的でない行為は確実に存在するからだ。第二章で見た人間における血縁利他性や互恵的利他性の進化は、心理的利己主義を否定するさらなる根拠となるはずである。にもかかわらず「社会生物学者の言うことが心理的利己主義であるかのように聞こえる」のであればそれは、社会生物学者が「利己的」という言葉を個体の観点からではなく、遺伝子の観点から使っているからである。たとえ遺伝子の観点から利己的であったとしても、個体の観点からは利他的であることは十分ありうるし、実際にそういうものとして利他性が進化してきたと社会生物学者は考える（二五六頁－二六四頁）。

だが、心理的利己主義が誤りであるとしても、社会生物学が進化すると示唆する利他性は、血縁者や返報が期待される相手に向けられた、かなり限定的なものではないか。だとすればそれは、全人類へと向けられた普遍的な利他性とはなりえないのではないか。こうした疑問に対して、シンガーは避妊具の例を挙げて応える。性欲の進化的機能は子孫を残すことだが、理性は避妊具の使用を通じて、その機能を阻むことに成功している。同様にして、たとえ利他性がその対象を限定するよう進化してきたのだとしても、理性はその対象範囲を広げることができるのではないか。シンガーのこうした見解に対する第一の反論として、避妊具をもたらす理性は淘汰されるはずではないか、というものがある。これに対しては、理性の汎用性を考えれば「最低限の理性的能力がヒトという種から根絶する可能性は低い」と答えることができる。また第二の反論は、性欲は進化的機能を（子孫を残すことそのものへの欲求のように直接的にではなく）間接的に果たすので、その進化的機能を切り離すことができたが、利他性はもっと直接的な、限定的対象の幸福への欲求であり、進化的機能から切り離すことはできないのではないか、というものだ。シンガーはこの反論に一理あることを認めつつも、ドーキンスやハクスリーを引きながら、理性を持つ私たち人間は「遺伝子のねらいを覆す機会を得る」可能性があることを強調し、遺伝子の観点からも「私たちが常に自分の利益になることをすると信じる理由はない」と述べる（二六四頁‐二七〇頁）。

全人類へと向けられる普遍的利他性とは取りも直さず、血縁利他性や互恵的利他性や集団利他性に限定されない、見知らぬ人にも向けられる非互恵的な利他性である。献血の事例はこうした利他性が存在することを証しているが、それは、限定的な利他性の進化を予測する社会生物学的理論の誤りを示す反証となるのだろうか。シンガーによれば、これらの理論が利他性の輪の拡大に関する第四章の議論——理性の働きによってそれが拡大してきたという議論——を受け入れるのであれば、それは必ずしもそうではない。「文化的違いがきわめて大きいにもかかわらず、様々な時代と場所を代表する思想家たちが、より限定された形の利他性を超えて、偏りのない倫理という本質的に同一の基本原理を導き出した事実」は、それが理性の働きによると考えれば「まったく驚くに当たらない」。実際のところ、理性が利他性の輪の拡大をもたらしたと考えることで、「なぜ見知らぬ人に対する非互恵的な真の利他性が進化によって淘汰されなかったのか」という疑問にも良く答えることができる。というのも、理性は汎用的であり、それを持つ適応的利益が大きいことから、たとえ見知らぬ人への非互恵的な利他性が遺伝的不利益をもたらすとしても、理性が淘汰されることはなかったと考えられるからだ（二七一頁－二八四頁）。

だが、全人類の利害を偏りなく考慮する「客観的観点」をとるべき理由を理性によって認識できるとしても、行為のレベルでは依然として「主観的観点」をとって利己的に振る舞うことができる。結局のところヒュームの言うように「理性は情念の奴隷」であって、理性が利己的情念を抑える動機づけを与えることはできないのではないか。シンガーはそうではないと述べる。なぜなら私たちには、論理的不整合を回避する欲求があるからだ。この欲求が十分に強ければ、それは利己的欲求に対抗する動機づけとして働き、客観的観点からの信念との論理的整合性を保つよう行為することができるだろう。とはいえ、不整合を回避する欲求は、利己的欲求に対抗できるほど強くはないかもしれないと、シンガーは認める。それゆえ、「個体レベル」での「自己中心的欲求」と、「集合的レベル」での「集団のメンバーとして引き合いに出す公的正当化の基準に従って行為しようとする欲求」との間の「二律背反」がもたらされる。そして、「人間の倫理体系の形」はまさに、この二律背反に対処しようとする「人間社会の試みの帰結」なのだとシンガーは述べる（二八五頁－二九七頁）。

以上五章の議論を踏まえて、最終章「倫理の新しい理解」では、社会生物学が倫理についてどのような新しい理解をもたらしてくれるのかが整理される。

第三章で見たように、科学としての生物学は事実を説明・予測するだけであり、倫理的原理を導出・正当化することはできない。他方で、倫理的原理に対する生物学的・文化的説明には、その原理の無根拠を暴いて正当化をそこなう効果がある。それでも私たちは日々「いかに行為すべきかを決断しなければならない」ので、倫理的原理なしでやっていくことはできない。このとき第四章で見たように、倫理に合理的基盤があり、「利害均等考慮の原理」だけがその合理的基盤であるのなら、あらゆる「慣習的な倫理的信念」が生物学的・文化的説明によってその無根拠を暴かれたとしても、利害均等考慮の原理だけは残るのかもしれない。このような極端な立場をとっていた哲学者としてたとえば、父親の命よりも大司教フェヌロンの命を優先すべきだと述べたゴドウィンが挙げられる（三〇〇頁-三〇八頁）。

ここで問題を明確にするために、「私はどう行為すべきか」という個人的な問いと「私たちの社会の倫理規範はどうあるべきか」という社会的な問いとを区別するようシンガーは読者に促す。シンガーによれば、前者の問いに答えるときにはゴドウィンのように、常に利害均等考慮の原理から正当化される行為をすべきだということになる。だが、後者の問いに答えるときには、私たちはただ理性に従えばいいのではなく、「人間の自然本性の現実」を考慮しなければならない。合理的倫理規範は、既存の倫理規範を無視して一から作り出されるものではなく、バークが「先入観」について主張したように「人間の自然本性にすでにある傾向を利用」するものでなくてはならないと、都市計画と類比的にシンガーは論じる（三〇八頁－三一五頁）。

ヒュームが述べたように、すべての人の利害を偏りなく考慮するような動機は、私たち人間の自然本性にない。それゆえ、利害均等考慮の原理を軸としつつも「普通の人間」が従うことのできる倫理を求めて、「私たちは生物学へと立ち戻り、普通の人間の倫理規範としてどれが有効でどれが有効でないのかのガイドとして、人間の自然本性に関する私たちの知識を利用しなければならない」とシンガーは述べる。結果として社会的倫理規範は、利害均等考慮の原理により正当化されない一切の道徳規則を排除するどころか、むしろ「道徳規則の体系」を必要とする。なぜなら、道徳規則がなければ「普通の人間」の「倫理的行動は現状よりも、偏りなく考慮されるすべての人の善を促進するところからかけ離れてしまう」からである。だがもちろん、道徳規則も絶対ではない。「人間の自然本性の流れを偏りのない立場から裏づけられる水路へと向ける」規則であっても、あらゆる状況に適合するわけではない。そのとき、私たちは「特定のケースで個人はどう行為すべきか」というレベルで「自分自身の責任において」道徳規則に背くかもしれないが、それでも「行為の公的基準はどうあるべきか」というレベルでは「本質的な倫理的規則は公に支持」されなければならないとシンガーは言う（三一五頁－三三七頁）。

倫理における「対立と混乱」は「私たちの自然本性と社会生活の本性」に根差しているの

で、どれだけ私たちが倫理についての知識を得ても解決することはない。それでも知識は「倫理にまつわる混乱を取り除いて、前に進む道をおぼろげながら見えるようにしてくれるかもしれない」とシンガーは言う。なぜなら、もし私たちが倫理的進歩を望み、私たちの遺伝子がその足かせとなっているのであれば、「遺伝子が私たちにどのような影響を及ぼしているのかを理解することは、その影響に盾突くことを可能にする」からであり、それは「私たちの理性的能力」によって可能になるのだと彼は述べる。このとき理性は、第四章で見た「偏りなく考慮されるすべての人の利益を促進する」という目的へと進む倫理的進歩を志向する。そして理性はこの目的を論理的に導出するだけでなく、人間の自然本性がこうした倫理的進歩に寄与するよう「私たちの文化をデザインし始めなければならない」し、究極的には人間の自然本性がこの方向へと進化するよう私たちの文化・社会制度を形作ることができる。これが可能となるのは、将来私たちがより多くの遺伝的知識を得たときであり、そのとき「私たちはもはや自身の遺伝子の奴隷ではないのだと、心から主張できるようになるだろう」と述べて、シンガーは一九八一年の時点で本書を締めくくっている（三三七頁–三四七頁）。

その後三十年の時を経て本書に加筆された「二〇一一年版へのあとがき」でシンガーはまず、その三十年間で劇的な進展を見せた倫理に関する科学研究の成果を振り返る。ドゥ・ヴァールによる霊長類研究は、チンパンジーやオマキザルなど、私たちヒトと近しい霊長類が「公正さと正義の感覚を持っているか、あるいは少なくともそうした感覚の先駆けとなるものを持っている」ことを明らかにした。ブルームらの発達心理学研究によりわかったのは、「助けてくれる人を好み、邪魔をする人を憎む素質を持って私たちはこの世に生を享ける」のであり、「道徳判断の『情動基盤』を赤ん坊たちが持つ」ということである。社会心理学者のハイトが明らかにしたのは、「道徳判断は理性が働くプロセスの結果ではなく、即座に経験される直観」であるということであり、「様々な領域における道徳判断は、典型的には、迅速でほぼ自動的な直観的反応の帰結である」ということである。とはいえ、ブルームもハイトも道徳判断において理性が果たす役割をまったく認めていないわけではなく、特にブルームはシンガーに言及しながら、「発達初期の偏見を克服し、そのことで私たちの道徳的気遣いの輪を拡大するプロセスは、私たちの理性的能力を必要とするものであるはずだ」と示唆している（三六七頁-三七五頁）。

さらにシンガーが紙幅を割いて詳細に説明しているのが、グリーンらによる研究だ。彼らは被験者の脳の活動を測定するｆＭＲＩを用いて、「トローリー（路面電車）問題」[*8]に代表される道徳的ジレンマに直面したときに、私たちの脳のどの部位が活発になるのかを明らかに

＊8　日本では「トロッコ問題」という名称でよく知られているが、「路面電車」と「トロッコ」は明らかに別物であるように思われるので、本書では「トローリー（路面電車）問題」と訳している。

した。この問題についてグリーンの研究よりも前から知られていたのは、私たちの多くが、「転轍機」のケースでは一人を犠牲にして五人を助け、「跨線橋」のケースではそうはしない、という直観を持つということだった。そしてグリーンの研究が明らかにしたのは、こうした直観の違いは、「転轍機」のケースが強い情動を喚起しないのに対し、「跨線橋」のケースが強い情動——一人を突き落として殺してはいけないという情動——を喚起するがゆえにもたらされるということだった。こうしたグリーンの説明についてシンガーが強調するのは、それがあくまで直観を説明するにすぎず、それらの直観を規範的真理として正当化するものではないという点だ。他方で、「もし直観をすべて否定してしまったなら、私たちは倫理的な懐疑論者かニヒリストかになるしかない」のかもしれない。こうした帰結を回避する可能性としてハイトやグリーンの研究から示唆されるのが、情動的・直観的反応を理性的反応と区別し、「理性の働き」によって「無辜の生命の損失を……最小化すべきである」という規範的・功利的前提から正当化される行為を選択する道である。こうした前提がそれ自体直観であることをシンガーは否定しないが、それでも「それはハイトやグリーンの言う直観とは異なるもの」であって、進化の産物ではなく道徳的推論の産物であることを強調する（三七五頁–三八八頁）。

他方でシンガーは、本書第四章で展開された、利害均等考慮の原理のみが倫理の合理的基盤であることを示す論証が失敗していたことを認める。というのも、シンガーは第四章で利害均等考慮の原理以外の倫理的原理を退けるため、マッキーの錯誤理論に依拠し、客観的な道徳的・規範的真理を否定していた。だが同時に、利害均等考慮の原理は「自身の利害が『他人が持つ同様の利害よりも重要ということはない』」という規範的主張を伴っており、この原理が真理だというシンガーの論証は矛盾を孕んでいたことになる。結果として客観的な規範的真理の否定からもたらされるのは、「私たちがどう行為すべきかについて……私たちが到達できる結論は、自身の欲求や好みに基づく主観的なものでしかなく、それゆえ、異なる欲求や好みを持つ他人が受け入れる理由を一切持たないものである」という「懐疑論的・主観主義的見解」である（三八八頁-三九二頁）。

シンガーは一九八一年から現在に至るまで一貫して、こうした懐疑論・主観主義を受け入れるつもりはなく、それは取りも直さず、進化的に獲得された情動的・直観的（そしてそれゆえ主観的）な反応に依存しない、客観的な道徳的真理を確立する方途を探究するということである。シジウィックが掲げていた「合理的直観」としての道徳的真理は、「真理はトートロジーすなわち語の意味ゆえに真であるか、あるいは、真理は経験的であるかの、いずれか」であるという論理実証主義の真理の基準からすれば「無意味」である。だがシンガーは、「トートロジーでもなければ経験的真理でもない」規範的真理を擁護するパーフィットの議論に大きな可能性を見出す。パーフィットの議論の肝は、「ある信念が何かをする理由を私たちに与えるかどうか」という「規範的問い」を、「その信念がそれをするよう私たちを動機づけるかどうか」という「心理的問い」と区別したところにある。この区別をすることで、たとえ客観的な規範的真理がそれに従って行為する動機づけを与えないとしても、依然としてそれに従って行為する理由はあると考えることができるようになる。行為の動機づけを与えない道徳的真理に何の意味があるのか、疑問に思うかもしれない。それでも、「もし客観的な規範的真理という考えを受け入れることができるなら、日常の道徳的直観に頼るのに代わる代替案を私たちは持つ」ことになり、「私たちの進化史のある時点においては適応的だった」情動的・直観的反応を「感覚のある合理的な生物でありさえすれば……持つであろう、行為の理由」と区別できるようになると述べて、シンガーは筆を置く（三九二頁 - 四〇一頁）。

＊＊＊

道徳的・規範的原理を論理的に正当化するという倫理学の最重要課題の解決において、人間の自然本性に関する進化的事実の知識が必要なことを、シンガーは本書で鮮やかに描き出している。この意味で本書は、進化的アプローチが進化倫理学にとってのみならず、倫理学にとって必須であることを示す最重要文献であると言って過言でないだろう。たとえば哲学者のジョン・ミゾーニは次のように述べている[*9]。

だが今日、ありとあらゆる倫理学理論――規範倫理学からメタ倫理学に至るまで（徳倫理学、義務論的倫理学、功利主義的倫理学、道徳的実在論、道徳的相対主義、表出主義等）――の支持者たちが……人間が進化の産物であることを受け入れていることがわかるだろう。このとき、「進化倫理学」というレッテルは基本的に無意味なものとなる。なぜなら、これらの倫理学理論の各々が「進化倫理学」とみなされるからだ。

ミゾーニがここで言いたいのは、現代では人間の自然本性が進化の産物であることをあらゆる倫理学理論が受け入れているのだから、あえて進化倫理学と名乗ることに意味はない、ということだ。そしてこれは裏を返せば、現代において倫理学とはすなわち進化倫理学にほかならないことを意味している。このことを四十年以上前に明らかにした本書の価値は、疑うべくもないだろう。

しかし他方で、「二〇一一年版へのあとがき」でシンガー自身認めているように、規範的原理の論理的正当化という倫理学的課題の解決において、本書の論証は失敗していた（本書三九〇頁-三九二頁）。「あとがき」におけるシンガーの議論は、この失敗を補うことが意図されているようだが、次の二つの議論が成功していないように訳者には思われる。以下では、これらの議論がどのように成功していないのかを解説することで、同時に、進化倫理学すな

＊9　John Mizzoni, *Evolution and the Foundations of Ethics: Evolutionary Perspectives on Contemporary Normative and Metaethical Theories* (Lanham: Lexington Books, 2017), p. 15

わち倫理学の今後の展望を示したい。

一つ目の議論は、トロージー問題の「跨線橋」のケースにおいて、「私たちは無辜の生命の損失を……最小化すべきである」（本書三八六頁）という功利的規範を、進化的に得られた直観的反応よりも優先すべきだ、という主張に関する。この主張に基づけば、私たちは「跨線橋」のケースにおいて、五人の命を救うために一人の命を犠牲にすべき（つまり、跨線橋から一人の人を突き落とすべき）ことになる。

この主張に対する反論としてシンガーが想定するのは、この功利的規範自体が「直観に基づいている」というものだ。この反論に応じる形でシンガーは、「一人の死が五人の死ほどの悲劇ではないという『直観』」が進化しないことに「十分な進化的理由がある」と述べる。彼によれば、このような功利的直観が進化するのだとすれば、それは「種の善のため」であるが、そうした進化的説明が誤りであるのは第一章（三六頁-三八頁）で述べられたとおりだ。それゆえこうした功利的直観は、仮にそれが直観だとしても、それを進化的に説明することはできず、「道徳的推論の助け」によって得られた直観として説明されると彼は言う（三八七頁-三八八頁）。

だが、はたして右のような功利的直観は、本当に進化しないだろうか。私たち人類の祖先がその進化史の大半を過ごした集団は、その内部での互恵的相互交渉により遺伝的利益が得られる血縁集団だったと考えられる。[*10] そのような集団において、一人の仲間よりも五人の仲間がいたほうが良いという直観を持つことが、遺伝子存続の観点から有利であることは、利他性の進化を説明する血縁選択（一人の姉妹よりも五人の姉妹）、互恵的利他性（一人の互恵的交渉相手よりも五人の互恵的交渉相手）、集団選択（二人の集団よりも六人の集団）の各理論により予測されることだろう。そして、「跨線橋」のケースにおいて、私たちが五人の命を救うために一人の命を犠牲にすべきではないと考えるのは、たんにこの進化的に得られた功利的直観の情動反応が、一人の人間を突き落として殺すことを躊躇させる別の直観的情動反応ほど（少なくともこのケースでは）強くなく、動機づけとして弱いからだと考えることができる。

このように、「私たちは無辜の生命の損失を……最小化すべきである」という規範が進化的に獲得された直観の一つに過ぎないのであれば、私たちはそこに「道徳的推論」による正当化を見出すことはできない。五人の命を救うために一人の命を犠牲にすべきであるという功利的直観は、そうすべきではないという直観と同じくらい、論理的正当化を欠いているのである。

「あとがき」で成功していないように思われるもう一つのシンガーの議論は、行為の理由に関する客観的な規範的真理が存在し、その真理は必ずしも行為の動機づけをもたらさないというパーフィットの主張を支持するものだ。

＊10　互恵的利他性は非血縁者間の利他行動を説明する点が画期的だった理論だが、互恵性による遺伝的利益は、当然血縁者間の利他行動の交換によっても得られる。

シンガーは、長期のバカンスに出かけようとしている「私」が歯医者に行くべきかどうかという例を挙げて、この主張を擁護している。「私」は現時点では歯医者に行きたくない（歯医者に行く動機づけを持たない）かもしれないが、それでも、歯医者に行くべき理由が「私」にはあるとシンガーは言う。なぜなら、歯医者に行かなければ「来週、苦痛のなか離島への逗留が台無しになろうとしているとき、私はこの決断を後悔するだろうと、頭ではわかっている」からだ（三九八頁-四〇〇頁）。

だが、このとき本当に歯医者に行かない動機づけはないのだろうか。もし仮にこの状況で「私」が歯医者に行くべき理由があるのであれば、同時に「私」は歯医者に行く動機づけも持っているのではないだろうか。そして、歯医者に行く動機づけよりも行かない動機づけのほうが強いので「私」は歯医者に行かないという、ただそれだけのことではないだろうか。シンガーは、この可能性を排除する議論を提示してはいない。

そもそも、なぜシンガーはそこまでして（つまり、常識的に認められている理由と動機づけの間の結び付きを否定してまで）客観的な規範的真理の存在を確保したいのか。その理由をシンガーは次のとおり説明している（三九一頁-三九二頁）。

このように、倫理における客観的真理の否定は……私たちがどう行為すべきかについて、そもそも何らかの意味ある結論に到達できないのではないかという懐疑論をもたらす。私たちが到達できる結論は、自身の欲求や好みに基づく主観的なものでしかなく、それゆえ、異なる欲求や好みを持つ他人が受け入れる理由を一切持たないものである。一九八一年の時点で私は、こうした懐疑論的・主観主義的見解を受け入れる気にはなれず、現在に至るまでの間に気が変わることもなかった。

つまり、客観的な規範的真理が存在しないのであれば、私たちは倫理的懐疑論・主観主義に陥らざるをえない。そして、シンガーはそれが嫌なのだ。

こうした懐疑論・主観主義に対する嫌悪感は、おそらく倫理学者の間で広く共有されており、倫理学者の共通認識（感情を認識と呼んで良いなら）と言っても過言ではないだろう。そして、倫理学者が懐疑論・主観主義に嫌悪感を覚える理由は、至極単純である。すなわち、懐疑論・主観主義を認めるということは、倫理学の最重要課題と目される規範的真理の論理的正当化——右の引用でシンガーが述べるところの、「私たちがどう行為すべきか」についての「意味ある結論」——が不可能だと認めることにほかならないからだ。そこからは、倫理学という学問自体の否定にもつながりかねない可能性が容易に見て取れるだろう。

しかし、言うまでもないが、ある主張に嫌悪感を覚えるからといって、ただちにその主張が偽であるということにはならない。哲学の一分野としての倫理学が真理の探究を目指すものであるなら、当然、倫理的懐疑論・主観主義が真である可能性も論理的探究の俎上に載せるべきである——それは、たとえ結果として倫理学という学問の存在意義に疑義が生じることとなったとしても、そうである。

本書における哲学者としてのシンガーの議論は、この姿勢がまったくなかったとは言わないまでも、十分ではなかったのではないだろうか。彼の言うとおり、私たちは生きていくうえで不可避的に「どう行為すべきか」を決断しなければならないというのは、おそらく真理だろう。だが、いかなる主観・直観にも基づかず、「どう行為すべきか」についての指針(すなわち規範)が真であると論理的に正当化できるかどうかは、それとはまったく別の問題である。たとえそうした正当化が不可能であったとしても、私たちは依然として「どう行為すべきか」を決断しなければならないし、実際に(おそらくは多くの場合、直観に基づいて)決断しているのである。

さらに、仮に懐疑論・主観主義が真であると明らかになったとしても、哲学としての倫理学にとって、それはけっして不都合なことではないと考えるべき理由が少なくとも二つある。一つには、もし私たち人間が進化的に獲得した自然本性を普遍的に共有し、その普遍的本性によって私たち各々の主観が構成されているという客観的事実があるのだとすれば、パラドキシカルな言い方になるが、それらの私たちの主観にはある種の普遍性・客観性があると言うことができる。[*11] そして倫理学は、こうした主観の普遍性・客観性に関する真理を明らかにすることを通じて、倫理的諸問題を人類共通の基盤の上に立って整理し、その解決に一役買うことができるだろう。

懐疑論・主観主義が倫理学にとって不都合でないまた別の理由は、その真偽を明らかにすること自体、哲学としての倫理学が達成すべき目標の一つだと考えられるからだ。従来、倫理学はおもに、倫理的規範自体の真理性を問題とする学問と目されてきた。だが、倫理的規範に関する事実——たとえば、本書で見たように、少なくとも一部の倫理的規範が進化的に獲得された人間の自然本性に基づくという事実——についても、その真理性を問うことができる。そして、懐疑論・主観主義——規範が主観・直観に基づくものであり、それゆえ論理的正当化を欠くこと——も、そうした事実的な主張のうちの一つである。この真偽を明らかにすることも、哲学としての倫理学の重要な課題であり、目的である。

＊＊＊

最後に、本翻訳書出版の経緯を振り返りつつ、お世話になった方々に時系列順で言及することで、感謝の意を表したい。

まず、訳者が本書の原書を購入したのは、自身の博士論文の提出を終えた直後の二〇一六年三月のことだった。記憶は定かではないが、博士論文提出を終えた解放感から、従前から読みたいと考えていた本書を購入したのではないかと推測する。訳者は学部三年生のころから進化倫理学にコミットしていたが、どういう経緯で本書を知るに至ったかについては、

＊11　このような主観主義は、もはや「懐疑論」という名で呼ばれるべきものではないかもしれない。

まったく記憶がない。

　その後、コロナ禍中の二〇二〇年十月に日本倫理学会大会にて「なぜ倫理学に進化が必要か」と題するワークショップを訳者が企画し、慶應義塾大学文学部の田中泉吏さんに司会、京都大学文学部の児玉聡さんに特定質問者をお願いした。このワークショップにおける発表で訳者は本書に言及し、児玉さんからは「この本はもっと早くに訳されるべきだった」というコメントがあった。

　それからしばらく経ち、コロナ禍の影響も収まりつつあった二〇二二年十二月に、田中さんから慶應大での翌年度の授業担当の依頼があり、そのなかで「本書を輪読し、並行して翻訳を進めて出版してはどうか」という提案があった。そして、この提案に従い、慶應大での授業と本書の翻訳を始めていた二〇二三年四月下旬、田中さんからある出版社の編集者をご紹介いただき、本書の日本での版権について調べていただいたところ、すでに他の出版社に版権が押さえられていることが判明した。

　ただ、訳者は本書を自身で訳したいという強い希望を持っており、また、すでに第一章まで訳していたこともあったので、版権を持つ出版社を探し出して翻訳に参加させてもらう可能性を探ることにした。その際、児玉さんなら本書の版権を持つ出版社を知っているのではないかと考え、尋ねたところ、幸運にも版権を持つ晶文社の編集者をご紹介いただいた。このように、田中さんと児玉さんのお二人のご助力がなければ、訳者が本書を翻訳することはかなわなかった。お二人には厚くお礼申し上げたい。

晶文社の担当編集者である吉川浩満さんには、訳者単独での本書の翻訳をご快諾いただき、当初は二〇二三年秋の訳稿提出を約束した。しかし、訳者の怠慢により遅延に遅延を重ね、全文の訳稿が出揃ったのは二〇二四年三月だった。その後、半年ほどかけて修正稿を提出し続け、メールの不着で大変ご心配をおかけすることもあったが、出版まで粘り強くお付き合いいいただいた。心からお礼申し上げる。なお、本翻訳書の書名は、吉川さんにご提案いただいたものである。

訳稿の作成過程では、二〇二三年度の慶應義塾大学文学部「哲学倫理学特殊ⅠＨ・ⅡＨ」および中央大学大学院国際情報研究科「哲学特論」の授業における本書の原書輪読が大いに参考になった。授業に参加された学生・院生のみなさんに感謝したい。

中央大学国際情報学部矢島ゼミの有志学生のみなさんには、初期のずさんな訳稿をご検討いただいた。特に北峻成さんと平野由也さんには、二〇二三年八月以降、十数回に及ぶ訳稿検討会にほぼ毎回ご参加いただき、専門外の一般大学生の目線から訳文に対し貴重なご助言をいただいた。ときに際どい冗談を言い合いながら若い彼らと訳稿を検討した時間は、訳者にとって大変楽しいひと時だった。本書の日本語が多少なりとも読みやすくなっているのであれば、それは彼らに負うところが大きい。心より感謝したい。

本書の訳文が正確で読みやすいものとなるよう、可能な限りの努力はしたつもりだが、気づかない不備が残ることは避けられないように思われ、それは当然訳者の責任である。前もって読者にお詫び申し上げたい。

最後に、四十年以上前にこのような良書を世に送り出し、それを翻訳することを可能にしてくれた著者、ピーター・シンガーに感謝したい。

二〇二五年一月　訳者

ワ行

マ行

ヤ行

ラ行

サ行

索引

ア行

カ行

著 ピーター・シンガー（Peter Singer）

1946年生まれ。オーストラリア出身の哲学者。プリンストン大学名誉教授。専門は応用倫理学。動物の解放や極度の貧困状態にある人々への支援を提唱する代表的な論者の一人。著書に『新・動物の解放』（井上太一訳、晶文社、2024年）、『なぜヴィーガンか？——倫理的に食べる』（児玉聡・林和雄訳、晶文社、2023年）、『飢えと豊かさと道徳』（児玉聡監訳、勁草書房、2018年）、『あなたが救える命——世界の貧困を終わらせるために今すぐできること』（児玉聡・石川涼子訳、勁草書房、2014年）、『実践の倫理 新版』（山内友三郎・塚崎智監訳、昭和堂、1999年）など。『ザ・ニューヨーカー』誌によって「最も影響力のある現代の哲学者」と呼ばれ、『タイム』誌では「世界の最も影響力のある100人」の一人に選ばれた。

訳 矢島壮平（やじま・そうへい）

1978年、神奈川県生まれ。中央大学国際情報学部准教授。東京大学大学院人文社会系研究科博士課程修了。博士（文学）。東京大学大学院人文社会系研究科研究員、中央大学法学部兼任講師、慶應義塾大学文学部非常勤講師などを経て2019年より現職。専門は哲学・倫理学。研究課題は、倫理・道徳とは何かを生物学的進化の観点から明らかにすること。翻訳にマイケル・ルース『ダーウィンとデザイン——進化に目的はあるのか？』（共訳、共立出版）など。論文に「功利の原理とヒュームの法則」（『倫理学紀要』第26輯）など。researchmap: https://researchmap.jp/yjm

ブックデザイン
松田行正＋山内雅貴

道《どう》徳《とく》は進《しん》歩《ぽ》する——進《しん》化《か》倫《りん》理《り》学《がく》でひろがる道《どう》徳《とく》の輪《わ》

2025年2月25日　初版

著　者　ピーター・シンガー

訳　者　矢島壮平

発行者　株式会社晶文社
東京都千代田区神田神保町1-11　〒101-0051
電話　03-3518-4940（代表）・4942（編集）
URL https://www.shobunsha.co.jp

印刷・製本　中央精版印刷株式会社

ISBN978-4-7949-7458-7　Printed in Japan